饒宗頤教授著作目録三編

鄭煒明　胡孝忠　編

香港大學饒宗頤學術館・研究叢書
第二輯・第一種

齊魯書社

敬獻饒宗頤先生百歲華誕

饒宗頤先生與本書編者鄭煒明博士(左)、胡孝忠博士(右)在其跑馬地府上合影。(2014年3月16日)

饒宗頤先生與國畫大師張大千先生在香港，攝於20世紀50年代（饒清芬女士提供。原照片藏香港大學饒宗頤學術館）

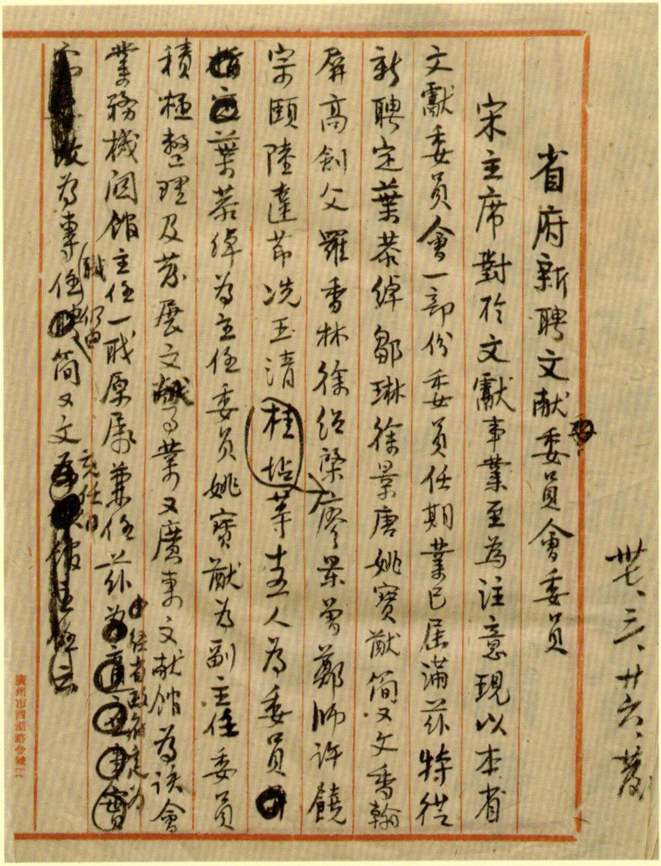

1948年3月，廣東省政府主席宋子文聘任饒宗頤先生等十五人爲廣東省文獻委員會委員。(原檔案藏廣東省檔案館)

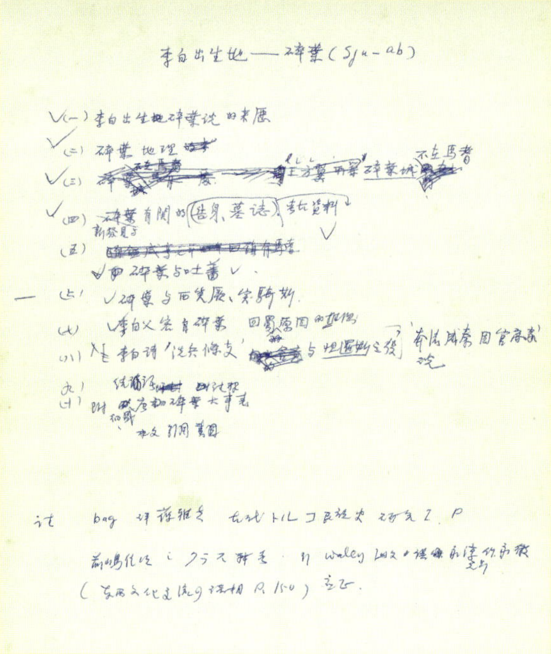

饒宗頤先生《李白出生地——碎葉》一文之手稿
（原稿件藏香港大學饒宗頤學術館）

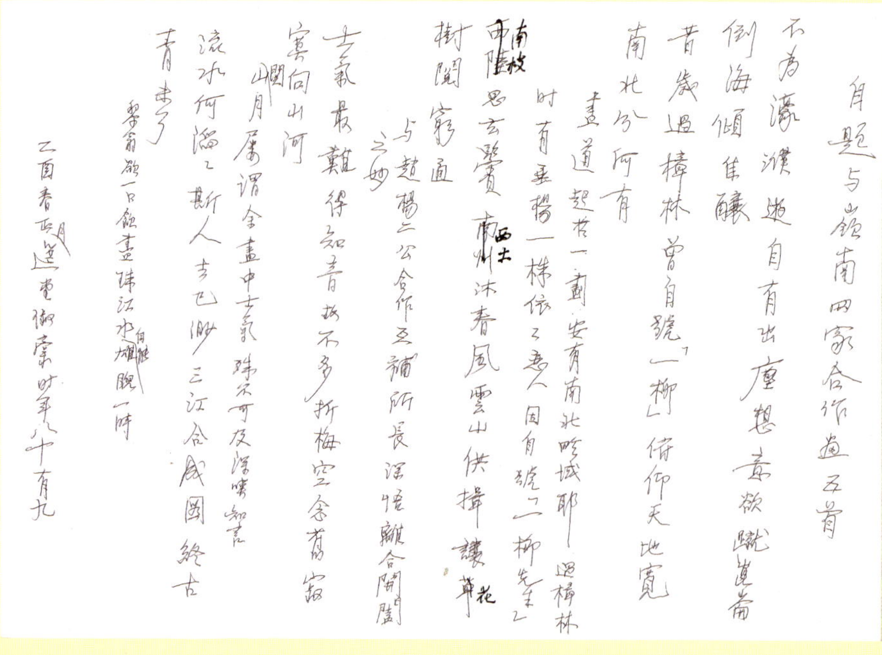

2005年春，饒宗頤先生《自題與嶺南四家合作畫五首》手稿（原稿件藏香港大學饒宗頤學術館）

饒宗頤教授學術簡歷

鄭煒明　胡孝忠

饒宗頤先生,字選堂,又字伯濂、伯子、百子,號固庵,齋名梨俱室,1917 年生於廣東潮州。先生幼承家學,從事學術研究及教學工作已 80 載,研究範圍廣博,蓋可歸納爲上古史、甲骨學、簡帛學、經學、禮樂學、宗教學、楚辭學、史學(包括潮學、方志學、金石學)、中外關係史、敦煌學、目録文獻學、古典文學及中外藝術史等 13 個大門類,已出版著作 80 多種,發表文章 950 餘篇;另亦善詩書琴畫,刊行的詩文集有十餘種、書畫集 70 種等。先生精通中國古代文獻及多種外語,研究注重史料考證,且不斷創新,在多個學術領域皆有開創性的研究成果。例如,他是首位編著詞學目録和《楚辭書録》的學者,首位研究敦煌本《老子想爾注》《日書》、敦煌白畫及寫卷書法,首位將《盤古圖》的年代推到東漢,首位編録星馬華人碑刻,開海外金石學先河,首位中國學人翻譯及研究《近東開闢史詩》等,多項研究在國際漢學界獲得高度評價與回響,對於海内外推動漢學研究及弘揚中華文化貢獻至巨。

饒宗頤先生家學淵源,天資聰穎,7 歲著《後封神演義》;10 歲能讀《史記》;16 歲時咏《優曇花詩》,一時詩壇諸老宿競與唱和,享神童之譽，詩作發表於中山大學中文系《文學雜志》1934 年第 11 期。1932 年，其父饒鍔先生病逝，饒宗頤先生繼承父志續編《潮州藝文志》，刊於《嶺南學報》1935 年第 4 卷及 1937 年第 6 卷，成爲研究潮州歷代文獻的里程碑著作，共計 65 萬字。

1935 年，饒宗頤先生在弱冠之年受詹安泰先生委托，代授國文課於韓山師範學校，旋即受聘爲中山大學廣東通志館藝文纂修（1935 至 1937 年），與温廷敬、冒鶴亭、冼玉清等著名學者共事；同年加入著名史家顧頡剛等學者主持的禹貢學會，現爲碩果僅存的會員；後受顧頡剛先生委托，主編以上古歷史地理爲核心内容的《古史辨》第八册（古地辨），惜因戰亂，文稿盡失，其目録載於顧頡剛先生主編的齊魯大學國學研究所《責善半月刊》。可見先生少年之時已以學問文章見重於士林。爲完成顧先生當年的囑托，延續民國學人的優良傳統，由饒宗頤先生任主編、鄭煒明高級研究員和胡孝忠博士編校的《古史辨》第八册（古地辨）將在中華書局出版。

1939 至 1941 年，先生應聘爲中山大學研究員，時中山大學遷校雲南，先生赴聘途中因病滯留香港。留港期間，先生任商務印書館（香港）特約編輯，爲王雲五先生主編的《中山大詞典》撰《古籍篇名提要》稿；又佐葉恭綽先生編定《全清詞鈔》初稿。1943 年初，先生任金山中學國文導師。經中山大學鄭師許教授推薦，先生於 1944 年 4 月至 1945 年在廣西的無錫國學專科學校先後任講師、教授；1946 年任廣東省立文理學院（今華南師範大學）教授；1947 至 1948 年任南華學院文史系教授兼系主任。1946 至 1949 年擔任《潮州志》總編纂兼廣東省文獻委員會委員，以新材料、新體例和新方法編撰該志。全書設 30 門類專門分志，其中 1949 年出版 15 門類共 20 分册，2005 年、2011 年補刊餘下之大部，題材及體例皆精研創新，爲中國地方志的一個開創性典範，至今仍爲編寫地方志的圭臬。

1949年移居香港前,先生先後出版了《潮州藝文志》《潮州叢著初編》《楚辭地理考》《潮州志》和《徭山詩草》等著作和詩集,另發表論文約30餘篇;在上古史地、楚辭學、古典文學、潮學和考古學等方面均卓有成績,可以説是一位根基深廣而且相當早熟的學人。

先生在1952至1968年任教於香港大學中文系,歷任講師、高級講師和教授等職,主講詩經、楚辭、漢魏六朝詩賦、文學批評和老莊等課程;課餘從事古代文獻的整理和研究。同時,對道教、佛教、敦煌學、甲骨學、簡帛學、中外文化交流史、中國藝術史等學術領域漸次掌握,成爲這些領域中多個研究課題的先行者。這一時期,他出版專著共16本,各類文章約120餘篇。其中,最主要的著作包括1956年出版的《敦煌本老子想爾注校箋》以及1959年和1963年的《殷代貞卜人物通考》和《詞籍考》等。

先生是研究敦煌本《老子想爾注》的第一人,此著考定《想爾注》成於張魯之手而托始於張陵,對道教史研究有重要意義;陳世驤、楊聯陞、嚴靈峰、陳文華,還有日本大淵忍爾等諸位學者,紛紛撰文討論。《敦煌本老子想爾注校箋》引起了20世紀五六十年代歐洲道教研究熱,巴黎大學中國學院康德謨先生更選定此書爲研究院教材。

《殷代貞卜人物通考》乃饒宗頤先生以20年心力,利用出土的甲骨資料,全面而系統地研究殷商時代貞卜人物的專著。是書開創了以貞人爲綱排比卜辭的先例,在理論和方法上均超越前人,對瞭解各個貞人的占卜内容及其所屬的時代很有參考價值;更有學者認爲這是一部早期商代社會原始資料最基本的綜合研究。此著作出版後,引起了中外學術界的高度重視,共有13國文字書評予以介紹,在學術界産生了重要影響。韓國學者孫睿徹先生以10年時間將此著翻譯成韓文,於1996年出版。2005年,中國殷商文化學會聘先生爲顧問。

《詞籍考》則爲學術史上第一部以目録學和版本學研究詞學的著作，其研究方法與角度爲詞學研究提供了豐實的研究資料與基礎。

1962 年，先生獲法國法蘭西學院頒授的有漢學界諾貝爾獎之稱的"漢學儒蓮獎"，學術成就得到國際漢學界的認同。

在港大任教期間，先生曾赴日本、韓國、英國、法國等地從事研究。1963 年，他應印度班達伽東方研究所之邀，赴天竺作學術研究，成爲該所永久會員，并跟隨白春暉先生（V. V. Paranjepe）父子二人學習婆羅門經典，曾深入鑽研《梨俱吠陀》經等。先生後來從事東方學研究，其梵學知識便植根於此，而當中"悉曇學"更是獨繼絶學，成就過人。

1968 至 1973 年，先生出任新加坡國立大學中文系首任講座教授兼創系系主任，課餘專事搜求當地華文碑刻文獻，著有《星馬華文碑刻繫年》等論文。1994 年出版《新加坡古事記》，是書乃先生未赴新加坡前所搜集的民國以前有關新加坡的各項資料，後經歷年增訂而成，爲東南亞國别華僑史提供了一部新體例的著作。

此間先生曾兩度出外講學：1970 至 1971 年爲美國耶魯大學客座教授，1972 至 1973 年爲臺灣"中央研究院"歷史語言研究所研究教授。1971 年由法國國立科學研究中心出版的《敦煌曲》是此時期最重要的著作之一，法國著名漢學家戴密微（Paul Demiéville）作法文翻譯。書中利用了敦煌出土的經卷曲子詞的資料，探究詞的起源問題，亦爲研究唐代由西域經敦煌傳入中原的樂曲提供了寶貴的原始資料。

1973 至 1978 年，先生返回香港出任香港中文大學中文系講座教授兼系主任，作育英才，同時亦繼續進行研究。此時期出版最重要的著作有《黄公望及富春山居圖臨本》《燉煌白畫》和《中國史學上之正統論》等，另有文章60餘篇。1976年，先生第三次到法國巴黎，在遠東學院工作，并追隨蒲德侯（Jean Bottero）學習巴比倫文，開始研究上古楔形文字和西亞上古文獻，後以多年時間將一部以楔形文字記述阿克得人開天闢地的神話集（乃西亞神典，世界最早的史詩之一）翻譯成中文，在1991年出版《近東開闢史詩》，爲巴比倫史詩之第一部中譯本。

1978至1979年，先生在法國高等研究院宗教部任客任教授一年，後往日本京都大學及人文科學研究所任教授5個月。1979年先生退休，但他堅信學者應是退而不休的。他一方面在澳門東亞大學（今澳門大學）本科學院和研究院中國文史學部（任首任主任，至1988年止）與香港中文大學藝術系兼課培育後進，另一方面在香港中文大學中國文化研究所繼續研究。1980年，先生講學於日本京都大學、九州大學、北海道大學，日本二玄社主辦“饒宗頤教授個人書畫展”於東京。1986年任香港藝術館名譽顧問，1990年任香港博物館名譽顧問。1993年，先生任泰國華僑崇聖大學顧問暨中華文化研究院院長，并於1995年由該大學與泰國潮州會館聯合舉辦“饒宗頤書畫展”。

1980年，先生被巴黎亞洲學會（Societe Asiatique）推選爲該會榮譽會員。亞洲學會成立於1822年，爲世界最古老而有領導地位之東方學研究機構，研究範圍極廣，有歷史悠久之權威性定期刊物《亞洲學誌》（*Journal Asiatique*），當時已出至268期。該會榮譽會員限於非法國籍人，須在某方面研究有高度代表性成就者方能獲選。該會自成立以來的160年中，世界之東方學者被選爲榮譽會員僅得30名。以前代表漢學之榮譽會員祇爲瑞典高本漢（B. Karlgren）一人。當時中國學人膺此榮譽者僅有顧頡剛先生及饒先生。

20世紀80年代起，先生經常到内地進行學術交流，中國學界對先生的學術成果漸有認識。季羡林先生曾在《〈饒宗頤史學論著選〉序》中以"地下實物與紙上遺文""异族故書與吾國舊籍""外來觀念與固有材料"三方面高度概括了先生的治學方法與成就。先生於1982年至今,任全國古籍整理出版規劃領導小組顧問(第二届至第四届)。

先生晚年的研究碩果纍纍,先後編著及出版書刊近50部,各類文章約570篇,舉其要者,如《選堂集林·史林》(1982年)、《雲夢秦簡日書研究》(1982年)、《虛白齋藏書畫選》(1983年)、《敦煌書法叢刊》(1983至1986年,共29册)、《楚帛書》(1985年)、《甲骨文通檢》(主編,共5册,1989至1999年)、《中印文化關係史論集·語文篇——悉曇學緒論》(1990年)、《畫頵——國畫史論集》(1993年)、《梵學集》(1993年)、《補資治通鑒史料長編稿系列》(1995至2004年)、《符號·初文與字母——漢字樹》(1998年)、《饒宗頤二十世紀學術文集》(2003年,新文豐,還有近兩百篇論文和序跋等未被收入)、《西南文化創世紀:殷代隴蜀部族地理與三星堆、金沙文化》(2010年)、《饒宗頤佛學文集》(2013年)等等;2005年出版的《饒宗頤新出土文獻論證》更獲得第九届華東地區古籍優秀圖書獎二等獎。

先生認爲研究傳統中國學問,得用中文撰寫,1995年,他創辦及主編了一部以中文爲媒介的大型國際性學報——《華學》,至今已出版至第10輯,所載學術論文質量深得國際學術界的重視。

經過數十年來對敦煌學和吐魯番學的研究,先生不但在此範疇有卓越的學術成果,還爲推動有關研究及文化保育做出了杰出的貢獻。1983年,先生出席在蘭州舉行的首次全國敦煌吐魯番學會會議,被聘爲顧問。1984年,先生應邀爲敦煌研究院榮譽研究員。1990年,先生在香港中文大學辦有《香港敦煌吐魯番研究中心叢刊》(1990至2006年,共11册)。1995年又與季羡林先生和周一良先生合作創辦和主編大型學刊《敦煌吐魯番研究》,得到國際敦煌和吐魯番學界的高度評價。2000 年,饒先生榮獲中國國家文物局及甘肅省人民政府“敦煌文物保護、研究特別貢獻獎”。

除上述獎項外,先生还曾獲得海内外學界與藝壇多項重要的獎項與殊榮,如香港大學榮譽文學博士學位(1982 年)、香港嶺南學院(今嶺南大學)榮譽人文科學博士學位(1995 年)、法國文化部頒授的“藝術及文學軍官勛章”(1993 年)、法國索邦高等研究院授予建院 125 年以來第一位人文科學榮譽國家博士學位(1993 年)、香港藝術發展局“視藝成就獎”(1997 年)、香港公開大學榮譽人文科學博士學位(1999 年)、香港特別行政區政府“大紫荆勛章”(2000 年)、俄羅斯國際歐亞科學院院士(2001 年)、香港科技大學文學榮譽博士學位(2003 年)、香港中文大學榮譽文學博士學位(2003 年)、澳門大學人文科學榮譽博士學位(2004 年)、日本創價大學名譽博士學位(2006 年)、澳大利亞塔斯馬尼亞大學名譽文學博士學位(2011 年)、香港浸會大學榮譽文學博士學位(2012 年)、香港樹仁大學榮譽文學博士學位(2012 年)等。2013 年,先生獲香港大學頒授該校最高榮譽“桂冠學人”頭銜,爲獲該頭銜之第一人。2014 年 3 月 26 日,先生因其舉世矚目的學藝成就和國際影響及與山東大學的深厚淵源,被山東大學授予名譽博士學位。名譽博士學位是經國務院學位委員會批准、博士學位授予單位授予的一種國家級榮譽稱號。先生現爲香港大學林百欣中國文化講座教授和香港中文大學中文系榮休講座教授、中國文化研究所及藝術系偉倫講座教授,也是中山大學、北京大學、復旦大學、山東大學、南京大學、浙江大學、厦門大學、武漢大學、中國社會科學院歷史研究所、雲南大學、東北師範大學、首都師範大學、華僑大學、汕頭大學、深圳大學、北京廣播學院(今中國傳媒大學)、廣州美術學院等學府的名譽教授、顧問教授或客座教授。

1998 年,先生獲香港(海外)文學藝術家協會“中華文學藝術家金龍獎”、國學大師榮銜,同年成爲香港中文大學崇基學院首任榮譽院務委員。2005 年 10 月,中國人民大學國學院揭牌,聘先生爲學術顧問。2009 年 4 月,中華書局聘先生爲其六大學術顧問之一,先生爲中華書局百周年局慶題詞。2009 年 10 月,清華大學國學研究院成立,聘先生爲學術顧問。2011 年 11 月,香港浸會大學成立孫少文伉儷人文中國研究所,聘先生爲榮譽顧問。2013 年 1 月,香港浸會大學成立饒宗頤國學院,聘先生爲永遠榮譽院長。2013 年 10 月 15 日,世界上現存歷史最悠久的私人藏書樓之一——天一閣博物館聘先生爲首位名譽館長。

2009 年 1 月,先生成爲首位獲聘爲中央文史研究館館員的香港學者,同年 4 月獲香港藝術發展局授予“終身成就獎”。2011 年 7 月 17 日,國際天文聯合會小行星命名委員會批准南京紫金山天文臺發現的國際編號爲 10017 的小行星命名爲“饒宗頤星”,以褒獎先生對中國文化事業乃至對人類文化發展做出的貢獻。2011 年 12 月,先生獲頒經文化部批准、中國藝術研究院主辦的第一届“中華藝文獎 · 終身成就獎”。2011 年 12 月 13 日,經西泠印社全體理事投票,選舉先生爲西泠印社第七任社長,這一號稱“天下第一社”的百年社團終於再次擁有了自己的領航人。2012 年 3 月,山東大學聘先生擔任山大與香港大學饒宗頤學術館、泰安市政府合纂《泰山通志》之主編。泰岱雄峙天東,獨尊五岳,其聲名之宏巨,寰宇矚目,而重修《泰山通志》之意義,實亦不讓泰山。

因在國際漢學界享有崇高地位,先生於 2012 年 12 月被選舉爲歷史悠久、聞名國際的法蘭西學院外籍院士。2013 年 3 月,國務院新聞辦公室和上海市政府共同主辦的“世界中國學論壇”宣布先生獲“第二届世界中國學貢獻獎”, 其豐碩的學術成果與藝術成就進一步得到國際學術界的肯定。

2003 年,先生將其個人數十年因勤於學術研究而積纍的藏書贈送香港大學,化私爲公,藉此回饋社會。香港大學爲此成立了饒宗頤學術館,其中一個宗旨,就是要延續先生永不言休的學術研究精神。

學術界素有“南饒北季”之称,季羡林先生贊譽饒先生爲“大師中的大師”。温家寶總理盛贊饒先生:“學貫中西,學藝雙馨。”李克强總理在香港大學百周年校慶期間特意會見饒先生,表示:“您在國學方面造詣很深,而且精於書法。您不僅傳承發揚中華文化,而且還促進中華文化走向世界。”

先生文、藝、學三者兼擅,堪稱“一身而兼三絶”,乃百年難得一遇的巨擘。我們相信,先生對中華文化貢獻極大,也因此必將史册留名;而这部目録,也一定會對有志於饒學的學者略有微助。

編寫凡例

一、本書收録先生已出版或發表的著作。資料以 2014 年 11 月爲下限。所得學術著作單行本、編著書刊、書畫集與詩詞集等近 130 種,論文和其他文章篇目約 950 餘條。所有資料均按類分編,并以編年方式順時序排列。

二、每項出版或發表的資料,均包括該著作的名稱、刊載之書刊名稱及編著者(適用於論文及其他文章部分)、卷數或期數、出版地點、出版者、出版年份和頁號起訖。同題而不同版本的著作,均列入同一條目内,以現能找到之最早版本起,順時序排列。其中若干條目,部分資料未及收集完整者,待將來補充。

三、本書第一部分“學術著作單行本”,主要收録先生各類學術專著與文集。第二部分“書刊主編、編著”之叢刊與期刊類,衹收録先生主編的書刊,尚有其他先生署名主編者,因屬領銜或榮譽性質,本編暫不録入。第三部分“詩詞集”,衹收録以結集形式發表的詩詞作品集。第四部分“書畫集”,收録先生各類書畫圖册,包括展覽圖録及藝術創作書畫集。第五部分“學藝展覽場刊”,收録書畫集以外其他與先生有關之學藝展覽的特刊與展覽資料。第六部分“學術論文”,主要收録學術專論文章。第七部分“其他文章”,收録先生以儷體或散體撰寫的文章,包括序跋、書評、讀後記等等。而短篇書畫題跋、單篇詩詞、訪談、題辭及未經饒宗頤先生同意之聯署文章等,本編亦暫不録入。

四、本書所收録的資料,以先生已出版的文集和圖册的内容爲基礎,再利用先生近年捐贈香港大學饒宗頤學術館的書刊,以及香港大學饒宗頤學術館"饒宗頤教授資料庫"所收藏的文獻資料進行輯録,并參考了香港大學圖書館香港文獻資料室、香港各大專院校的圖書館目録,以及海内外其他地方多個學術期刊資料庫,還有其他饒學研究的書籍和文章而編成。各條目内不同版本的資料如曾刊於其他書刊者,一般會以"又見""刊"或"載"標示。其他源自先生著作集内的資料,則會以"收入"標明,"收入"部分主要選録自先生 2003 年及之前出版的各主要文集,如《固庵文録》《饒宗頤二十世紀學術文集》(2003 年台灣新文豐版)等等。《饒宗頤二十世紀學術文集》(2009 年中國人民大學版)係新文豐版的簡體字版,故不再將簡體字版頁碼録入。

五、本書"收入"條目以 2003 年出版的文集如《饒宗頤二十世紀學術文集》等爲主,此後出版的《清暉集》《選堂序跋集》《饒宗頤佛學文集》等所收文章,就不再一一列出。

目　録

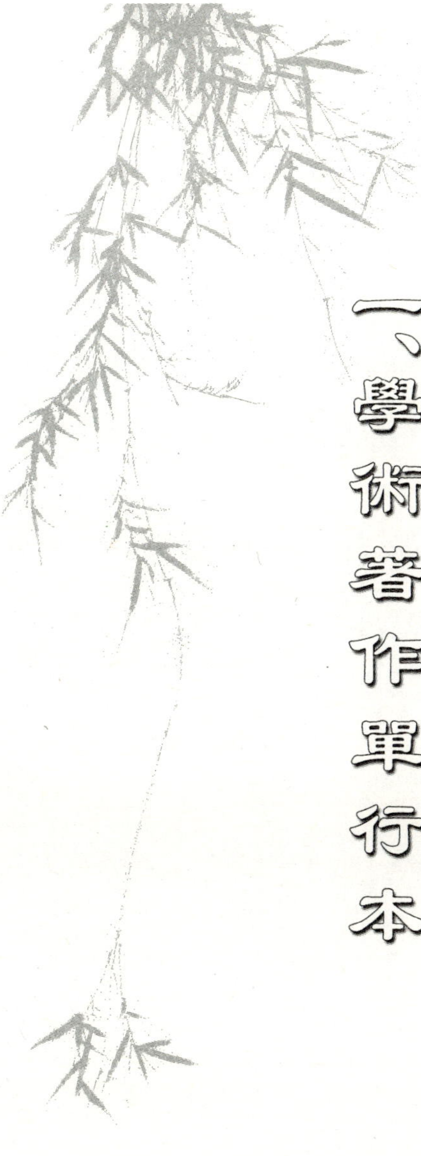

一、學術著作單行本

1. 潮州藝文志(饒鍔、饒宗頤著)

《嶺南學報・專號》(第4卷第4期、第6卷第2、3期合刊),廣州:廣州私立嶺南大學,1935年及1937年初版。

【重印本】上海:上海古籍出版社,1994年4月。

收入《饒宗頤二十世紀學術文集》(卷九・潮學),臺北:新文豐出版公司,2003年,第235至992頁。

2. 潮州叢著初編

廣州市立中山圖書館叢書(3),廣州:廣州市立中山圖書館,1938年初版。

【重印本】臺北:文海出版社,1971年。

部分文章分類收入《饒宗頤二十世紀學術文集》,臺北:新文豐出版公司,2003年;詳見本書之"論文"及"其他文章"部分。

3. 楚辭地理考

上海:商務印書館,1946年初版。

【重印本】臺北:九思出版有限公司,1978年4月。

收入《饒宗頤二十世紀學術文集》(卷一一・文學),臺北:新文豐出版公司,2003 年,第 71 至 210 頁。

4. 韓江流域史前遺址及其文化

香港,1950 年初版。

收入《僑港潮汕文教聯誼會會刊》(第 3 期),香港:僑港潮汕文教聯誼會,1974 年 10 月,第 91 至 119 頁。

5. 戰國楚簡箋證(油印本)

京都,1954 年初版。

【修訂本】載《金匱論古綜合刊》(第 1 期),香港:香港亞洲石印局印行,1957 年,第 61 至 72 頁,附“長沙仰天湖戰國楚簡摹本”。

另刊《戰國楚簡箋證(長沙仰天湖戰國楚簡摹本)》,香港:上海出版社,1957 年初版。

6.《人間詞話》平議(綫裝)

香港,1953 年初版。

又分上下兩輯,分別刊於《人生》(第 115 號),香港:人生雜志社,1955 年 8 月,第 12 至 14 頁;《人生》(第 116 號),1955 年 9 月,第 11 至 12 頁。

後收入《文轍——文學史論集》(下册),臺北:臺灣學生書局,1991 年 11 月,第 741 至 750 頁;《饒宗頤二十世紀學術文集》(卷一二·詩詞學),臺北:新文豐出版公司,2003 年,第 314 至 323 頁。

7. 長沙出土戰國楚簡初釋(油印本)

京都,1954 年初版。

8. 楚辭書録

選堂叢書(1),香港:東南書局,1956 年 1 月初版。

收入《饒宗頤二十世紀學術文集》(卷一一・文學),臺北:新文豐出版公司,2003 年,第 211 至 366 頁。

9. 敦煌六朝寫本張天師道陵著・老子想爾注校箋

選堂叢書(2),香港:東南書局,1956 年 4 月初版。

【增訂本】《老子想爾注校證》,上海:上海古籍出版社,1991 年 11 月。

收入鄭學檬、鄭炳林主編:《中國敦煌學百年文庫・文獻卷(一)》,蘭州:甘肅文化出版社,1999 年,第 323 至 378 頁;《饒宗頤二十世紀學術文集》(卷五・宗教學),臺北:新文豐出版公司,2003 年,第 415 至 640 頁。

10. 巴黎所見甲骨録(綫裝)

選堂叢書(3),香港:Too Hung Engraving & Print Co. ,1956 年 12 月初版。

收入宋鎮豪、段志洪主編:《甲骨文獻集成》(第 3 册),成都:四川大學出版社,2001 年 4 月,第 367 至 391 頁。

11. 長沙出土戰國繒書新釋

選堂叢書(4),香港,1958 年初版。

12. 楚辭與詞曲音樂

選堂叢書(5),香港:香港大學中文系,1958 年 5 月初版。

香港:新華出版社,1958 年。

收入《饒宗頤二十世紀學術文集》(卷一一・文學),臺北:新文豐出版公司,2003 年,第 367 至 444 頁。

13. 詞樂叢刊(第 1 集)(與趙尊岳合著;姚志伊序、跋)

香港:南風出版社,1958 年 10 月初版。

當中之《玉田謳歌八首字詁》及《魏氏樂譜管窺》分別收入《饒宗頤二十世紀學術文集》(卷一二・詩詞學,第 275 至 277 頁)及《學術文集》(卷四・經術、禮樂,第 646 至 663 頁),臺北:新文豐出版公司,2003 年。

14. 九龍與宋季史料

選堂叢書(6),香港:萬有圖書公司,1959 年 11 月初版。

收入《饒宗頤二十世紀學術文集》(卷六・史學),臺北:新文豐出版公司,2003 年,第 1129 至 1318 頁。

15. 殷代貞卜人物通考(上、下册)

香港:香港大學出版社,1959 年 11 月初版。

收入宋鎮豪、段志洪主編:《甲骨文獻集成》(第 16 册),成都:四川大學出版社,2001 年 4 月,第 226 至 582 頁;《饒宗頤二十世紀學術文集》(卷二・甲骨),臺北:新文豐出版公司,2003 年,第 1 至 1362 頁。

【韓文版】《殷代貞卜人物通考》(孫叡徹譯;共 3 册),漢城,민음사,1996 年。

16. 詞籍考

香港:香港大學出版社,1963 年 2 月初版。

【增訂本】《詞集考——唐五代宋金元編》,北京:中華書局,1992 年 10 月初版。

收入《饒宗頤二十世紀學術文集》(卷一〇・目録學),臺北:新文豐出版公司,2003 年,第 1 至 420 頁。

17. *Airs de Touen - Houang*《敦煌曲》

(with an adaption into French by Prof. Paul Demiéville)

Documents conservès à la Bibliothèque nationale 2, Paris: Centre National de La Recherche scientifique, 1971.

收入《饒宗頤二十世紀學術文集》(卷八・敦煌學),臺北:新文豐出版公司,2003 年,第 679 至 926 頁。

18. 選堂賦話

香港:萬有圖書公司,1975年5月初版。

原輯於何沛雄編《賦話六種》内,香港:萬有圖書公司,1975年5月,第87至115頁。

19. 黄公望及富春山居圖臨本

香港中文大學文物館專刊(1),香港:香港中文大學中國文化研究所文物館,1975年9月初版;1976年5月第2版。

收入《畫䋹——國畫史論集》,臺北:時報文化出版企業有限公司,1993年6月,第283至364頁;《饒宗頤二十世紀學術文集》(卷一三·藝術),臺北:新文豐出版公司,2003年,第845至958頁。

20. 中國史學上之正統論——中國史學觀念探討之一

香港:龍門書店,1977年9月初版。

【重印本】《中國史學上之正統論》,臺北:宗青圖書出版公司,1979年;學術集林叢書(6),上海:上海遠東出版社,1996年8月。

收入《饒宗頤二十世紀學術文集》(卷六·史學),臺北:新文豐出版公司,2003年,第1至564頁。

21. ***Peintures Monochromes de Dunhuang* (*Dunhuang Baihua*) : *Manuscrits reproduits en facsimilé, d' après les originaux inédits conservés à la Bibliothèque Nationale de Paris* 《燉煌白畫》**

(avec une introduction en chinois par Jao Tsong-yi; adaptée en francais par Pierre Ryckmans; Préface et Appendice par Paul Demiéville)

Publications de l' École française d' Extrême-Orient Memories Archeologiques XIII(法國遠東考古學院考古學專刊 8), Paris: École Française d' Extrême-Orient, 1978.

文字内容收入《饒宗頤二十世紀學術文集》(卷八・敦煌學),臺北:新文豐出版公司,2003 年,第 615 至 678 頁。

【重印中文本】《燉煌白畫》(新增英、日譯本)(饒宗頤著;鄧偉雄主編)。

【英文版】*The Line Drawing of Dunhuang*(杜英華譯)。

【日文版】《燉煌白畫》(香港國際創價學會譯)。

香港:香港大學饒宗頤學術館、饒宗頤基金有限公司、香港國際創價學會,2010 年 7 月初版。

22. **選堂集林:史林**(全 3 册)

香港:中華書局香港分局,1982 年 1 月初版。

部分文章分類收入《饒宗頤二十世紀學術文集》,臺北:新文豐出版公司,2003 年;詳見本書之"學術論文"及"其他文章"部分。

23. **雲夢秦簡日書研究**(與曾憲通合著)

香港中文大學中國文化研究所中國考古藝術研究中心專刊(3),香港:中文大學出版社,1982 年初版。

收入《饒宗頤二十世紀學術文集》(卷三・簡帛學),臺北:新文豐出版公司,2003 年,第 369 至 442 頁。

24. **隨縣曾侯乙墓鐘磬銘辭研究**(與曾憲通合著)

香港中文大學中國文化研究所中國考古藝術研究中心專刊(4),香港:中文大學出版社,1985 年初版。

收入《饒宗頤二十世紀學術文集》(卷四・經術、禮樂),臺北:新文豐出版公司,2003 年,第 673 至 827 頁。

25. **楚帛書**(與曾憲通合著)

香港:中華書局香港分局,1985 年 9 月初版。

有關文章分別收入《饒宗頤二十世紀學術文集》(卷三・簡帛學、卷一三・藝術),臺北:新文豐出版公司,2003 年。

26. **固庵文録**

臺北:新文豐出版公司,1989 年 9 月初版。

【簡體字版】瀋陽:遼寧教育出版社,2000 年 1 月。

部分文章分類收入《饒宗頤二十世紀學術文集》,臺北:新文豐出版公司,2003 年;詳見本書之"學術論文"及"其他文章"部分。

27. 中印文化關係史論集·語文篇——悉曇學緒論

香港:香港中文大學中國文化研究所、三聯書店(香港)有限公司,1990 年 4 月初版。

部分文章收入《饒宗頤二十世紀學術文集》(卷五·宗教學),臺北:新文豐出版公司,2003 年,第 645 至 790 頁。

28. 文轍——文學史論集(上、下册)

臺北:臺灣學生書局,1991 年 11 月初版。

有關文章分類收入《饒宗頤二十世紀學術文集》,臺北:新文豐出版公司,2003 年;詳見本書之"學術論文"及"其他文章"部分。

29. 畫頵——國畫史論集

臺北:時報文化出版企業有限公司,1993 年 6 月初版。

有關文章分類收入《饒宗頤二十世紀學術文集》,臺北:新文豐出版公司,2003 年;詳見本書之"學術論文"及"其他文章"部分。

30. 梵學集

上海:上海古籍出版社,1993 年 7 月初版。

有關文章分類收入《饒宗頤二十世紀學術文集》,臺北:新文豐出版公司,2003 年;詳見本書之"學術論文"及"其他文章"部分。

31. 楚地出土文獻三種研究(與曾憲通合著)

北京:中華書局,1993 年 8 月初版。

32. 饒宗頤史學論著選

上海:上海古籍出版社,1993 年 11 月初版。

有關文章分類收入《饒宗頤二十世紀學術文集》,臺北:新文豐出版公司,2003 年;詳見本書之“學術論文”及“其他文章”部分。

33. 澄心論萃(饒宗頤著;胡曉明編)

上海:上海文藝出版社,1996 年 7 月初版。

有關文章分類收入《饒宗頤二十世紀學術文集》,臺北:新文豐出版公司,2003 年;詳見本書之“學術論文”及“其他文章”部分。

34. 饒宗頤潮汕地方史論集(饒宗頤著;黄挺編)

汕頭:汕頭大學出版社,1996 年 8 月初版。

有關文章分類收入《饒宗頤二十世紀學術文集》,臺北:新文豐出版公司,2003 年;詳見本書之“學術論文”及“其他文章”部分。

35. 敦煌曲續論

敦煌叢刊二集(8),臺北:新文豐出版公司,1996 年 12 月初版。

收入《饒宗頤二十世紀學術文集》(卷八・敦煌學),臺北:新文豐出版公司,2003 年,第 927 至 1128 頁。

36. 文化之旅

香港:牛津大學出版社,1997 年初版。

【簡體字版】瀋陽:遼寧教育出版社,1998 年 3 月。

【插圖珍藏版】北京:中華書局,2011 年 7 月。

有關文章分類收入《饒宗頤二十世紀學術文集》,臺北:新文豐出版公司,2003 年;詳見本書之"學術論文"及"其他文章"部分。

37. 符號·初文與字母——漢字樹

香港:商務印書館(香港)有限公司,1998 年 7 月初版,2006 年第 2 版。

【簡體字版】上海:上海書店出版社,2000 年 3 月初版。

【日文版】《漢字樹:古代文明と漢字の起源》(小早川三郎譯),東京:株式會社アルヒーフ,2003 年 5 月初版。

38. 饒宗頤東方學論集

汕頭:汕頭大學出版社,1999 年 11 月初版。

有關文章分類收入《饒宗頤二十世紀學術文集》,臺北:新文豐出版公司,2003 年;詳見本書之"學術論文"及"其他文章"部分。

39. 中國宗教思想史新頁

北大學術講演叢書(11)、湯用彤學術講座(1),北京:北京大學出版社,2000 年 5 月初版。

有關文章分類收入《饒宗頤二十世紀學術文集》,臺北:新文豐出版公司,2003 年;詳見本書之"學術論文"及"其他文章"部分。

40. **饒宗頤學述**(饒宗頤述;胡曉明、李瑞明整理)

杭州:浙江人民出版社,2000 年初版。

41. **古史之斷代與編年**

"中央研究院"歷史語言研究所傅斯年漢學講座 2001,臺北:"中央研究院"歷史語言研究所,2003 年 5 月初版。

收入《饒宗頤二十世紀學術文集》(卷一・史溯),臺北:新文豐出版公司,2003 年,第 169 至 258 頁。

42. **饒宗頤二十世紀學術文集**(共 14 卷,20 册)

臺北:新文豐出版公司,2003 年 10 月初版。

【簡體字版】北京:中國人民大學出版社,2009 年 7 月初版。

43. **饒宗頤新出土文獻論證**(饒宗頤著;沈建華編)

上海:上海古籍出版社,2005 年 9 月初版。

部分文章分類收入《饒宗頤二十世紀學術文集》,臺北:新文豐出版公司,2003 年;詳見本書之"學術論文"及"其他文章"部分。

44. **選堂序跋集**(饒宗頤著;鄭會欣編)

北京:中華書局,2006 年初版。

45. **文化と芸術の旅路**（饒宗頤、池田大作、孫立川）

日本：潮出版社，2009 年初版。

【繁體字版】《文化與藝術之旅》，香港：天地圖書有限公司，2009 年 7 月初版。

【簡體字版】桂林：廣西師範大學出版社，2009 年 11 月初版。

46. **選堂清談録**（饒宗頤、陳韓曦著）

北京：紫禁城出版社，2009 年 10 月初版。

47. **《西南文化創世紀：殷代隴蜀部族地理與三星堆、金沙文化》**

上海：上海古籍出版社，2010 年 11 月。

48. **文學與神明：饒宗頤訪談録**（饒宗頤著；施議對編纂）

香港：三聯書店（香港）有限公司，2010 年 5 月初版。

北京：三聯書店，2011 年 5 月。

49. **饒宗頤集**（饒宗頤著；陳韓曦編注）

廣州：花城出版社，2011 年初版。

50. **選堂集林：史林新編**（全 3 册）

香港：中華書局（香港）有限公司，2012 年 12 月初版。

51. **饒宗頤佛學文集**

香港:天地圖書有限公司,2013 年 7 月。

52. **饒宗頤書畫題跋集**(饒宗頤著;陳韓曦編)

廣州:花城出版社,2014 年 1 月。

53. **潮州本草**

排印本,不著出版時地。

54. **楚辭參考資料**(又名《楚辭别録》)

油印本,不著出版時地。

二、書刊主編、編著

（一）書籍

1. **潮州先賢像傳**(吴長波策劃;饒宗頤編撰)

汕頭,藝文印務局,1947 年 12 月。

部分内容後載吴以湘主編《潮州鄉訊》:《王大寶》(第 2 卷 7 期)、《薛侃》(第 2 卷 8 期)、《方耀》(第 2 卷 10 期)、《大顛禪師》(第 2 卷 11 期)、《吴高士復古》(第 2 卷 12 期),《翁襄敏萬達》(第 3 卷 1 期)、《薛給諫宗鎧》(第 3 卷 3 期)、《劉知州允》(第 3 卷 4 期)、《許郎中國佐》(第 3 卷 5 期)、《曾右丞習經》(第 3 卷 6 期)、《郭賢母真順》(第 3 卷 9 期),新加坡:潮州鄉訊社,1948 年。

潘醒農著《馬來亞潮僑通鑒》,新加坡:南島出版社,1950 年,第 354 至 364 頁。

蔡武榜主編《旅緬潮州會館慶祝新厦落成紀念特刊》,仰光:旅緬潮州會館,1961 年,"先賢傳略"部分第 1 至 9 頁。

《僑港潮汕文教聯誼會會刊》(第 1 期),香港:僑港潮汕文教聯誼會,1964 年 6 月,第 263 至 272 頁。

劉宣强、朱洪聲主編《古晋潮州公會慶祝百年紀念特刊》,砂勝越:古晋潮州公會,1966 年 7 月,第 191 至 196 頁及 230 頁。

【重印本】《潮州先賢像傳》(郭偉川總編輯;林楓林編輯),香港:香港潮州商會第三十八屆會董會,1994年。

《潮州先賢像傳》(饒宗頤編撰),廣州:花城出版社,2013年11月。

2. **潮州志**(總纂)

【綫裝·十五門本】汕頭:潮州修志館,1949年初版。

收入《中國地方志集成·廣東府縣志輯》第25册,上海:上海書店出版社,2003年,第105至883頁。

【洋裝增訂本·二十門本】(新增未刊志稿手鈔本或刻印本五門),潮州:潮州市地方志辦公室,2005年。

當中《潮州沿革志》收入《饒宗頤二十世紀學術文集》(卷九·潮學),臺北:新文豐出版公司,2003年,第87至234頁;《潮州志·藝文志》收入賈貴榮、杜澤遜輯:《地方經籍志彙編》第46册,北京:北京圖書館出版社,2008年,第439至728頁。

3. **明器圖録·中國明器略説**(編著)

香港:香港大學出版社,1953年初版。

(按:此爲1953年9月26至28日由香港大學東方文化研究院舉辦之明器展覽圖録。)

收入《饒宗頤二十世紀學術文集》(卷六·史學),臺北:新文豐出版公司,2003年,第822至830頁。

4. **景宋乾道高郵軍學本·淮海居士長短句**
（秦觀著；饒宗頤編校）

香港：龍門書店，1965 年 5 月初版。

5. **潮州志匯編**（編集）

香港：龍門書店，1965 年 7 月初版。

［按：本書除饒氏主編之民國《潮州志》稿外，另收録元代《三陽志》（原載《永樂大典》）、明嘉靖郭春震志及清順治吴穎志。］

6. **歐美亞所見甲骨録存**（編）

新加坡，1970 年初版。

7. **香港大學馮平山圖書館藏善本書録**（編著）

香港：龍門書店，1970 年 12 月初版。

收入《饒宗頤二十世紀學術文集》（卷一〇·目録學），臺北：新文豐出版公司，2003 年，第 421 至 667 頁。

【增訂本】香港大學馮平山圖書館編（饒宗頤編著；李直方、張麗娟增補；尹耀全、陳偉明、林柔雲編輯），香港：香港大學出版社，2003 年。

8. **全清詞鈔**（葉恭綽編；饒宗頤參與編次校訂）

香港：中華書局香港分局，1975 年初版。

9. **香雪莊藏砂壺**(編著)

新加坡:香雪莊,1977 年。(收藏者:陳之初)

當中《供春壺考略》之改訂本分別收入《固庵文録》,臺北:新文豐出版公司,1989 年 9 月,第 385 至 396 頁;《饒宗頤二十世紀學術文集》(卷一三・藝術),臺北:新文豐出版公司,2003 年,第 959 至 976 頁。

10. **唐宋墓志:遠東學院藏拓片圖録**(編著)

香港中文大學中國文化研究所史料叢刊(2),與法國遠東學院共同出版,列該院期刊第 127 號,香港:中文大學出版社,1981 年初版。

收入《饒宗頤二十世紀學術文集》(卷一三・藝術),臺北:新文豐出版公司,2003 年,第 619 至 844 頁。

11. **虛白齋藏書畫選**(編著)

中日文作品解説:饒宗頤,新野岩男日譯;英文解説:饒宗頤、屈志仁;東京:二玄社,1983 年初版。

中文作品解説收入《饒宗頤二十世紀學術文集》(卷一三・藝術),臺北:新文豐出版公司,2003 年,第 1167 至 1318 頁。

另有虛白齋藏書畫精選《古萃今承——虛白齋藏中国書畫選》,饒宗頤解説,香港:香港市政局、香港藝術館,1992 年。

12. **李衛公望江南——詞學秘笈之一**

（李靖著；饒宗頤編集；附録由鄭煒明編校製訂）

臺北：新文豐出版公司，1990 年 4 月初版。

13. **甲骨文通檢**（第 1 至 5 册）（饒宗頤主編；沈建華編輯）

香港中文大學中國文化研究所中國考古藝術研究中心工具書（第 2 至 6 册），香港：中文大學出版社，1989 至 1999 年初版。

14. **近東開闢史詩**（編譯）

東方學叢刊（1），臺北：新文豐出版公司，1991 年 1 月初版。

【簡體字版】瀋陽：遼寧教育出版社，1998 年 12 月。

譯文首段及第 1 版、第 5 版與第 7 版部分譯文收入《固庵文録》，臺北：新文豐出版公司，1989 年 9 月，第 28 至 29 頁。

全本收入《饒宗頤二十世紀學術文集》（卷一・史溯），臺北：新文豐出版公司，2003 年，第 505 至 570 頁。

15. **潮中雜記**

（郭子章著；饒宗頤主編；郭偉川編輯；林楓林助理編輯）

潮州善本選集（第 1 種），潮州文獻叢刊（8），香港：香港潮州商會，1993 年初版。

16. **廣濟橋史料彙編**(與張樹人合作編著)

香港:新城文化服務有限公司,1993年2月初版。

當中之《廣濟橋志》收入《饒宗頤二十世紀學術文集》(卷九・潮學),臺北:新文豐出版公司,2003年,第1至86頁。

17. **新加坡古事記**(編)

香港中文大學中國文化研究所中國考古藝術研究中心集刊(9),香港:中文大學出版社,1994年初版。

收入《饒宗頤二十世紀學術文集》(卷七・中外關係史),臺北:新文豐出版公司,2003年,第367至830頁。

18. **新刻增補全像鄉談《荔枝記》**(與龍彼得共同主編)

潮州饒宗頤學術館叢刊,臺北:新文豐出版公司,1999年初版。

19. **悉曇經傳:趙宧光及其《悉曇經傳》**(編集)

臺北:新文豐出版公司,1999年2月初版。

收入《饒宗頤二十世紀學術文集》(卷五・宗教學),臺北:新文豐出版公司,2003年,第779至785頁。

20. **敦煌吐魯番本文選**(編)

北京:中華書局,2000年5月初版。

21. **全明詞**(饒宗頤編;張璋續編,全6册)

北京:中華書局,2004年1月初版。

22. **潮州三山志**(編)

黄仲琴著,饒宗頤補輯《金山志》;饒宗頤輯《韓山志》;饒鍔輯《西湖山志卷二》。

潮州:潮州市地方志辦公室、政協潮州市委員會,2006年初版。

23. **潮州志補編**(總纂,全五册)

潮州:潮州海外聯誼會、《潮州志補編》整理小組編印,2011年10月。

24. **上博藏戰國楚竹書字匯**(饒宗頤主編;徐在國副主編)

合肥:安徽大學出版社,2012年10月。

(二)叢刊

1. **敦煌書法叢刊**(共29册)(饒宗頤編著;林宏作日譯)

東京:二玄社,1983至1986年初版。

【中文版】《法藏敦煌書苑精華》(共8册)(編著),廣州:廣東人民出版社,1993年11月初版。(按:此輯據《敦煌書法叢刊》重新整理及編訂。)

文字内容收入《饒宗頤二十世紀學術文集》(卷八・敦煌學),臺北:新文豐出版公司,2003 年,第 305 至 613 頁。

2. 香港敦煌吐魯番研究中心叢刊(第 1 至 11 種)(主編)

臺北:新文豐出版公司,1990 至 2009 年。

(1)《敦煌琵琶譜》(編),1990 年 12 月;

收入《饒宗頤二十世紀學術文集》(卷八・敦煌學),臺北:新文豐出版公司,2003 年,第 1133 至 1329 頁。

(2)《敦煌琵琶譜論文集》(編),1991 年 8 月;

集内先生之著作收入《饒宗頤二十世紀學術文集》(卷八・敦煌學),臺北:新文豐出版公司,2003 年,第 1330 至 1375 頁。

(3)《敦煌邈真贊校録并研究》(饒宗頤主編;姜伯勤、項楚、榮新江合著),1994 年 7 月。

(4)《英國圖書館藏敦煌漢文非佛教文獻殘卷目録(S. 6981 – 13624)》(榮新江編著), 1994 年 7 月。

(5)《敦煌俗字研究導論》(饒宗頤主編;張涌泉著),1996 年 8 月。

(6)《敦煌語文叢説》(饒宗頤編;黄征著),1997 年 1 月。

(7)《吐蕃統治敦煌研究》(饒宗頤主編;楊銘著),1997 年 12 月。

(8)《敦煌文藪》(上、下册)(饒宗頤主編;池田温、姜伯勤等著),1999 年 4 月。

(9)《敦煌本甘棠集研究》(饒宗頤主編;趙和平著),2000 年 3 月。

(10)《敦煌出土胡語醫典〈耆婆書〉研究》(饒宗頤主編;陳明著),2005 年 10 月。

(11)《中古時期社邑研究》(饒宗頤主編;郝春文著),2006 年 11 月。

3. 補資治通鑒史料長編稿系列(第 1 至 8 種)(主編)

泰國華僑崇聖大學中華文化研究院(第 1 至 5 種)、香港敦煌吐魯番研究中心(第 1 至 8 種)合作研究叢刊,臺北:新文豐出版公司,1995 至 2004 年。

(1)《新莽簡輯證》(與李均明合著),1995 年 9 月;

收入《饒宗頤二十世紀學術文集》(卷三・簡帛學),臺北:新文豐出版公司,2003 年,第 665 至 934 頁。

(2)《敦煌漢簡編年考證》(與李均明合著),1995 年 9 月;

收入《饒宗頤二十世紀學術文集》(卷三・簡帛學),臺北:新文豐出版公司,2003 年,第 443 至 664 頁。

(3)《吐魯番出土高昌文獻編年》(饒宗頤主編;王素著),1997 年 1 月。

(4)《魏晉南北朝敦煌文獻編年》(饒宗頤主編;王素、李方著),1997 年 12 月。

(5)《秦出土文獻編年》(饒宗頤主編;王輝著),2000 年 9 月。

(6)《漢魏石刻文字繫年》(饒宗頤主編;劉昭瑞著),2001 年 9 月。

(7)《吐魯番出土唐代文獻編年》(饒宗頤主編;陳國燦著),2002

年12月。

(8)《居延漢簡編年·居延編》(饒宗頤主編;李均明著),2004年7月。

(三)期刊

1. 文心雕龍研究專號(主編)

《香港大學中文學會慶祝金禧紀念特刊》,香港:香港大學中文學會,1962年初版。

【重印本】臺北:明倫出版社,1971年2月初版。

2. 九州學刊·敦煌學專號(主編)

臺北:九州學刊雜志社。

第4卷第4期,1992年4月。

第5卷第4期,1993年6月。

第6卷第4期,1995年3月。

3. 華學(第1至10輯)(饒宗頤主編;《華學》編輯委員會編)

泰國華僑崇聖大學中華文化研究院、清華大學國際漢學研究所、中山大學中華文化研究中心、香港大學饒宗頤學術館(第7輯起)主辦。

廣州:中山大學出版社(第1、2、5、7輯),北京:紫禁城出版社(第3、4、6、8輯),上海:上海古籍出版社(第9、10輯合刊),1995年至2008年。

4. **敦煌吐魯番研究**(第1至13卷)(1至6卷與季羨林、周一良聯合主編;第7至11卷與季羨林聯合主編;第12至13卷饒宗頤主編)

合辦:香港中華文化促進中心(第1至13卷)、中國敦煌吐魯番學會(第1至13卷)、北京大學中國中古史研究中心(第1至6卷)、北京大學東方學研究院(第5至13卷)、上海圓明講堂(第5至7卷)、泰國華僑崇聖大學中國文化研究院(第1至3卷)、香港大學饒宗頤學術館(第8至13卷)、上海師範大學敦煌吐魯番學研究所(第9至12卷)、首都師範大學歷史學院(第13卷)。

北京:北京大學出版社(第1至5卷),北京:中華書局(第7至9卷),上海:上海古籍出版社(第10至13卷),1996年4月至2013年8月。

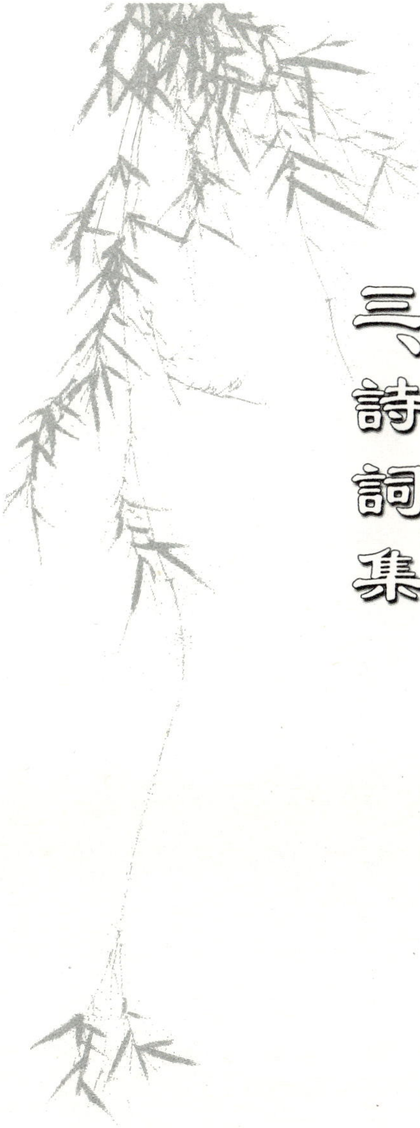

三、詩詞集

1. **傜山詩草**(綫裝,鉛印本)

1947 年初版。

收入蘇州大學(原無錫國專)廣西校友會主編:《無錫國專在廣西》,南寧:蘇州大學廣西校友會,1993 年,第 267 至 292 頁。

其中《傜山咏》、《寄慵石丈》收入海濱師範學校出版委員會編輯:《海濱》半月刊(復刊 1)之"詩録",汕頭:嶺東商業印務公司發行,1948 年,第 1 至 2 頁。

2. **臺游絶句**

戊子印本。

3. **南海唱和集**

《東方》(第 11 期),香港:香港大學文學會,1961 年 3 月,第 9 至 12 頁;有抽印本行世。

4. **南海唱和集**(續)

《東方》(第 13 期),香港:香港大學文學會,1962 年 10 月,第 4 至 7 頁;有抽印本行世。

5. 白山集(綫裝)

1966 年 3 月初版。

6. 佛國集

《新社學報》(創刊號),新加坡:新社,1967 年 12 月,第 1 至 11 頁;有抽印本行世。

收入《梵學集》,上海:上海古籍出版社,1993 年 7 月,第 385 至 402 頁。

後又分作《佛國集一》及《佛國集二》,刊於《饒宗頤東方學論集》,汕頭:汕頭大學出版社,1999 年 11 月,第 351 至 360 頁及 453 至 459 頁。

7. 固庵詞

《新社學報》(第 2 期),新加坡:新社,1968 年 12 月,第 1 至 21 頁;有抽印本行世。

8. *Le Recueil du Lac noir* 黑湖集(饒宗頤著;戴密微法譯)

(Asiatische Studien: Zeitschrift der Schweizerischen Gesellschaft für Asienkunde; Études Asiatiques: Revue de la Société Suisse d' Études Asiatiques XXII, 1968)

Bern: A. Francke AG, 1969, pp. 1 –30.

【重印本】Poèmes du Lac noir《黑湖集》, France: École française d' Extrême-Orient, 2006. 11; preface by Professor Léon Vandermeersch.

9. 長洲集

《新社學報》(第 3 期),新加坡:新社,1969 年 12 月;有抽印本行世。

【陳韓曦、趙松元、陳偉 評注版】廣州:花城出版社,2011 年 4 月。

10. 晞周集(排印本及綫裝)

1971 年初版。

11. 選堂詩詞集

香港:選堂教授詩文編校委員會,1978 年 1 月初版。

12. 選堂詩詞集

臺北:新文豐出版公司,1993 年 1 月。

13. 攬轡集——日本紀行詩稿

譚汝謙編《香港日本文化協會二十五周年紀念特集》,香港:香港日本文化協會,1988 年,第 483 至 490 頁;有抽印本行世。

收入《饒宗頤東方學論集》,汕頭:汕頭大學出版社,1999 年 11 月,第 484 至 508 頁。

14. 清暉集：饒宗頤韵文、駢文詩詞創作合集

深圳:海天出版社,1999 年 12 月初版;2006 年 11 月第二版;2011 年 7 月新版。

15. 固庵詩詞選

《當代名家詩詞集·饒宗頤卷》,北京:北京圖書館出版社,2006 年 12 月初版。

16. 饒宗頤詩鈔(分紅、藍、黑三種印本)

北京:國家圖書館出版社,2013 年 8 月。

按: 上列各集大部分内容(以 2003 年或以前創作爲下限),已收録於《饒宗頤二十世紀學術文集》(卷一四·文録、詩詞),臺北:新文豐出版公司,2003 年,第 337 至 769 頁。

四、書畫集

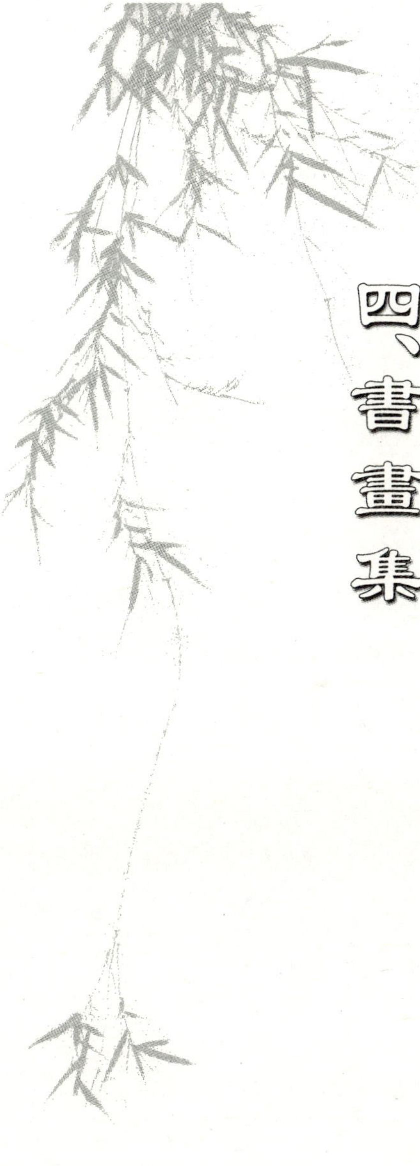

1. **選堂書畫集**

香港:香雪莊,1978 年 1 月初版;1978 年香港展覽圖録。

2. **書道グラフ. 饒宗頤教授個展作品特集**

第 25 卷第 11 號,東京:近代書道研究所,1980 年。

3. **選堂扇面册**(陳焜旺、鄭寶璇、鄧偉雄編)

香港:芥子居,1985 年 1 月初版。

4. **饒宗頤書畫集**

香港:中文大學出版社,1989 年初版。

5. **選堂書楹聯初集**(鄧偉雄主編)

香港:香港藝苑出版社,1992 年 6 月初版。

6. **饒宗頤翰墨**(鄧偉雄主編)

香港:香港藝苑出版社,1992 年 8 月初版。

7. **饒宗頤書畫**(單劍鋒主編)

廣州:嶺南美術出版社,1993 年 10 月初版;廣東畫院展覽圖録。

8. **選堂書畫:饒宗頤八十回顧展**(楊春棠編)

香港:香港大學美術博物館,1996 年 10 月初版;香港大學美術博物館展覽圖録。

9. **澄心選萃——饒宗頤的藝術**(《澄心選萃》編輯委員會編)

香港:中國健康工程引發基金會,1999 年 8 月初版;香港藝術館展覽圖録。

10. **清凉世界——饒宗頤書畫**(鄧偉雄、鄭煒明編)

澳門:澳門基金會,1999 年初版;澳門基金會展覽圖録。

11. **當代名家精品——饒宗頤**(李秋波編)

華藝廊叢書(8),廣州:廣州出版社,2000 年 1 月初版。

12. **饒宗頤書虢季子白盤銘・饒宗頤書法叢帖**(1)

香港:商務印書館(香港)有限公司,2000 年 11 月初版。

13. **饒宗頤書韓仁銘・饒宗頤書法叢帖**(2)

香港:商務印書館(香港)有限公司,2000 年 11 月初版。

14. **饒宗頤書楊大眼造象・饒宗頤書法叢帖**(3)

香港:商務印書館(香港)有限公司,2000 年 11 月初版。

15. **饒宗頤書唐三藏聖教序・饒宗頤書法叢帖**(4)

香港:商務印書館(香港)有限公司,2000 年 11 月初版。

16. **饒宗頤書前後赤壁賦・饒宗頤書法叢帖**(5)

香港:商務印書館(香港)有限公司,2000 年 11 月初版。

17. **饒宗頤五體書法:篆・隸・楷・行・草**

香港:商務印書館(香港)有限公司,2000 年 11 月初版。

18. **選堂雅聚:饒宗頤書畫藝術**(陳浩星主編)

澳門:澳門藝術博物館,2001 年 7 月;澳門展覽圖録。

19. **古韵今情:饒宗頤教授——中國歷史博物館書畫展覽圖録**(鄧偉雄主編;雷雨編輯)

香港:港澳發展有限公司,2001 年 10 月初版;香港展覽圖録。

20. **學藝雙携:饒宗頤藝術天地**(鄧偉雄主編;雷雨編輯)

香港:香港國際創價學會,2002 年 5 月初版;香港國際創價學會展覽圖録。

四、書畫集

21. **通會之際：饒宗頤**(鄧偉雄編述)

香港：港澳發展有限公司，2003 年 5 月初版；香港展覽圖録。

22. **古意今情・饒宗頤畫路歷程**(鄧偉雄編述)

香港：香港大學饒宗頤學術館，2003 年 11 月初版；香港大學饒宗頤學術館展覽圖録。

23. **造化心源——饒宗頤書畫藝術**(鄧偉雄、洪楚平主編)

廣州：香港大學饒宗頤學術館、廣州藝術博物院、廣東萬品文化藝術發展有限公司，2004 年 4 月初版；廣州藝術博物院展覽圖録。

24. **象外環中：饒宗頤甲申書畫選集**(鄧偉雄編述)

香港：香港大學饒宗頤學術館，2004 年 11 月初版；香港大學饒宗頤學術館展覽圖録。

25. **嶺海風韵：嶺南四君子與饒宗頤教授合作作品集**(鄧偉雄編撰)

香港：香港大學饒宗頤學術館、香港大學美術博物館、廣州藝術博物院，2005 年 4 月初版；香港大學及廣州藝術博物院展覽圖録。

26. **選堂書法叢刊**(1)・**雅言雋句・匾額**(鄧偉雄編撰)

香港：港澳發展有限公司，2005 年 10 月初版；展覽圖録。

27. **選堂書法叢刊(2)·聯書相暎·對聯**(鄧偉雄編撰)

香港:港澳發展有限公司,2005 年 10 月初版;展覽圖録。

28. **選堂墨藪**(洪楚平主編;陳韓曦、侯少群副主編)

香港:書藝出版社,2005 年 12 月初版。

29. **選堂書法展**(林偉文主編)

廣州:文理一堂、廣州文心堂,2006 年初版;展覽圖録。

30. **選堂書法叢刊(3)·意愜神飛·條幅**(鄧偉雄編撰)

香港:香港大學饒宗頤學術館,2006 年 5 月初版;展覽圖録。

31. **選堂書法叢刊(4)·惠風和暢·成扇、紈扇**
(鄧偉雄編撰)

香港:香港大學饒宗頤學術館,2006 年 7 月初版;展覽圖録。

32. **普荷天地:饒宗頤九十華誕荷花特集**(陳浩星主編)

澳門:澳門藝術博物館,2006 年 11 月初版;澳門藝術博物館展覽圖録。

33. ***Light Opens Space*: *Paul Maurer meets Jao Tsung - I***
(Photos by Paul Maurer)

Hong Kong: Movit Publishing, 2006. 12. (Exhibition Catalogue,

H. K. : Jao Tsung－I Petite Ecole)

34. **饒宗頤藝術創作彙集**(全 12 册)(鄧偉雄主編)

香港:香港大學饒宗頤學術館,2006 年初版。

35. **心經簡林**(饒宗頤書)

香港:天地圖書有限公司,2006 年初版。

【重印本】(饒宗頤書;釋文:浄因法師、李焯芬),香港:天地圖書有限公司,2007 年。

36. **選堂書法展**(林偉文主編)

廣州:文理一堂,2007 年初版;展覽圖録。

37. **長流不息——饒宗頤教授之藝術世界**(鄧偉雄主編)

香港:香港大學饒宗頤學術館,2007 年 9 月初版;日本神户展覽圖録,創價學會與香港大學饒宗頤學術館合辦。

38. **長樂安寧:饒宗頤東莞長安書畫展作品集**
(歐林高、陳福坤、鄧偉雄主編)

北京:北京工藝美術出版社,2008 年 7 月初版;東莞長安圖書館展覽圖録,東莞市長安鎮人民政府、香港大學饒宗頤學術館合辦。

39. 陶鑄古今:饒宗頤書畫集(故宫博物院編)

北京:紫禁城出版社,2008 年 10 月初版;故宫博物院展覽圖録,并附《陶鑄古今:饒宗頤捐獻故宫博物院書畫作品》,故宫博物院、香港大學合辦。

40. 我與敦煌——饒宗頤敦煌學藝展(孔曉冰、鄧偉雄編)

深圳:海天出版社,2009 年 1 月初版;深圳美術館展覽圖録,深圳文化局、香港藝術發展局、香港大學饒宗頤學術館合辦。

41. 選堂墨韵——饒宗頤書畫選集(洪楚平、鄧偉雄主編)

香港:香港大學饒宗頤學術館,2009 年 1 月初版。

42. 得其嵩倪——饒宗頤雲林筆意書畫集(鄧偉雄編撰)

香港:香港大學饒宗頤學術館,2009 年 5 月初版;香港大學饒宗頤學術館展覽圖録。

43. 心通造化—— 一個學者畫家眼中的寰宇景象(鄧偉雄主編)

澳洲塔斯曼尼亞博物美術館、香港大學饒宗頤學術館,2009 年 8 月初版;澳洲塔斯曼尼亞博物美術館展覽圖録,澳洲塔斯曼尼亞博物美術館、香港大學饒宗頤學術館合辦。

44. 丹青不老——饒宗頤藝術特展(洪楚平、鄧偉雄主編)

廣州:廣東美術館,2009 年 11 月初版;第 15 届國際潮團聯誼年會展覽圖録。

45. 會通今古·饒宗頤藝術新作品展(伍茸主編)

潮州:潮州市饒宗頤學術館,2010 年 2 月。

46. 珠輝玉映——選堂書法作品集(羅志文主編)

珠海:逸彩畫苑。

47. 莫高餘馥——饒宗頤敦煌書畫藝術(鄧偉雄編)

香港大學饒宗頤學術館、敦煌研究院,2010 年 7 月初版;敦煌展覽圖録,中央文史研究館、敦煌研究院、香港大學饒宗頤學術館主辦。

48. 天人互益——饒宗頤學藝展圖録(陳高桐總編)

香港:香港大學饒宗頤學術館,2010 年 8 月。

49. 香港大學饒宗頤學術館藏品圖録 I·饒宗頤教授藝術作品

香港:香港大學饒宗頤學術館,2010 年 8 月。

50. 雪堂餘韵——饒宗頤惠州書畫展作品集(鄧偉雄主編)

香港:香港大學饒宗頤學術館,2010 年 12 月版。

51. 選堂臨碑十二種(鄧偉雄編)

深圳:海天出版社,2011年5月版。

52. 選堂中國寫生叢刊十二册·神州勝境(鄧偉雄編)

深圳:海天出版社,2011年5月版。

53. 饒宗頤書畫册頁叢刊·寫生叢刊十二册·選堂游屐(鄧偉雄編)

深圳:海天出版社,2011年5月版。

54. 澄揚千帆·海納百川——饒宗頤書畫(澄海)展作品集(汕頭市澄海區文化廣電新聞出版局編)

汕頭:嶺南美術出版社,2011年6月版。

55. 饒宗頤藝術經典:《古瀛珍粹》、《茶禪一味》、《詩情畫意》、《古調今情》、《惠風和暢》、《聯意書情》(林雄主編)

廣州:南方日報出版社,2011年8月版。

56. 嶺南風韵——饒宗頤書畫藝術特集(蘇桂芬編)

廣州:嶺南美術出版社,2011年10月版;廣東省博物館展覽圖録。

57. **意會中西——饒宗頤捐贈藝博館書畫作品集**
（禤廣瑜、簡燕兒編）

澳門：澳門藝術博物館，2011 年 11 月版。

58. **饒宗頤藝術經典：《別開新徑》、《弦韵琴心》、《紫石陶情》**（林雄主編）

廣州：南方日報出版社，2011 年 11 月版。

59. **通會境界——饒宗頤教授二十一世紀書畫新路向**
（鄧偉雄編）

香港：香港大學饒宗頤學術館，2011 年 12 月版；泉州閩台緣博物館展覽圖録。

60. **嶺海風韵——嶺南四君子與饒宗頤教授合作作品集**
（鄧偉雄編撰）

香港：弘揚有限公司，2011 年 12 月版。

61. **酒德藝緣——酒德居藏選堂書畫集**

香港：饒宗頤基金有限公司、酒德居，2011 年。

62. **怡心壺韵——王玉芳紫砂壺作品集**
（鄔宛廷、雷雨、鄧偉雄主編）

香港：香港大學饒宗頤學術館，2011 年 9 月。

（注：紫砂壺上書畫作品乃饒宗頤之作。）

63. 法相莊嚴——饒宗頤之佛教美術展

香港：香港大學饒宗頤學術館；日本：銀閣寺，2012 年 4 月；日本京都相國寺承天閣美術館展覽圖録。

64. 學藝雙攜——饒宗頤文化館開幕特展圖録

香港：香港中華文化促進中心，2012 年 6 月。

65. 海上因緣——饒宗頤藝術天地

香港：香港大學饒宗頤學術館，2012 年 6 月；上海美術館展覽圖録。

66. 藝聚西泠——饒宗頤社長書畫藝術特集（西泠印社編）

杭州：西泠印社，2012 年 10 月；浙江美術館展覽圖録。

67. 饒宗頤書道創作彙集

香港：香港大學饒宗頤學術館，2012 年。

68. 書法六問：饒宗頤談中國書法（王國華編）

香港：天地圖書有限公司，2012 年 1 月版。

69. 藝彙齊魯——饒宗頤教授山東書畫展選

香港：香港大學饒宗頤學術館、集古齋有限公司，濟南：山東省文物總店，2013年3月；山東省文物總店展覽圖録。

70. 吃茶去——饒宗頤茶道藝術品展覽圖録

（李焯芬、鄧偉雄、陳鳳蓮主編）

香港：香港中華文化促進中心，2013年。

71. 天地文章——饒宗頤教授肇慶書畫展

（洪楚平、歐榮生主編）

香港：公元出版有限公司，2013年3月。

72. 饒宗頤書畫大系（24册，鄧偉雄編）

深圳：海天出版社，2013年4月。

73. 益壽安寧——聽濤軒藏饒宗頤教授書畫集

（鄧偉雄編撰）

香港：雲泉簃藝術集團；增城：饒宗頤學藝研究中心，2013年6月。

74. 紫石風華：饒宗頤銘畫暨陳偉剛端硯藝術

（銘畫創作饒宗頤；端硯創作陳偉剛）

香港：雲泉簃藝術集團；增城：饒宗頤學藝研究中心，2013年。

75. **嶺南藝緣:饒宗頤書畫作品集**

(中山大學古文字研究所編)

香港:廣東畫苑出版集團,2013 年。

76. **雄偉氣象——饒宗頤教授書畫特集**

(鄧偉雄、陳天保、龔敏主編)

香港大學饒宗頤學術館、天津市美術館、藝林山房、集古齋有限公司出版,2013 年 9 月。

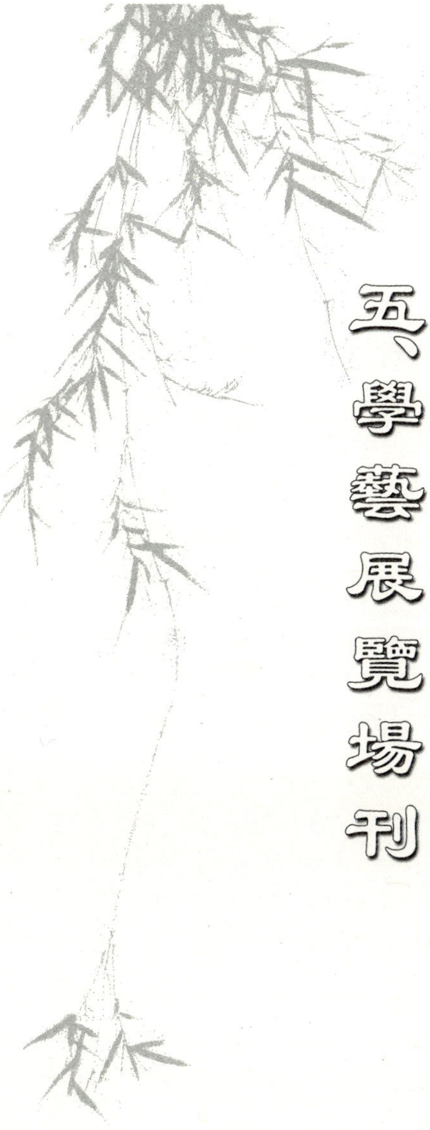

五、學藝展覽場刊

1. 饒宗頤教授個展作品特集

《書道グラフ》(第25卷第11號),東京:近代書道研究所,1980年11月,第1至17頁;1980年日本展覽圖録。

展場:新宿朝日生命畫廊

日期:1980年8月20日至26日

2. 選堂韓國書畫展覽(1985年,展覽簡介摺頁)

主辦:韓國東方研書會

展場:韓國利馬美術館

日期:1985年4月1日至7日

3. 饒宗頤教授從事藝術・學術活動五十周年紀念——七十大壽書畫展(1986年,特刊)

主辦:香港中華文化促進中心

日期:1986年9月6日至28日

4. **饒宗頤書畫展**(1991年,展覽簡介摺頁)

主辦:香港大學馮平山博物館

日期:1991年9月26日至10月18日

5. **饒宗頤書畫展**(1993年,特刊)

主辦:廣東美術家協會、廣州美術出版社、廣州美術學院、廣東書法家協會、廣東畫院及廣東畫廊雜志社

展場:廣東畫院

日期:1993年11月20日至24日

6. **饒宗頤書畫展**(1994年,特刊)

主辦:中國美術家協會、中國書法家協會、中央美術學院、中國藝術研究院、中國畫研究院

展場:北京中國畫研究院

日期:1994年9月7日至12日

7. **選堂書畫:饒宗頤八十回顧展**(1996年,展覽簡介摺頁)

主辦:香港大學美術博物館

日期:1996年10月23日至11月16日

8. **澄心選萃——饒宗頤的藝術**(1999年,展覽簡介摺頁)

主辦:香港藝術館

日期:1999年9月3日至11月7日

9. **清凉世界——饒宗頤書畫**(1999年,展覽簡介摺頁)

主辦:澳門基金會

地點:澳門教科文中心展覽廳

日期:1999年11月

10. **選堂雅聚:饒宗頤書畫藝術**(2001年,展覽簡介摺頁)

主辦:臨時澳門市政局、澳門藝術博物館

地點:澳門藝術博物館

日期:2001年7月

11. **學藝雙携:饒宗頤書畫展**(2002年,展覽簡介摺頁)

主辦:香港國際創價學會

日期:2002年7月6日至7月14日

12. **饒宗頤心經書法展:心無罣碍**(2002年,展覽簡介摺頁)

主辦:香港大學美術博物館

日期:2002 年 6 月

13. **仁智之樂:固庵教授在中大**(2003 年,特刊)

主辦:香港中文大學文物館

日期:2003 年 12 月 2 日至 2004 年 2 月 29 日

14. **饒宗頤書畫作品展覽(古今墨寶聚佛山系列書畫精品展)**(2004 年,展覽簡介摺頁)

主辦:香港雲泉簃、佛山電視臺、佛山市石景宜劉紫英文化藝術館、廣州藝術博物院

地點:佛山市石景宜劉紫英文化藝術館

日期:2004 年 7 月

15. **嶺海風韵——趙少昂、黎雄才、關山月、楊善深與饒宗頤合作畫展**(2005 年,展覽簡介摺頁)

主辦:廣州藝術博物院、香港大學饒宗頤學術館

地點:廣州藝術博物院

日期:2005 年 8 月 5 日至 9 月 4 日

16. **意在筆先:選堂乙酉近作展**
(2005 至 2006 年,展覽簡介摺頁)

主辦:香港大學饒宗頤學術館

日期:2005 年 11 月 24 日至 2006 年 2 月 10 日

17. **選堂書範系列展**(2006 年,展覽簡介摺頁)

主辦:香港大學饒宗頤學術館

日期:2006 年 2 月 21 日至 8 月 4 日

18. **普荷天地——饒宗頤九十華誕荷花特展**
(2006 至 2007 年,展覽簡介摺頁)

主辦:澳門民政總署、澳門藝術博物館、香港大學饒宗頤學術館

地點:澳門回歸賀禮陳列館

日期:2006 年 11 月 4 日至 2007 年 2 月 25 日

19. **心羅萬象·饒宗頤丙戌書畫展**
(2006 至 2007 年,展覽簡介摺頁)

主辦:香港大學美術博物館、香港大學饒宗頤學術館

地點:香港大學美術博物館

日期:2006 年 11 月 22 日至 2007 年 1 月 7 日

20. **走近饒宗頤——饒宗頤教授學藝兼修展覽**
(2006 年,特刊及展覽簡介摺頁)

主辦:香港大學饒宗頤學術館與康樂及文化事務署;統籌:香港大學饒宗頤學術館與香港公共圖書館

地點:香港中央圖書館地下展覽館

日期:2006 年 12 月 14 日至 2007 年 1 月 4 日

21. **萬古不磨意·中流自在心——饒宗頤教授學藝兼修展**(2007 年,特刊)

主辦:香港大學饒宗頤學術館、中共廣州市委宣傳部、廣州市文化局;承辦:廣州圖書館;合辦:廣州藝術博物院、潮州饒宗頤學術館

地點:廣州圖書館

日期:2007 年 4 月 28 日至 5 月 15 日

22. **陶鑄古今——饒宗頤學術·藝術展**(2008 年,饒宗頤先生捐獻故宫博物院書畫作品專刊及摺頁)

主辦:北京故宫博物院、香港大學

地點:北京故宫博物院神武門展廳

日期:2008 年 10 月 29 日至 11 月 12 日

學術展品專刊:故宫博物院、香港大學饒宗頤學術館編《陶鑄古今·饒宗頤著述録》,北京:紫禁城出版社,2008 年 10 月。

23. **我與敦煌·饒宗頤敦煌學藝展**(2009 年,展覽簡介摺頁)

主辦:深圳市文化局、香港藝術發展局、香港大學饒宗頤學術館;承辦:深圳美術館、深圳特區報"文化星空"

地點:深圳美術館

日期:2009 年 1 月 16 日至 2 月 12 日

24. 博大精深——饒宗頤先生的藝術世界(2009 年,特刊)

主辦:海寧博物館

日期:2009 年 7 月

25. 得其耑倪——饒宗頤雲林筆意書畫展
(2009 年,展覽簡介摺頁)

26. 心通造化——一個學者畫家眼中的寰宇景象
(2009 年,展覽簡介摺頁)

27. 丹青不老——饒宗頤藝術特展
(2009 年,展覽簡介摺頁)

28. 莫高餘馥——饒宗頤教授書畫藝術香港特展
(2010 年,展覽簡介摺頁)

29. 雪堂餘韵——饒宗頤惠州書畫作品展
(2010 年,展覽簡介摺頁)

30. 怡心壺韵——王玉芳紫砂壺作品展
(2011 年,展覽簡介摺頁)

31. 龍年氣象——饒宗頤教授壬辰年書畫作品展
(2013 年,展覽簡介摺頁)

32. 學藝互益——香港大學饒宗頤學術館館藏選展
(2013 年,展覽簡介摺頁)

33. 吃茶去——饒宗頤茶道藝術品展覽
(2013 年,展覽簡介摺頁)

34. 佛光普照——饒宗頤佛教美術
(2013 年,展覽簡介摺頁)

35. 銘刻相映——饒銘唐刻作品選展
(2013 年,展覽簡介摺頁)

36. 書情畫韵——饒宗頤藝術展
(2013 年,展覽簡介摺頁)

主辦:天一閣博物館、香港大學饒宗頤學術館

日期:2013 年 6 月 22 日至 7 月 20 日

37. 道法自然——饒宗頤道教美術展(2013 年,展覽簡介)

主辦:香港大學饒宗頤學術館

日期:2013 年 8 月 23 日至 9 月 30 日

38. **詩心禪意——國學大師饒宗頤書畫展**
(2014 年,展覽簡介)

主辦:四川省博物院、香港大學饒宗頤學術館

日期:2014 年 9 月 4 日至 10 月 4 日

39. **香江情懷——饒宗頤香港詩書畫展**(2014 年,展覽簡介)

主辦:香港饒宗頤文化館、香港大學饒宗頤學術館

日期:2014 年 6 月 16 日至 8 月 31 日

40. **永嘉藝情——饒宗頤温州書畫展**(2014 年,展覽簡介)

主辦:温州市文化廣電新聞出版局、温州市人民政府港澳事務辦公室、香港大學饒宗頤學術館

日期:2014 年 11 月 21 日至 30 日

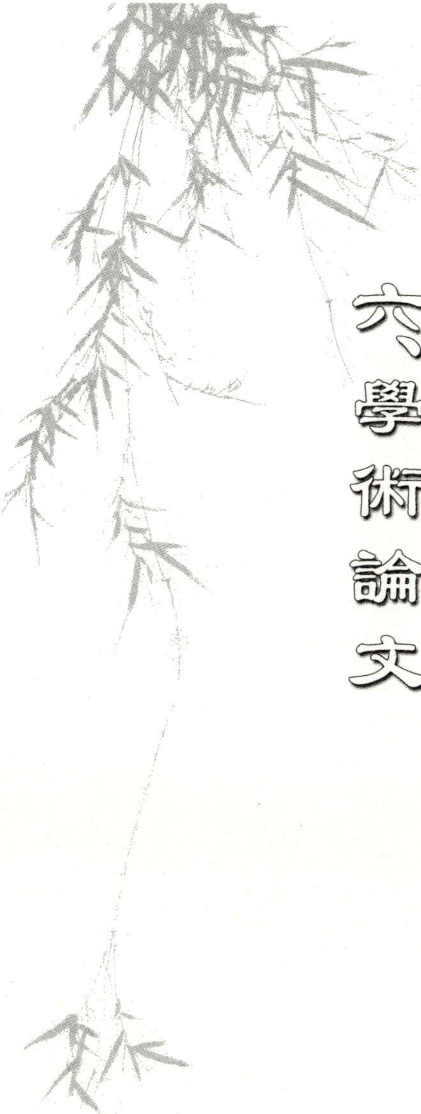

六、學術論文

1. 廣東潮州舊志考

《禹貢》半月刊(第2卷第5號),北平:禹貢學會,1934年,第33至37頁。

又載《汕頭方志通訊》(第1期),汕頭:1986年。

收入《饒宗頤潮汕地方史論集》,汕頭:汕頭大學出版社,1996年8月,第314至319頁;《饒宗頤二十世紀學術文集》(卷九·潮學),臺北:新文豐出版公司,2003年,第1225至1234頁。

2. 廣濟橋考

中山大學研究院文科研究所歷史學部編:《史學專刊》(第1卷第4期),廣州:中山大學出版部,1936年12月10日,第285至303頁。

作《廣濟橋志》一部分,收入《潮州叢著初編》,廣州:廣州市立中山圖書館,1938年。

又名《湘橋考》,載潮州修志館編:《大光報·方志周刊》(第46、47、48期),汕頭,1948年3月2日、3月9日、3月16日,第4版。

又收入《饒宗頤潮汕地方史論集》,汕頭:汕頭大學出版社,1996年8月,第215至274頁;《饒宗頤二十世紀學術文集》(卷九·潮學),臺北:新文豐出版公司,2003年,第5至86頁。

3. 惡溪考

原文約撰於1936年間,收作《韓山志》附録二,刊於《嶺東民國日報》;【重刊本】《潮州三山志·韓山志》(饒宗頤輯),潮州:潮州市地方志辦公室、政協潮州市委員會,2006年,第214至223頁;又見《禹貢》半月刊(第6卷第11期),北平:禹貢學會,1937年2月,第21至26頁。

收入《潮州叢著初編》,廣州:廣州市立中山圖書館,1938年;《饒宗頤潮汕地方史論集》,汕頭:汕頭大學出版社,1996年8月,第172至181頁;《饒宗頤二十世紀學術文集》(卷九·潮學),臺北:新文豐出版公司,2003年,第1178至1191頁。

4. 潮州韓文公祠沿革考

原文約撰於1936年間,收作《韓山志》附録三,刊於《嶺東民國日報》;【重刊本】《潮州三山志·韓山志》(饒宗頤輯),潮州:潮州市地方志辦公室、政協潮州市委員會,2006年,第228至255頁。

又見《禹貢》半月刊(第6卷第11期),北平:禹貢學會,1937年2月,第43至50頁。

收入《潮州叢著初編》,廣州:廣州市立中山圖書館,1938年;《饒宗頤潮汕地方史論集》,汕頭:汕頭大學出版社,1996年8月,第189至214頁;《饒宗頤二十世紀學術文集》(卷九·潮學),臺北:新文豐出版公司,2003年,第1137至1174頁。

5. 韓山名稱辨异

原文約撰於1936年間,收作《韓山志》之補遺,刊於《嶺東民國日報》;【重刊本】《潮州三山志・韓山志》(饒宗頤輯),潮州:潮州市地方志辦公室、政協潮州市委員會,2006 年,第 264 至 270 頁;又見《禹貢》半月刊(第 6 卷第 11 期),北平:禹貢學會,1937 年 2 月,第 39 至 42 頁。

收入《饒宗頤潮汕地方史論集》,汕頭:汕頭大學出版社,1996 年 8 月,第 184 至 188 頁;《饒宗頤二十世紀學術文集》(卷九・潮學),臺北:新文豐出版公司,2003 年,第 1128 至 1132 頁。

6. 海陽山辨

《禹貢》半月刊(第 6 卷第 11 期),北平:禹貢學會,1937 年 2 月,第 27 至 32 頁。

收入《潮州叢著初編》,廣州:廣州市立中山圖書館,1938 年;《饒宗頤潮汕地方史論集》,汕頭:汕頭大學出版社,1996 年 8 月,第 151 至 156 頁;《饒宗頤二十世紀學術文集》(卷九・潮學),臺北:新文豐出版公司,2003 年,第 1117 至 1123 頁。

7. 魏策吴起論三苗之居辨誤

《禹貢》半月刊(古代地理專號・第 7 卷第 6、7 期),北平:禹貢學會,1937 年 6 月 1 日,第 97 至 99 頁。

8. 古海陽考

《禹貢》半月刊(古代地理專號・第 7 卷第 6、7 期),北平:禹貢學會,1937 年 6 月 1 日,第 255 至 258 頁。

收入《潮州叢著初編》,廣州:廣州市立中山圖書館,1938 年;又以《海陽考》載《旅暹潮安同鄉會成立四十八周年紀念特刊》,曼谷:旅暹潮安同鄉會,1975 年,第 7 至 8 頁。

後收入《饒宗頤潮汕地方史論集》,汕頭:汕頭大學出版社,1996 年 8 月,第 159 至 164 頁;《饒宗頤二十世紀學術文集》(卷九·潮學),臺北:新文豐出版公司,2003 年,第 1088 至 1097 頁。

又有《古海陽地考》,見潮州修志館編:《嶺東民國日報·方志旬刊》(第 2 期),汕頭,1946 年,第 4 版。

9.《海録》筆受者之考證

《禹貢》半月刊(第 7 卷第 10 期),北平:禹貢學會,1937 年 7 月,第 33 至 35 頁。

10. 商即湯説

中山大學研究院文科研究所歷史學部編:《史學專刊》(第 3 卷第 1 期),廣州:中山大學出版部,1937 年,第 109 至 111 頁。

又見《中央日報》(廣州版),1949 年 5 月 17 日,第 7 版。

11. 説祖

中山大學研究院文科研究所歷史學部編:《史學專刊》(第 3 卷第 1 期),廣州:中山大學出版部,1937 年,第 112 至 113 頁。

12. 廣濟橋志

《潮州叢著初編》,廣州:廣州市立中山圖書館,1938 年,第 1 至

112 頁。

收入《廣濟橋史料彙編》(與張樹人合編著),香港:新城文化服務有限公司,1993 年 2 月,第 5 至 77 頁;《饒宗頤二十世紀學術文集》(卷九·潮學),臺北:新文豐出版公司,2003 年,第 1 至 86 頁。

13. 張璉考

《潮州叢著初編》,廣州:廣州市立中山圖書館,1938 年。

又以《十六世紀中國大盜張璉考》刊《新亞》(第 9 卷 2 期),1943 年,第 31 至 37、60 頁;《張璉考(中國殖民史上張璉疑案考實)》刊《南洋研究》(第 11 卷第 2 期),暨南大學南洋研究館編印,1944 年 3 月,第 13 至 19 頁。

14. 廣東新通志藝文略·集部·潮州一至六

鄒魯修、温廷敬等纂:《廣東通志》卷四八、四九,1987 年廣東省地方志編纂委員會據 1935 年中山大學暨廣東通志館稿本影印。

收入廣東省地方史志辦公室編:《廣東歷代方志集成·省部》,廣州:嶺南美術出版社,2007 年。

15. 離騷伯庸考

《益世報》(昆明版),1939 年 7 月 25 日,“史學”副刊。

後以《伯庸考》收入《楚辭地理考》卷上,上海:商務印書館,1946 年 12 月,第 7 至 10 頁。

16. “敷淺原”辨

汪馥泉編輯:《學術》(第 3 輯),上海:學術社,1940 年 4 月,第 77 至 82 頁。

17. 新書序目(原名《新書序》,1968 年龍門書局再版時改爲此名)

《責善半月刊》(第 1 卷第 3 期),成都:齊魯大學國學研究所,1940 年 4 月 16 日,第 2 至 4 頁。

後以《新史序目》收入《饒宗頤二十世紀學術文集》(卷六·史學),臺北:新文豐出版公司,2003 年,第 748 至 752 頁。

18. 爲根圉考(殷史探源之一)

《責善半月刊》(第 1 卷第 13 期),成都:齊魯大學國學研究所,1940 年 9 月 16 日,第 7 頁。

19. 廣東之易學

《廣東文物》(下册),廣州:中國文化協進會,1941 年 1 月,第 887 至 891 頁。

又見《廣東文物》,上海:上海書店出版社,1990 年 8 月,第 887 至 891 頁。

後收入《百年易學菁華集成·初編·易學史 7》(劉大鈞主編),上海:上海科學技術文獻出版社,2010 年 4 月,第 3084 至 3089 頁;又以《略記廣東易學著述》收入《饒宗頤二十世紀學術文集》(卷四·經術、禮樂),臺北:新文豐出版公司,2003 年,第

475 至 486 頁。

20.《蕪城賦》發微

《東方雜志》(第 41 卷第 4 號),上海:商務印書館,1945 年 2 月 28 日,第 58 至 60 頁。

收入《文轍——文學史論集》(上册),臺北:臺灣學生書局,1991 年 11 月,第 311 至 318 頁;《饒宗頤二十世紀學術文集》(卷一一·文學),臺北:新文豐出版公司,2003 年,第 513 至 520 頁。

21. 順治《潮州府志》跋

潮州修志館編:《嶺東民國日報·方志旬刊》(第 3、4 期),汕頭,1946 年,第 4 版。

22. 潮州方志目

潮州修志館編:《嶺東民國日報·方志旬刊》(第 5 期),汕頭,1946 年,第 4 版。

23. 潮州掌故零拾

潮州修志館編:《嶺東民國日報·方志旬刊》(第 9 期),汕頭,1947 年,第 4 版。

24. 揭陽方志考

潮州修志館編:《嶺東民國日報・方志旬刊》(第15期),汕頭,1947年4月5日,第4版。

25. 抗戰期間潮屬各縣市治遷徙表

潮州修志館編:《嶺東民國日報・方志旬刊》(第15期),汕頭,1947年4月5日,第4版。

26. 新莽藝文志(署名:饒頤)

《文教》,廣州:廣東文化教育協會出版,1947年5月,第83至92頁。

後以《新莽藝文考》收入《饒宗頤二十世紀學術文集》(卷六・史學),臺北:新文豐出版公司,2003年,第668至692頁。

27. 韓文編録原始

《東方雜志》(第42卷第12號・重慶版),上海:商務印書館,1946年6月15日,第52至53頁;後以《趙德與韓昌黎集》(署名:饒固庵)發表在《廣東建設研究》(第1卷第1期),廣州:廣東建設研究委員會印行,1946年8月1日,第69至70頁。

修訂版《趙德及其〈昌黎文録〉——韓文編選溯源》,載《香港潮州商會六十周年紀念特刊》,1981年11月18日,第97至100頁。

收入《文轍——文學史論集》(下册),臺北:臺灣學生書局,1991年11月,第589至600頁;《饒宗頤史學論著選》,上海:上海古籍出版社,1993 年,第 532 至 543 頁;《饒宗頤潮汕地方史論集》,汕頭:汕頭大學出版社,1996 年 8 月,第 379 至 387 頁。

28. **殷困民國考**(署名:饒頤)

《文理學報》(第 1 卷第 1 期),廣州:廣東省立文理學院編印,1947 年 6 月 1 日,第 29 至 43 頁。

收入饒宗頤著《古史新證補》(稿本)。

29. **幼幼新書考**(未完)

《現代醫學季刊》(第 1 卷第 1 期),潮安:現代醫學季刊社出版,1947 年 7 月 1 日,第 26 頁。

30. **莊子裘氏考**

《天津民國日報 · 史與地》(第 29 期),1947 年 8 月 4 日,第 6 版。

31. **清初潮州遷界考**

潮州修志館編:《嶺東民國日報 · 方志旬刊》(第 30 期),汕頭,1947 年 9 月 15 日;《大光報 · 方志周刊》(第 31、32 期),汕頭,1947 年 11 月 3 日、10 日。

收入《饒宗頤潮汕地方史論集》,汕頭:汕頭大學出版社,1996 年 8 月,第 306 至 313 頁;《饒宗頤二十世紀學術文集》(卷九 · 潮學),臺北:新文豐出版公司,2003 年,第 1107 至 1116 頁。

32. 汕頭釋名

潮州修志館編:《大光報·方志周刊》(第33期),汕頭,1947年11月17日。

收入《固庵文録》,臺北:新文豐出版公司,1989年9月,第374至376頁;《饒宗頤潮汕地方史論集》,汕頭:汕頭大學出版社,1996年8月,第275至276頁;《饒宗頤二十世紀學術文集》(卷九·潮學),臺北:新文豐出版公司,2003年,第1103至1106頁。

33. 潮州濱海地帶之冲積(饒宗頤、吴珏)

潮州修志館編:《大光報·方志周刊》(第35期),汕頭,1947年12月8日,第4版。

收入《饒宗頤潮汕地方史論集》,汕頭:汕頭大學出版社,1996年8月,第279至280頁;《饒宗頤二十世紀學術文集》(卷九·潮學),臺北:新文豐出版公司,2003年,第1101至1107頁。

34. 韓山志

潮州修志館編:《嶺東民國日報·方志旬刊》(第8、9、10、11、12、14、16、17、20、21、22、23、24、26期)、《大光報·方志周刊》(第35期),汕頭,1947年,第4版。

35. 潮州歷代移民史(民族志之一章)

潮州修志館編:《大光報·方志周刊》(第37期),汕頭,1947年12月23日,第4版。

收入《饒宗頤潮汕地方史論集》,汕頭:汕頭大學出版社,1996年8月,第138至143頁;《饒宗頤二十世紀學術文集》(卷九·潮學),臺北:新文豐出版公司,2003年,第1074至1079頁。

36. 潮州之沿革

潮州修志館編:《大光報·方志周刊》(第39期),汕頭,1948年1月6日,第4版。

37. 福老

潮州修志館編:《大光報·方志周刊》(第44期),汕頭,1948年2月17日,第4版。

收入《饒宗頤潮汕地方史論集》,汕頭:汕頭大學出版社,1996年8月,第144至150頁;《饒宗頤二十世紀學術文集》(卷九·潮學),臺北:新文豐出版公司,2003年,第1080至1087頁。

38. 揭嶺揭陽山辨

潮州修志館編:《大光報·方志周刊》(第52期),汕頭,1948年4月13日,第4版。

收入《饒宗頤潮汕地方史論集》,汕頭:汕頭大學出版社,1996年8月,第157至158頁;《饒宗頤二十世紀學術文集》(卷九·潮學),臺北:新文豐出版公司,2003年,第1124至1125頁。

39. 海寧考

潮州修志館編:《大光報・方志周刊》(第54期),汕頭,1948年4月27日,第4版。

收入《饒宗頤潮汕地方史論集》,汕頭:汕頭大學出版社,1996年8月,第169至171頁;《饒宗頤二十世紀學術文集》(卷九・潮學),臺北:新文豐出版公司,2003年,第1098至1100頁。

40. 廷鞫實録

葉萼原著、饒宗頤校録,載潮州修志館編:《大光報・方志周刊》(第66、67、68期),汕頭,1948年8月3日、8月10日、8月17日,第4版。

其序已發表在《書林》(半月刊),第1卷第5期,廣州:廣州市立中山圖書館,1937年5月10日,第10頁,後多次被轉載。

41. 隋代潮州與琉球之關係

潮州修志館編:《大光報・方志周刊》(第67期),汕頭,1948年8月10日,第4版。

收入《饒宗頤潮汕地方史論集》,汕頭:汕頭大學出版社,1996年8月,第293至296頁;《饒宗頤二十世紀學術文集》(卷九・潮學),臺北:新文豐出版公司,2003年,第1192至1196頁。

42. 潮陽别考——光緒《海陽志・前事略》訂誤

潮州修志館編:《大光報・方志周刊》(第68期),汕頭,1948年

8 月 17 日,第 4 版。

43. 秦代初平南越辨

潮州修志館編:《大光報・方志周刊》(第 69、70 期),汕頭,1948 年 8 月 24 日、31 日,第 4 版。

又見《南洋學報》(第 6 卷第 2 期),新加坡:新加坡南洋學會,1950 年 12 月,第 5 至 8 頁。

後收作《安南古史上安陽王與雄王問題》之附二,《選堂集林・史林》(上册),香港:中華書局香港分局,1982 年 1 月,第 187 至 195 頁;收入《饒宗頤二十世紀學術文集》(卷七・中外關係史),臺北:新文豐出版公司,2003 年,第 225 至 233 頁。

44. 臺灣省高雄縣潮州鎮訪問記

潮州修志館編:《大光報・方志周刊》(第 82 期),汕頭,1948 年 11 月 22 日,第 4 版。

收入《饒宗頤潮汕地方史論集》,汕頭:汕頭大學出版社,1996 年 8 月,第 297 至 300 頁;《文化之旅》,香港:牛津大學出版社,1997 年,第 48 至 52 頁;《饒宗頤二十世紀學術文集》(卷九・潮學),臺北:新文豐出版公司,2003 年,第 1219 至 1223 頁。

45. 潮民移臺小史

潮州修志館編:《大光報・方志周刊》(第 86 期),汕頭,1948 年 12 月 19 日,第 4 版。

收入《饒宗頤潮汕地方史論集》,汕頭:汕頭大學出版社,1996年8月,第301至305頁。

又收作《文化之旅》之《高雄縣潮州鎮(1948年)訪問記》之附記,香港:牛津大學出版社,1997年,第53至57頁。

後收入《饒宗頤二十世紀學術文集》(卷九·潮學),臺北:新文豐出版公司,2003年,第1212至1218頁。

46. 汕頭之地質

潮州修志館編:《大光報·方志周刊》(第93期),汕頭,1949年2月7日,第4版。

收入《饒宗頤潮汕地方史論集》,汕頭:汕頭大學出版社,1996年8月,第277至278頁。

47. 潮州畲民之歷史及其傳説

潮州修志館編:《大光報·方志周刊》(第100、101期),汕頭,1949年3月25日、4月1日。

收入《饒宗頤潮汕地方史論集》,汕頭:汕頭大學出版社,1996年8月,第87至91頁;《饒宗頤二十世紀學術文集》(卷六·史學),臺北:新文豐出版公司,2003年,第1091至1097頁。

48. 釋儒

南華學報編輯委員會主編:《南華學報》(遷汕再版號第1期),汕頭:南華學院,1948年5月,第1至5頁。

修改後以《釋儒——從文字訓詁學上論儒的意義》刊在《東方文化》(第1卷第1期),香港:香港大學,1954年1月,第111至112頁。

收入《饒宗頤二十世紀學術文集》(卷四・經術、禮樂),臺北:新文豐出版公司,2003年,第307至325頁。

49. 秦時佛教傳入中國説駁議

海濱師範學校出版委員會編輯:《海濱》半月刊(復刊1),汕頭:嶺東商業印務公司發行,1948年,第27至33頁。

50. 宋室播遷潮惠紀略

海濱師範學校出版委員會編輯:《海濱》半月刊(復刊2),汕頭:嶺東商業印務公司發行,1948年,第12至17頁。

又見潮州修志館編:《大光報・方志周刊》(第72、73期),汕頭,1948年9月14日、21日,第4版。

51. 薛中離先生年譜(附跋)

廣東文獻館主編:《廣東文物特輯》,香港:廣東省文獻委員會刊行、中國文藝推進社印行,1949年3月,第51至93頁;後有《廣東文物特輯修訂本》行世。

又見潮州修志館編:《大光報・方志周刊》(第97、98、99、102期),汕頭,1949年3月4日、11日、18日,4月8日。

收入《選堂集林・史林》(下册),香港:中華書局香港分局,

1982 年 1 月,第 1102 至 1181 頁;《饒宗頤潮汕地方史論集》,汕頭:汕頭大學出版社,1996 年 8 月,第 468 至 536 頁;《饒宗頤二十世紀學術文集》(卷九・潮學),臺北:新文豐出版公司,2003 年,第 1331 至 1416 頁;薛侃撰、陳椰編校:《薛侃集》附録五,上海:上海古籍出版社,2014 年 1 月,第 493 至 562 頁。

52. 潮州的天然富源

約 1949 年刊行。

又見《旅緬潮州會館慶祝新厦落成紀念特刊》(蔡武榜主編),仰光:旅緬潮州會館,1961 年,第 32 至 35 頁。

蘇君謙主編:《泰國潮州會館三十周年》,曼谷:泰國潮州會館,1968 年 8 月,"論述"之部分第 6 至 9 頁。

潘醒農主編:《新嘉坡潮州八邑會館金禧紀念刊》,新加坡:新嘉坡潮州八邑會館,1980 年 7 月,第 251 至 253 頁。

53. 潮州的蜑户(一、二)

《中央日報》(廣州版),1949 年 4 月 28 日、5 月 12 日,第 7 版。

修訂稿名《韓江流域之蜑民》,收爲《説蜑——早期蜑民史料之檢討》的第九節,《聯合書院學報》(第 5 期),香港:香港中文大學聯合書院,1966 年 6 月,第 190 至 193 頁。

54. 韓江流域史前遺址及其文化

香港,1950 年。

收入《選堂集林·史林》(下册),香港:中華書局香港分局,1982 年 1 月,第 1011 至 1066 頁;《饒宗頤潮汕地方史論集》,汕頭:汕頭大學出版社,1996 年 8 月,第 1 至 46 頁;《饒宗頤二十世紀學術文集》(卷九·潮學),臺北:新文豐出版公司,2003 年,第 999 至 1051 頁。

55. 殷代日至考

《大陸雜志》(第 5 卷第 3 期),臺北:大陸雜志社,1952 年 8 月,第 7 至 10 頁。

收入《大陸雜志史學叢書·先秦史研究論集(上)》(第 1 輯第 2 册),臺北:大陸雜志社,1960 年,第 144 至 147 頁。

後以《關於殷代至日之討論》收入《饒宗頤二十世紀學術文集》(卷二·甲骨),臺北:新文豐出版公司,2003 年,第 1684 至 1697 頁。

56. 談伯公

《南洋學報》(第 8 卷第 2 期),新加坡:新加坡南洋學會,1952 年 12 月,第 27 至 28 頁。

57. 顧亭林詩

《學海書樓講學録》(第 1 集),香港:學海書樓,1953 年,第 50 至 52 頁。

又見鄧又同編:《香港學海書樓前期講學録彙輯 1946－1964》,香港:學海書樓,1990 年 4 月,第 50 至 52 頁。

58. 説鑪

《香港大學學生會會刊》,香港:香港大學學生會,1953 年,第 9 至 11 頁。

收入《饒宗頤二十世紀學術文集》(卷六·史學),臺北:新文豐出版公司,2003 年,第 604 至 608 頁。

59. 海南島之石器

《香港大學學生會會刊》,香港:香港大學學生會,1954 年,第 12 至 15 頁(續 39 頁)。

收入《饒宗頤二十世紀學術文集》(卷六·史學),臺北:新文豐出版公司,2003 年,第 831 至 840 頁。

60.《文心雕龍》與佛教

《民主評論》半月刊(第 5 卷第 5 期),香港:民主評論社,1954 年 3 月,第 10 至 13 頁。

又見孫鼎宸編:《新亞書院文化講座録》,香港:新亞書院,1962 年 7 月,第 135 至 146 頁。

復以《劉勰文藝思想與佛教之關係》刊於《香港大學中文學會會刊》,香港:香港大學中文學會,1956 年,第 14 至 15 頁。

終以《劉勰文藝思想與佛教》刊於《香港大學中文學會慶祝大學金禧紀念特刊·文心雕龍研究專號》(饒宗頤主編),香港:香港大學中文學會,1962 年 12 月,第 17 至 19 頁;又收入羅聯添編:《中國文學史論文選集》(第 2 集),臺北:台灣學生書局,

1978 年,第 725 至 730 頁。

後載《文心雕龍研究論文選粹》(王更生編),臺北:育民出版社,1980 年,第 317 至 330 頁。

另收作《文心與阿毗曇心》附録,載《文轍——文學史論集》(上册),臺北:臺灣學生書局,1991 年 11 月,第 373 至 386 頁。

終以《〈文心雕龍〉與佛教》收入《饒宗頤二十世紀學術文集》(卷一一·文學),臺北:新文豐出版公司,2003 年,第 1057 至 1070 頁。

61. 長沙楚墓時占神物圖卷考釋

《東方文化》(第 1 卷第 1 期),香港:香港大學,1954 年 1 月,第 69 至 84 頁,附圖版 3 頁及摹本 1 張。

62. 華南史前遺存與殷墟文化

《大陸雜志》(第 8 卷第 3 期),臺北:大陸雜志社,1954 年 2 月,第 1 至 3 頁。

收入《大陸雜志史學叢書·先秦史研究論集(上)》(第 1 輯第 2 册),臺北:大陸雜志社,1960 年,第 45 至 47 頁;《饒宗頤二十世紀學術文集》(卷二·甲骨),臺北:新文豐出版公司,2003 年,第 1675 至 1683 頁。

63. 中國文字

《中國文化講話》(香港大學東方文化研究院編),香港:香港大學出版部,1954 年 8 月,第 15 至 40 頁。

64. 殷曆之新資料

《大陸雜志》(第 9 卷第 7 期),臺北:大陸雜志社,1954 年 10 月,第 7 頁。

65. 談石鼓文

《學海書樓講學録》(第 2 集),香港:學海書樓,1955 年,第 126 至 129 頁。

又見《香港學海書樓前期講學録彙輯 1946 – 1964》(鄧又同編),香港:學海書樓,1990 年 4 月,第 126 至 130 頁。

66. 潮瓷説略

《陶説》(第 24 期)(長谷部樂爾 日譯),東京:日本陶磁協會,1955 年。

收入《饒宗頤潮汕地方史論集》,汕頭:汕頭大學出版社,1996 年 8 月,第 47 至 56 頁。

原文後改寫爲《潮州宋瓷小記》,收入《選堂集林·史林》(中册),香港:中華書局香港分局,1982 年 1 月,第 859 至 875 頁;《饒宗頤潮汕地方史論集》,汕頭:汕頭大學出版社,1996 年 8 月,第 57 至 71 頁;《饒宗頤二十世紀學術文集》(卷九·潮學),臺北:新文豐出版公司,2003 年,第 1052 至 1068 頁。

67. 吴建衡二年索紞寫本道德經殘卷考證(兼論河上公本源流)

《東方文化》(第2卷第1期),香港:香港大學出版社,1955年1月,第1至71頁。

文中第六節《論天師道與〈道德經〉》修訂版載於《老子想爾注校證》附一《天師道雜考》,上海:上海古籍出版社,1991年,第156至159頁。

68. 西漢節義傳

《新亞學報》(第1卷第1期),香港:新亞研究所,1955年8月,第157至208頁。

又以《西漢反抗王氏者列傳》收入《選堂集林·史林》(上册),香港:中華書局香港分局,1982年1月,第200至255頁;《饒宗頤二十世紀學術文集》(卷六·史學),臺北:新文豐出版公司,2003年,第693至747頁。

69. 居延漢簡術數耳鳴目瞤解

《大陸雜志》(第13卷第12期),臺北:大陸雜志社,1955年12月,第6至7頁。

收入《大陸雜志史學叢書·秦漢史及中古史前期研究論集》(第1輯第4册),臺北:大陸雜志社,1960年,第86至87頁;《選堂集林·史林》(上册),香港:中華書局香港分局,1982年1月,第295至307頁;《饒宗頤二十世紀學術文集》(卷三·簡帛學),臺北:新文豐出版公司,2003年,第185至188頁。

70. 楚辭拾補(附:陳姚察、唐顧胤佚訓條録)

《楚辭書録・外編・楚辭拾補》,香港:香港東南書局,1956 年 1 月,第 99 至 131 頁。

收入《文轍——文學史論集》(上册),臺北:臺灣學生書局,1991 年 11 月,第 117 至 146 頁。(按:此版本另有附録二:《〈楚辭補注〉曾經辛稼軒引用考》)。作爲《楚辭書録》一部分收入《饒宗頤二十世紀學術文集》(卷一一・文學),臺北:新文豐出版公司,2003 年。

71. 從考古學上論中國繪畫的起源

《金匱論古綜合刊》(第 1 期),香港:香港亞洲石印局印行,1957 年,第 50 至 59 頁。

後以《中國繪畫的起源》收入《畫頮——國畫史論集》,臺北:時報文化出版企業有限公司,1993 年 6 月,第 7 至 20 頁;《饒宗頤二十世紀學術文集》(卷一三・藝術),臺北:新文豐出版公司,2003 年,第 168 至 181 頁;中央文史研究館編:《談藝集》上册,北京:中華書局,2011 年 9 月,第 189 至 201 頁。

72. 者沪編鐘銘釋

《金匱論古綜合刊》(第 1 期),香港:香港亞洲石印局印行,1957 年,第 73 至 92 頁,内含圖版 17 頁。

73. 居延零簡

《金匱論古綜合刊》(第 1 期),香港:香港亞洲石印局印行,

1957 年,第 93 至 96 頁。

收入《饒宗頤二十世紀學術文集》(卷三・簡帛學),臺北:新文豐出版公司,2003 年,第 189 至 197 頁。

74. 京都藤井氏有鄰館藏敦煌殘卷紀略

《金匱論古綜合刊》(第 1 期),香港:香港亞洲石印局印行,1957 年,第 96 至 100 頁。

收入《選堂集林・史林》(下册),香港:中華書局香港分局,1982 年 1 月,第 998 至 1010 頁;《饒宗頤二十世紀學術文集》(卷八・敦煌學),臺北:新文豐出版公司,2003 年,第 197 至 209 頁。

75. 金匱室藏楚戈圖案説略

《金匱論古綜合刊》(第 1 期),香港:香港亞洲石印局印行,1957 年,第 101 至 102 頁。

後以《金匱室舊藏楚戈圖紋説略》收入《固庵文録》,臺北:新文豐出版公司,1989 年 9 月,第 119 至 122 頁;《饒宗頤二十世紀學術文集》(卷一四・文録、詩詞),臺北:新文豐出版公司,2003 年,第 37 至 40 頁;又收入《饒宗頤文論十則》,見西泠印社編:《西泠印社》(饒宗頤、劉江學術專輯,總第 33 輯),杭州:西泠印社,2012 年 4 月,第 9 至 10 頁。

76. 楚簡續記

《金匱論古綜合刊》(第 1 期),香港:香港亞洲石印局印行,1957 年,第 102 頁。

77. 新莽職官考

《東方學報》(第 1 卷第 1 期),新加坡:馬來亞大學,1957 年 1 月,第 123 至 154 頁。

收入《選堂集林·史林》(上册),香港:中華書局香港分局,1982 年 1 月,第 256 至 294 頁;《饒宗頤史學論著選》,上海:上海古籍出版社,1993 年,第 176 至 216 頁;《饒宗頤二十世紀學術文集》(卷六·史學),臺北:新文豐出版公司,2003 年,第 629 至 667 頁。

78. Ch'u Tz'u and Archaeology

Akten des Vierundzwanzigsten Internationalen Orientalisten Kongresses, München, 1957.

79. 日本所見甲骨録(上)

《東方文化》(第 3 卷第 1 期),香港:香港大學,1957 年 6 月,第 15 至 33 頁。

80. 敦煌本《文選》斠證(一)及(二)

《新亞學報》(第 3 卷第 1、2 期),香港:新亞研究所,1957 年 8 月及 1958 年 2 月,第 333 至 403 頁及 305 至 332 頁。

又見《昭明文選論文集》(陳新雄、于大成主編),臺北:木鐸出版社,1976 年 5 月,第 97 至 196 頁;鄭阿財、顔廷亮、伏俊連主編:《中國敦煌學百年文庫·文學卷(二)》,蘭州:甘肅文化出版社,1999 年,第 1 至 66 頁。

收入《饒宗頤二十世紀學術文集》(卷一一·文學),臺北:新文豐出版公司,2003年,第549至641頁。

81. **孔門修辭學**(饒宗頤演講;林均田筆記)

《人生雜志》,臺灣,1957年9月。

收入《文轍——文學史論集》(上册),臺北:臺灣學生書局,1991年11月,第77至84頁;《饒宗頤二十世紀學術文集》(卷一一·文學),臺北:新文豐出版公司,2003年,第853至858頁。

82. **當前歐洲漢學研究的大勢**

《崇基校刊》(第13期),香港:香港中文大學崇基學院,1957年12月,第10至12頁。

83. **日本古鈔《文選》五臣注殘卷**

《東方文化》(1956第3卷第2期),香港:香港大學出版社,1958年2月,第218至259頁。

又以《日本古鈔〈文選〉五臣注殘卷校記》收入《文轍——文學史論集》(下册),臺北:臺灣學生書局,1991年11月,第519至482頁;《饒宗頤二十世紀學術文集》(卷一一·文學),臺北:新文豐出版公司,2003年,第661至721頁。

84. **秦筝小史**

《香港大學文學院年刊》(1957至1958年度),香港:香港大學文學院,1958年4月,第7至10頁。

85. 白石旁譜新詮（附陳澧越九歌譯譜、樂府渾成集殘譜小箋）

《詞樂叢刊》（第1集），香港：南風出版社，1958年10月，第1至75頁。

86. 玉田謳歌八首字詁

《詞樂叢刊》（第1集），香港：南風出版社，1958年10月，第121至124頁。

又載《詞學》（第2輯），上海：華東師範大學出版社，1983年，第199至201頁。

後以《張玉田〈謳歌旨要〉字詁》收入《饒宗頤二十世紀學術文集》（卷一二・詩詞學），臺北：新文豐出版公司，2003年，第275至277頁。

87. 宋詞書録解題稿

《香港大學中文學會會刊》，香港：香港大學中文學會，1959年，第6至13頁及13A、B頁。

收入《文轍——文學史論集》（下册），臺北：臺灣學生書局，1991年11月，第615至640頁；《饒宗頤二十世紀學術文集》（卷一二・詩詞學），臺北：新文豐出版公司，2003年，第181至206頁。

88. 論《花間集》版本

《東方》(第1期),香港:香港大學中文學會,1959年1月,第9至10頁及23頁。

修訂稿收入《詞集考》(唐五代宋金元編),北京:中華書局,1992年,第329至338頁;又見《饒宗頤二十世紀學術文集》(卷一〇·目録學),臺北:新文豐出版公司,2003年,第335至343頁。

89.《虬髯客傳》考

《大陸雜志》(第18卷第1期),臺北:大陸雜志社,1959年1月,第1至4頁。

收入《文轍——文學史論集》(上册),臺北:臺灣學生書局,1991年11月,第451至462頁;《饒宗頤二十世紀學術文集》(卷一一·文學),臺北:新文豐出版公司,2003年,第1101至1113頁。

90. 宋元間人所記海上行朝史料評述

《九龍與宋季史料》,香港:萬有圖書公司,1959年11月,第1至10頁。

又見《廣東文獻季刊》(第2卷第3期),臺北:廣東同鄉會,1972年;收入《饒宗頤二十世紀學術文集》(卷六·史學),臺北:新文豐出版公司,2003年,第1143至1151頁。

91. 補宋史鄧光薦傳

《九龍與宋季史料》(著),香港:萬有圖書公司,1959 年 11 月,第 99 至 104 頁。

收入《選堂集林·史林》(中册),香港:中華書局香港分局,1982 年 1 月,第 852 至 858 頁;《饒宗頤史學論著選》,上海:上海古籍出版社,1993 年,第 594 至 602 頁;《饒宗頤二十世紀學術文集》(卷六·史學),臺北:新文豐出版公司,2003 年,第 767 至 773 頁。

92. 楊守齋在詞學及音樂上之貢獻

《崇基校刊》(第 22 期),香港:香港中文大學崇基學院,1960 年 1 月,第 2 至 3、13 頁:又見《東方》(第 12 期),香港:香港大學中文學會,1961 年 9 月,第 2 至 5 頁。

收入《文轍——文學史論集》(下册),臺北:臺灣學生書局,1991 年 11 月,第 671 至 680 頁;《饒宗頤二十世紀學術文集》(卷四·經術、禮樂),臺北:新文豐出版公司,2003 年,第 605 至 614 頁。

93. 由卜辭論殷銅器伐人方之年代——答劍橋大學鄭德坤博士書

《香港大學歷史學會年刊》(第 1 期),香港:香港大學歷史學會,1960 年,第 7 至 11 頁。

94. 南佛堂門歷史考古的若干問題

《香港大學歷史學會年刊》(第 1 期),香港:香港大學歷史學會,1960 年,第 40 至 44 頁。

(按:此文爲先生於 1959 年 11 月 20 日在香港大學考古隊月會席上之演講,由吴銘森筆録。)

95.《敦煌琵琶譜》讀記

《新亞學報》(第 4 卷第 2 期),香港:新亞研究所,1960 年 2 月,第 243 至 277 頁。

收入《敦煌琵琶譜論文集》,臺北:新文豐出版公司,1991 年,第 36 至 65 頁;林保堯、關友惠主編:《中國敦煌學百年文庫·藝術卷(三)》,蘭州:甘肅文化出版社,1999 年,第 152 至 167 頁;《饒宗頤二十世紀學術文集》(卷八·敦煌學),臺北:新文豐出版公司,2003 年,第 1333 至 1367 頁。

96. 杜甫與唐詩

《文學世界》(第 25 期),香港:國際筆會香港中國筆會,1960 年 3 月,第 7 至 13 頁。

97. 碙洲非大嶼山辨

簡又文主編:《宋皇臺紀念集》卷三,香港:香港趙族宗親總會,1960 年 3 月,第 175 至 186 頁。

改定稿見《九龍與宋季史料》,香港:萬有圖書公司,1959 年 11

月,第51至74頁;收入《饒宗頤二十世紀學術文集》(卷六·史學),臺北:新文豐出版公司,2003年,第1192至1218頁。

98. 硇洲非大嶼山續辨

簡又文主編:《宋皇臺紀念集》卷三,香港:香港趙族宗親總會,1960年3月,第200至206頁。

改定稿見《九龍與宋季史料》,香港:萬有圖書公司,1959年11月,第74至83頁;收入《饒宗頤二十世紀學術文集》(卷六·史學),臺北:新文豐出版公司,2003年,第1219至1228頁。

99. 宋季金元琴史考述

《清華學報》(新2卷1期·慶祝梅校長貽琦七十壽辰),臺北:清華學報社,1960年5月,第83至108頁。

收入《饒宗頤二十世紀學術文集》(卷四·經術、禮樂),臺北:新文豐出版公司,2003年,第569至604頁。

100. 讀羅香林先生新著《唐代廣州光孝寺與中印交通之關係》——兼論交廣道佛教之傳播問題

《大陸雜志》(第21卷第7期),臺北:大陸雜志社,1960年10月,第1至4頁。

收入《大陸雜志史學叢書·唐宋附五代史研究論集》(第2輯第2册),臺北:大陸雜志社,1967年,第177至180頁。

101. 九龍與宋季史料補遺

《香港大學中文學會年刊》,香港:香港大學中文學會,1960 年 11 月,第 1 至 14 頁。

102. 論《明史・外國傳》記張璉逃往三佛齊之訛——華僑史辨證之一則

《香港大學歷史學會慶祝金禧特刊:中國與南海關係論文集》(羅香林主編),香港:香港大學歷史學會,1961 年,第 6 至 13 頁。

又以《論〈明史・外國傳〉記張璉之訛》收入《選堂集林・史林》(下册),香港:中華書局香港分局,1982 年 1 月,第 1182 至 1206 頁;《饒宗頤潮汕地方史論集》,汕頭:汕頭大學出版社,1996 年 8 月,第 537 至 555 頁;《饒宗頤二十世紀學術文集》(卷六・史學),臺北:新文豐出版公司,2003 年,第 774 至 796 頁。

103. 由卜兆記數推究殷人對於數的觀念——龜卜象數論

"中央研究院"歷史語言研究所集刊(外編第 4 種・慶祝董作賓先生六十五歲論文集下册),臺北:"中央研究院"歷史語言研究所,1961 年 6 月,第 949 至 983 頁。

收入宋鎮豪、段志洪主編:《甲骨文獻集成》(第 17 册),成都:四川大學出版社,2001 年 4 月,第 45 至 53 頁;《選堂集林・史林》(上册),香港:中華書局香港分局,1982 年 1 月,第 18 至 82 頁;《饒宗頤二十世紀學術文集》(卷四・經術、禮樂),臺北:新文豐出版公司,2003 年,第 43 至 106 頁。

104. 海外甲骨録遺

《東方文化》(1957 至 1958 年·第 4 卷第 1、2 期合刊),香港:香港大學出版社,1961 年 1 月,第 1 至 22 頁,内含圖版 24 頁。

收入《饒宗頤二十世紀學術文集》(卷二·甲骨),臺北:新文豐出版公司,2003 年,第 1762 至 1832 頁。

105. 陸機《文賦》理論與音樂之關係

《中國文學報》(第 14 册),京都:京都大學文學部中國語學中國國文學研究室内中國文學會,1961 年 4 月,第 22 至 37 頁。

又以《論〈文賦〉與音樂》收入《文轍——文學史論集》(上册),臺北:臺灣學生書局,1991 年 11 月,第 277 至 300 頁;《饒宗頤二十世紀學術文集》(卷一一·文學),臺北:新文豐出版公司,2003 年,第 487 至 512 頁。

106. 論卜辭斷代問題——答島邦男先生

《東洋學集刊》(5),仙臺:東北大學中國文史哲研究會,1961 年 5 月,第 94 至 96 頁。(按:内有日文附記。)

107. 顧亭林詩論

《文學世界》(第 5 卷第 2 期·清詩研究專號),香港:文學世界社,1961 年 6 月,第 5 至 12 頁。

後以《論顧亭林詩》收入《文轍——文學史論集》(上册),臺北:臺灣學生書局,1991 年 11 月,第 699 至 710 頁;《饒宗頤二十世紀學術文集》（卷一二・詩詞學），臺北：新文豐出版公司，2003 年，第 154 至 168 頁。

108. **Researches into the Earliest Settlements of the Shê People in the Han River Basin, Kwang Tung**

Symposium on historical, archaelogical and linguistic studies on Southern China, South－east Asia and the Hong Kong region（華南與東南亞及香港之歷史考古語言文化會議論文），Hong Kong: The University of Hong Kong, 1961.

修訂稿：The Shê Settlements in the Han River Basin, Kwang Tung（韓江流域之畲民），Proceeding of the Symposium on Historical Archaeological & Linguistic Studies on Southern China, S. E. Asia & the Hong Kong Region（HKU Golden Jubliee Congress），Hong Kong：University of Hong Kong，1966. 9.（按：内含圖版 12 頁，并附《護王出身爲記》；英譯："The Story of the Great Protector, The Dog King"）

收入《選堂集林・史林》（下册），香港：中華書局香港分局，1982 年 1 月，第 1468 至 1497 頁；《饒宗頤潮汕地方史論集》，汕頭：汕頭大學出版社，1996 年 8 月，第 92 至 108 頁；《饒宗頤二十世紀學術文集》（卷六・史學），臺北：新文豐出版公司，2003 年，第 1098 至 1113 頁。

109. Reconsideration on Place-names in the South Seas-On the Basis of New Material in the Yung Lo Ta Tien

Symposium on historical, archaelogical and linguistic studies on Southern China, South - east Asia and the Hong Kong region(華南與東南亞及香港之歷史考古語言文化會議論文), Hong Kong: The University of Hong Kong, 1961.

修訂稿: Some Place-Names in the South Seas in the Yung-Lo-Ta-Tien(永樂大典中之南海地名), Proceeding of the Symposium on Historical Archaeological & Linguistic Studies on Southern China, S. E. Asia & the Hong Kong Region (HKU Golden Jubliee Congress), Hong Kong: University of Hong Kong, 1966. 9, pp. 191 - 197 with Plate XII.

收入《選堂集林・史林》(下册),香港:中華書局香港分局,1982年1月,第1498至1512頁;《饒宗頤二十世紀學術文集》(卷七・中外關係史),臺北:新文豐出版公司,2003年,第115至136頁。

110. 先賢傳略:《劉龍圖昉》、《翁襄敏萬達》、《丁巡撫日昌》、《方提督耀》

《旅緬潮州會館慶祝新厦落成紀念特刊》(蔡武榜主編),仰光:旅緬潮州會館,1961年,第1至2、4至5頁。

111. 敦煌舞譜校記

《香港大學學生會金禧紀念論文集》,香港:香港大學學生會,1962 年,第 9 至 14 頁;又見《舞蹈藝術》(1992 年第 2 期),北京,1992 年 5 月,第 166 至 172 頁。

收入林保堯、關友惠主編:《中國敦煌學百年文庫·藝術卷(三)》,蘭州:甘肅文化出版社,1999 年,第 168 至 173 頁。

112. 敦煌寫本《登樓賦》重研

《大陸雜志》(第 24 卷第 6 期),臺北:大陸雜志社,1962 年 3 月,第 1 至 3 頁。

又見《大陸雜志》(特刊第 2 輯·慶祝朱家驊先生七十歲論文集),臺北:大陸雜志社,1962 年 5 月,第 511 至 514 頁。

收入《文轍——文學史論集》(上册),臺北:臺灣學生書局,1991 年 11 月,第 267 至 276 頁;《饒宗頤二十世紀學術文集》(卷一一·文學),臺北:新文豐出版公司,2003 年,第 532 至 540 頁。

113. 六朝文論摭佚——劉勰以前及其同時之文論佚書考

《大陸雜志》(第 25 卷第 3 期),臺北:大陸雜志社,1962 年 8 月,第 1 至 4 頁。

又以《劉勰以前及其同時之文論佚書考——六朝文論摭佚》載於《香港大學中文學會慶祝大學金禧紀念特刊·文心雕龍

研究專號》(饒宗頤主編),香港:香港大學中文學會,1962 年 12 月,第 13 至 16 頁。

收入《文轍——文學史論集》(上册),臺北:臺灣學生書局,1991 年 11 月,第 409 至 420 頁;鄭阿財、顏廷亮、伏俊連主編:《中國敦煌學百年文庫・文學卷(二)》,蘭州:甘肅文化出版社,1999 年,第 176 至 181 頁;《饒宗頤二十世紀學術文集》(卷一一・文學),臺北:新文豐出版公司,2003 年,第 948 至 958 頁。

114. 姜白石詞管窺

《文學世界》(第 6 卷第 3 期・宋詞專號上編),香港:文學世界社,1962 年 9 月,第 47 至 51 頁。

收入《文轍——文學史論集》(下册),臺北:臺灣學生書局,1991 年 11 月,第 641 至 650 頁;《饒宗頤二十世紀學術文集》(卷一二・詩詞學),臺北:新文豐出版公司,2003 年,第 233 至 244 頁。

115. 論杜甫夔州詩

《中國文學報》(第 17 册・杜甫專號),京都:京都大學文學部中國語學中國國文學研究室内中國文學會,1962 年 10 月,第 104 至 118 頁。

收入《文轍——文學史論集》(下册),臺北:臺灣學生書局,1991 年 11 月,第 497 至 519 頁;《饒宗頤二十世紀學術文集》(卷一二・詩詞學),臺北:新文豐出版公司,2003 年,第 93 至

122 頁。

論文摘要收入傅璇琮、羅聯添主編:《唐代文學研究論著集成》第 2 卷,西安:三秦出版社,2004 年 10 月,第 145 至 153 頁。

116. 四聲非印度圍陀三聲論

《東方》(第 13 期),香港:香港大學中文學會,1962 年 10 月,第 2 至 3 頁。

改訂版《印度波儞尼仙之圍陀三聲論略——四聲外來説平議》刊於《中國語文研究》(第 9 期),香港:香港中文大學中國文化研究所吴多泰中國語文研究中心,1987 年 9 月,第 1 至 7 頁。

收入《中印文化關係史論集·語文篇——悉曇學緒論》,香港:香港中文大學中國文化研究所,1990 年 4 月,第 11 至 22 頁;《梵學集》,上海:上海古籍出版社,1993 年 7 月,第 79 至 92 頁;《饒宗頤二十世紀學術文集》(卷五·宗教學),臺北:新文豐出版公司,2003 年,第 664 至 677 頁。

117.《文心雕龍》探原

《香港大學中文學會慶祝大學金禧紀念特刊·文心雕龍研究專號》(饒宗頤主編),香港:香港大學中文學會,1962 年 12 月,第 1 至 12 頁。

又載《文心雕龍研究論文選粹》(王更生編),臺北:育民出版社,1980 年,第 143 至 169 頁。

收入《文轍——文學史論集》(上册),臺北:臺灣學生書局,

1991 年 11 月,第 341 至 366 頁;《饒宗頤二十世紀學術文集》(卷一一・文學),臺北:新文豐出版公司,2003 年,第 973 至 998 頁。

118.《文心雕龍》集釋:原道第一

《香港大學中文學會慶祝大學金禧紀念特刊・文心雕龍研究專號》(饒宗頤主編),香港:香港大學中文學會,1962 年 12 月,第 36 至 46 頁。

後以《〈文心雕龍・原道篇〉疏》收入《文轍——文學史論集》(上册),臺北:臺灣學生書局,1991 年 11 月,第 387 至 406 頁;《饒宗頤二十世紀學術文集》(卷一一・文學),臺北:新文豐出版公司,2003 年,第 999 至 1020 頁。

119. 韓愈《南山詩》與曇無讖譯馬鳴《佛所行贊》

【日文版】《韓愈南山詩與曇無讖訳馬鳴仏所行讃》,《中國文學報》(第 19 號),京都:京都大學文學部中國語學中國國文學研究室内中國文學會,1963 年。

又分別以《〈南山詩〉與馬鳴〈佛所行贊〉》收入《文轍——文學史論集》(下册),臺北:臺灣學生書局,1991 年 11 月,第 583 至 588 頁;《馬鳴〈佛所行贊〉與韓愈〈南山詩〉》收入《中印文化關係史論集・語文篇——悉曇學緒論》,香港:香港中文大學中國文化研究所,1990 年 4 月,第 118 至 122 頁;《梵學集》,上海:上海古籍出版社,1993 年 7 月,第 313 至 317 頁。

終以《〈南山〉詩與馬鳴〈佛所行贊〉》收入《饒宗頤二十世紀學

術文集》(卷一二・詩詞學),臺北:新文豐出版公司,2003年,第123至127頁。

120. 論岳武穆滿江紅詞

《斑苔學報》(第2期),吉隆坡:馬來亞大學華文學會,1964年,第63至67頁。

修訂版《賀蘭山與滿江紅》收入《選堂集林・史林》(中册),香港:中華書局香港分局,1982年1月,第794至813頁;《文轍——文學史論集》(下册),臺北:臺灣學生書局,1991年11月,第651至670頁;《饒宗頤二十世紀學術文集》(卷一二・詩詞學),臺北:新文豐出版公司,2003年,第253至276頁。

121. 神會門下摩訶衍之入藏兼論禪門南北宗之調和問題

《香港大學五十周年紀念論文集》(第1册),香港:香港大學出版社,1964年,第173至181頁。

收入《選堂集林・史林》(中册),香港:中華書局香港分局,1982年1月,第697至712頁;楊富學、楊銘主編:《中國敦煌學百年文庫・民族卷(二)》,蘭州:甘肅文化出版社,1999年,第87至94頁;《饒宗頤二十世紀學術文集》(卷八・敦煌學),臺北:新文豐出版公司,2003年,第86至103頁。

122. Chinese Sources on Brāhmī and Kharoṣṭhī

Annuals(Bhandarkar Oriental Research Institute 班德伽東方研究院) Vol. XLV, India: Poona, 1964, pp. 39-47.

【中文版】《中國典籍有關梵書與佉留書起源的記載》(林友蘭譯),《書目季刊》(第 1 卷第 4 期),臺北:書目季刊社,1967 年 6 月,第 11 至 14 頁。

英文原文及中文版收入《選堂集林・史林》(下册),香港:中華書局香港分局,1982 年 1 月,第 1428 至 1444 頁;《梵學集》,上海:上海古籍出版社,1993 年 7 月,第 379 至 384 頁;《饒宗頤二十世紀學術文集》(卷五・宗教學),臺北:新文豐出版公司,2003 年,第 647 至 652 頁。

123. 想爾九戒與三合義——兼評新刊《太平經合校》

《清華學報》(新 4 卷第 2 期・哲學論文集),臺北:清華學報社,1964 年 2 月,第 76 至 84 頁。

後作《老子想爾注考略》一文之附録,收入《選堂集林・史林》(上册),香港:中華書局香港分局,1982 年 1 月,第 347 至 359 頁;傅杰編:《二十世紀中國文史考據文録》(下册),昆明:雲南人民出版社,2001 年,第 1301 至 1306 頁;《老子想爾注校證》,上海:上海古籍出版社,1991 年,第 103 至 114 頁;楊曾文、杜斗城主編:《中國敦煌學百年文庫・宗教卷(三)》,蘭州:甘肅文化出版社,1999 年,第 126 至 141 頁;收入《老子想爾注校證》一書,又收入《饒宗頤二十世紀學術文集》(卷五・宗教學),臺北:新文豐出版公司,2003 年,第 542 至 554 頁。

124. 選堂論畫

《香港大學中文學會年刊》,香港:香港大學中文學會,1964 年

12月,第7至9頁。

125. **後漢書論贊**(饒宗頤演講;胡耀輝、黄耀炯記)

《新亞書院中國文學系年刊》(第3期),香港:新亞書院中國文學系系會,1965年6月,第26至29頁。

修訂稿《〈後漢書〉論贊之價值》,見《中國學志》(第2本),東京:泰山文物社,1965年,第75至81頁;後收入《文轍——文學史論集》(上册),臺北:臺灣學生書局,1991年11月,第301至310頁;《饒宗頤二十世紀學術文集》(卷一一・文學),臺北:新文豐出版公司,2003年,第934至943頁。

126. **楚繒書十二月名覈論**

《大陸雜志》(第30卷第1期),臺北:大陸雜志社,1965年1月,第1至5頁。

改訂版《楚帛書十二月名與爾雅》載《楚帛書》(與曾憲通合著),香港:中華書局香港分局,1985年9月,第97至120頁;《饒宗頤二十世紀學術文集》(卷三・簡帛學),臺北:新文豐出版公司,2003年,第298至312頁。

(按:此文爲紀念董作賓教授逝世一周年而作。)

127. **敦煌寫卷之書法**

《東方文化》(1959至1960年第5卷第1、2期合刊),香港:香港大學,1965年2月,第41至44頁。

收入《饒宗頤二十世紀學術文集》(卷一三·藝術),臺北:新文豐出版公司,2003年,第37至67頁,附敦煌書譜圖版及目録共26頁。

128. 安荼論(Aṇḍa)與吴晋間之宇宙觀

《慶祝李濟先生七十歲論文集·清華學報專號》,臺北:清華學報社,1965年9月,第53至63頁。

收入《選堂集林·史林》(上册),香港:中華書局香港分局,1982年1月,第311至328頁;《饒宗頤史學論著選》,上海:上海古籍出版社,1993年,第347至366頁;《梵學集》,上海:上海古籍出版社,1993年7月,第61至78頁;《饒宗頤東方學論集》,汕頭:汕頭大學出版社,1999年11月,第306至321頁;《饒宗頤二十世紀學術文集》(卷五·宗教學),臺北:新文豐出版公司,2003年,第237至256頁。

129. Un Inédit du Chouo-fou(説郛新考): Le Manuscrit de Chen Han, de la Periode Kia-tsing(1522 – 1566)

Mélanges de Sinologie I(afferts à Monsieur Paul Demiéville), Bibliothèque de L'Institut des Hautes Études Chinoises Vol. XX, Paris: Presses Universitaires de France, 1966, pp. 87 – 104.

【中文版】《〈説郛〉新考——明嘉靖吴江沈瀚鈔本〈説郛〉記略》,《"中央圖書館"館刊》(第3卷第1期),臺北:正中書局,1970年1月,第1至5頁。

收入《選堂集林·史林》(下册),香港:中華書局香港分局,

1982年1月,第974至986頁;《饒宗頤史學論著選》,上海:上海古籍出版社,1993年,第654至666頁;《饒宗頤二十世紀學術文集》(卷六・史學),臺北:新文豐出版公司,2003年,第797至808頁。

(按:此文爲戴密微教授七十頌壽而作。)

130. 説蜑——早期蜑民史料之檢討

《聯合書院學報》(第5期),香港:香港中文大學聯合書院,1966年6月,第175至194頁。

收入《選堂集林・史林》(中册),香港:中華書局香港分局,1982年1月,第915至942頁;《饒宗頤潮汕地方史論集》,汕頭:汕頭大學出版社,1996年8月,第117至137頁;《饒宗頤二十世紀學術文集》(卷六・史學),臺北:新文豐出版公司,2003年,第1061至1090頁。

131. 華梵經疏體例同异析疑

《新亞學報》(第7卷第2期),香港:新亞研究所,1966年9月,第197至210頁。

收入《選堂集林・史林》(上册),香港:中華書局香港分局,1982年1月,第430至445頁;《饒宗頤史學論著選》,上海:上海古籍出版社,1993年,第331至346頁;《梵學集》,上海:上海古籍出版社,1993年7月,第261至276頁;《饒宗頤東方學論集》,汕頭:汕頭大學出版社,1999年11月,第214至226頁;《饒宗頤二十世紀學術文集》(卷四・經術、禮樂),臺北:

新文豐出版公司,2003 年,第 414 至 428 頁。

132. **The Chū Silk Manuscript: Calendar and Astrology**

Proceeding of the Symposium on Early Chinese Art, New York, 1967.

133. **陳白沙在明代詩史上的地位**

《東方雜志》(第 1 卷第 2 號),臺北:商務印書館,1967 年。

又見《廣東文獻季刊》(第 1 卷第 2 期),臺北:廣東同鄉會,1971 年 6 月,第 30 至 33 頁。

收入《文轍——文學史論集》(上册),臺北:臺灣學生書局,1991 年 11 月,第 687 至 698 頁;《饒宗頤二十世紀學術文集》(卷一二·詩詞學),臺北:新文豐出版公司,2003 年,第 141 至 153 頁。

134. **朱彊村論清詞《望江南》箋**

《東方文化》(1961 至 1964 年第 6 卷第 1、2 期合刊),香港:香港大學出版社,1967 年 6 月,第 39 至 60 頁。

收入《文轍——文學史論集》(下册),臺北:臺灣學生書局,第 751 至 786 頁;《饒宗頤二十世紀學術文集》(卷一二·詩詞學),臺北:新文豐出版公司,2003 年,第 324 至 359 頁。

135. **法國漢學家研究的成績**

《仁聲》(雙月刊)(第 8、9 期),香港:葛量洪師專學生會,1967

年 12 月,第 2 至 4 頁。

(按:此文爲先生於 1967 年 4 月 15 日之演講,後由吴肇群、譚麗芳、馬桂綿、廖榮光筆録及整理。)

136. **The Four Liquid Vowels Ṛ、Ṝ、Ḷ、Ḹ of Sanskrit and their Influence on Chinese Literature. (Note on Kumārajiva's 通韵, T'un-huang Manuscript Stein.** 1344)

The Adyar Library Bulletin, Vol. 31 – 32, (Dr. V. Raghavan Felicitation Volume), India: Madras, 1968, pp. 580 – 592.

(按:此文原爲先生於 1966 年 5 月在倫敦大學東方與非洲研究所發表的演講稿。)

【日文版】(附論)《サンスクリットの四つの流母音 Ṛ、Ṝ、Ḷ、Ḹ とその中國文學への影響》(金文京譯),《中國文學報》(第 32 册),京都:京都大學文學部中國語學中國國文學研究室内中國文學會,1980 年 10 月,第 37 至 46 頁。

(按:此文以英文原文的下半部分爲藍本進行改訂,并參照同期《中國文學報》先生之《中國古代文學之比較研究》一文中的補充資料,又增添若干新資料而譯成。)

【中文版】《梵文四流音 Ṛ、Ṝ、Ḷ、Ḹ 與其對中國文學之影響——論鳩摩羅什"通韵"(敦煌抄本斯坦因一三四四號)》(許章真譯),《國外學者看中國文學》(侯健編),臺北:"中央文物供應社",1982 年 12 月,第 179 至 193 頁。

（按：譯者許氏按先生的建議，參照金氏日譯本與《中國古代文學之比較研究》一文，并重新混合及整理内文而譯成；文中對金氏日譯增訂之處，均於附注中説明。）

收入《選堂集林・史林》（下册），香港：中華書局香港分局，1982 年 1 月，第 1445 至 1467 頁。

又以《梵語 R̥、R̥̄、L̥、L̥̄ 四流音及其對漢文學之影響》收入《中印文化關係史論集・語文篇——悉曇學緒論》，香港：香港中文大學中國文化研究所，1990 年 4 月，第 29 至 38 頁；《饒宗頤史學論著選》，上海：上海古籍出版社，1993 年，第 367 至 380 頁；《明本潮州戲文論文集》（陳歷明、林淳鈞編），香港：藝苑出版社，2001 年 5 月，第 351 至 358 頁；《梵學集》，上海：上海古籍出版社，1993 年 7 月，第 187 至 198 頁；《饒宗頤二十世紀學術文集》（卷五・宗教學），臺北：新文豐出版公司，2003 年，第 733 至 744 頁。

137. 三教論與宋金學術

此文首於 1968 年 8 月"中華學術院"主辦之"第一屆國際華學會議"發表，刊於《東西文化》（第 11 期），臺北："中華學術院"，1968 年。

後作爲《三教論及其海外移殖》之第一部分，收入《選堂集林・史林》（下册），香港：中華書局香港分局，1982 年 1 月，第 1207 至 1249 頁；《饒宗頤二十世紀學術文集》（卷五・宗教學），臺北：新文豐出版公司，2003 年，第 61 至 100 頁。

又見《香港大學中文學院八十周年紀念學術論文集》（單周堯

主編),上海:上海古籍出版社,2009 年,第 61 至 79 頁。

138. **潮劇溯源**

原載《香港潮商互助社社刊》。

收入《泰國潮州會館三十周年》(蘇君謙主編),曼谷:泰國潮州會館,1968 年 8 月,"論述"之部分第 45 至 46 頁。

又見《潮僑通鑒 1969 – 1973》(第 4 至 5 期),香港:香港潮商互助社社刊,1973 年,第 14 至 15 頁。

139. **清以前潮州志纂修始末**

《泰國潮州會館三十周年》(蘇君謙主編),曼谷:泰國潮州會館,1968 年 8 月,"論述"之部分第 56 至 61 頁。

收入《饒宗頤潮汕地方史論集》,汕頭:汕頭大學出版社,1996 年 8 月,第 320 至 326 頁;《饒宗頤二十世紀學術文集》(卷九·潮學),臺北:新文豐出版公司,2003 年,第 1235 至 1242 頁。

140. **詞與禪悟**

《清華學報》(新 7 卷第 1 期·文學論文集上),臺北:清華學報社,1968 年 8 月,第 225 至 230 頁。

又見《佛教文學短論》,臺北:大乘文化出版社,1980 年 1 月,第 163 至 171 頁。

又以《詞與禪》收入《文轍——文學史論集》(下册),臺北:臺灣學生書局,1991 年 11 月,第 733 至 740 頁;《饒宗頤二十世紀學術文集》(卷一二·詩詞學),臺北:新文豐出版公司,2003 年,第 304 至 313 頁。

141. **楚繒書之摹本及圖像——三首神、肥遺與印度古神話之比較**

《故宫季刊》(第 3 卷第 2 期),臺北:"故宫博物院",1968 年 10 月,第 1 至 26 頁,内含圖版 10 頁。

後又收爲《楚繪畫四論》之三,收入《畫顜——國畫史論集》,臺北:時報文化出版企業有限公司,1993 年 6 月,第 32 至 44 頁;收入《饒宗頤二十世紀學術文集》(卷一三·藝術),臺北:新文豐出版公司,2003 年,第 193 至 211 頁。

142. **楚繒書疏證**

《"中央研究院"歷史語言研究所集刊》(第 40 本上册·歷史語言研究所成立四十周年紀念專號),臺北:"中央研究院"歷史語言研究所,1968 年 10 月,第 1 至 32 頁;文後附陳槃《楚繒書疏證跋》,第 33 至 36 頁。

增訂稿《楚帛書新證》收入《饒宗頤二十世紀學術文集》(卷三·簡帛學),臺北:新文豐出版公司,2003 年,第 233 至 297 頁。

143. **説蘭**

《新社季刊》(第 1 卷第 2 期),新加坡:新社研究部,1968 年 12 月,第 17 至 19 頁。

後以《由 Orchid 説到蘭》收入《文化之旅》,香港:牛津大學出版社,1997 年,第 28 至 31 頁;《饒宗頤二十世紀學術文集》(卷一四・文録、詩詞),臺北:新文豐出版公司,2003 年,第 227 至 231 頁。

144.《老子想爾注》續論

《福井博士頌壽記念東洋文化論集》(福井博士頌壽記念論文集刊行會編輯),東京:早稲田大學出版部,1969 年,第 1155 至 1172 頁。

後以《〈老子想爾注〉考略》收入《選堂集林・史林》(上册),香港:中華書局香港分局,1982 年 1 月,第 329 至 359 頁;《饒宗頤史學論著選》,上海:上海古籍出版社,1993 年,第 266 至 297 頁;傅杰編:《二十世紀中國文史考據文録》(下册),昆明:雲南人民出版社,2001 年,第 1294 至 1301 頁。

終以《〈老子想爾注〉續論》收録於《老子想爾注校證》,上海:上海古籍出版社,1993 年,第 115 至 134 頁。又收入《饒宗頤二十世紀學術文集》(卷五・宗教學),臺北:新文豐出版公司,2003 年,第 555 至 575 頁。

145. 安南古史上安陽王與雄王問題

《南洋學報》(第 24 卷),新加坡:新加坡南洋學會,1969 年,第 41 至 50 頁。

原文第二節《早期漢籍中之安陽王史料》後由陳荆和日譯成《安陽王と日南伝に就いて》(《安陽王與〈日南傳〉》),刊於《史學》(Shigaku)(第 42 卷 3 號),東京:慶應大學,1970 年 2

月,第 33 至 40 頁。

此部分又以《〈日南傳〉考——安南古史上安陽王資料》收入《饒宗頤史學論著選》,上海:上海古籍出版社,1993 年,第 462 至 466 頁;《饒宗頤東方學論集》,汕頭:汕頭大學出版社,1999 年 11 月,第 386 至 390 頁。

全文則於 1978 年改定,收入《選堂集林·史林》(上册),香港:中華書局香港分局,1982 年 1 月,第 157 至 199 頁;《饒宗頤二十世紀學術文集》(卷七·中外關係史),臺北:新文豐出版公司,2003 年,第 193 至 233 頁。

146. 李鄭屋村古墓磚文考釋

《"中央研究院"歷史語言研究所集刊》(第 39 本上册·慶祝李方桂先生六十五歲論文集),臺北:"中央研究院"歷史語言研究所,1969 年 1 月,第 41 至 44 頁。

收入《選堂集林·史林》(下册),香港:中華書局香港分局,1982 年 1 月,第 1067 至 1074 頁;《饒宗頤史學論著選》,上海:上海古籍出版社,1993 年,第 298 至 304 頁;《饒宗頤二十世紀學術文集》(卷六·史學·下册),臺北:新文豐出版公司,2003 年,第 1280 至 1286 頁。

147. 荆楚文化

《"中央研究院"歷史語言研究所集刊》(第 41 本第 2 分),臺北:"中央研究院"歷史語言研究所,1969 年 6 月,第 273 至 315 頁。

收入《饒宗頤二十世紀學術文集》(卷六·史學),臺北:新文豐出版公司,2003 年,第 845 至 913 頁。

148. 維州在唐代蕃漢交涉史上之地位

《"中央研究院"歷史語言研究所集刊》(第 39 本下册・慶祝李方桂先生六十五歲論文集),臺北:"中央研究院"歷史語言研究所,1969 年 10 月,第 87 至 94 頁。

收入《選堂集林・史林》(下册),香港:中華書局香港分局,1982 年 1 月,第 656 至 671 頁;《饒宗頤二十世紀學術文集》(卷八・敦煌學),臺北:新文豐出版公司,2003 年,第 42 至 59 頁。

149. 吴越文化

《"中央研究院"歷史語言研究所集刊》(第 41 本第 4 分),臺北:"中央研究院"歷史語言研究所,1969 年 12 月,第 609 至 636 頁。

收入《饒宗頤二十世紀學術文集》(卷六・史學),臺北:新文豐出版公司,2003 年,第 914 至 956 頁。

150. 星馬華文碑刻繫年(紀略)

《新加坡大學中文學會學報》(第 10 期),新加坡:新加坡大學中文學會,1969 年 12 月,第 1 至 52 頁。

修訂版分上下卷載《書目季刊》(第 5 卷第 2、3 期),臺北:書目季刊社,1970 年 12 月及 1971 年 3 月,第 3 至 33 頁(第 2 期)及第 31 至 65 頁(第 3 期)。

收入《選堂集林・史林》(下册),香港:中華書局香港分局,

1982 年 1 月,第 1260 至 1392 頁。

另以《星馬華文碑刻繫年引言》收入《饒宗頤史學論著選》,上海:上海古籍出版社,1993 年,第 722 至 742 頁;《饒宗頤東方學論集》,汕頭:汕頭大學出版社,1999 年 11 月,第 418 至 434 頁。

終以《星馬華文碑刻繫年》收入《饒宗頤二十世紀學術文集》(卷七・中外關係史),臺北:新文豐出版公司,2003 年,第 831 至 963 頁。

151. 清詞與東南亞諸國

《莊澤宣教授七秩晋五紀念文集》(林繼振編),香港,1970 年,第 182 至 186 頁。

收入《選堂集林・史林》(下册),香港:中華書局香港分局,1982 年 1 月,第 1250 至 1259 頁;《文轍——文學史論集》(上册),臺北:臺灣學生書局,1991 年 11 月,第 787 至 796 頁;《饒宗頤史學論著選》,上海:上海古籍出版社,1993 年,第 711 至 721 頁;《饒宗頤東方學論集》,汕頭:汕頭大學出版社,1999 年 11 月,第 435 至 443 頁;《饒宗頤二十世紀學術文集》(卷一二・詩詞學),臺北:新文豐出版公司,2003 年,第 360 至 370 頁。

152. 新加坡古代名稱的檢討"蒲羅中"問題商榷

最初發表在 1970 年《南洋商報》新年特刊。

收入《南洋文摘》(第 11 卷第 4 期),香港:南洋文摘社出版,新加坡世界書局發行,1970 年,第 257 至 259 頁。

153. "蒲羅中"問題續論

最初發表在《南洋商報》。

《南洋文摘》(第 11 卷第 5 期),香港:南洋文摘社出版,新加坡世界書局發行,1970 年,第 334 至 336 頁。

154. 清詞年表(稿)

《新社學報》(第 4 期),新加坡:新社,1970 年,第 1 至 45 頁。

收入《文轍——文學史論集》(下册),臺北:臺灣學生書局,1991 年 11 月,第 797 至 873 頁;《饒宗頤二十世紀學術文集》(卷一二·詩詞學),臺北:新文豐出版公司,2003 年,第 457 至 537 頁。

155. 戰國西漢的莊學

《星洲日報·新年特刊》,新加坡:星洲日報出版社,1970 年 1 月 1 日。

收入《選堂集林·史林》(下册),香港:中華書局香港分局,1982 年 1 月,第 145 至 156 頁;《饒宗頤二十世紀學術文集》(卷五·宗教學),臺北:新文豐出版公司,2003 年,第 140 至 150 頁。

156. 王錫《頓悟大乘政理决》序説并校記(附説:摩訶衍及四川之曹溪禪兼論南詔之禪燈系統)

《崇基學報》(第 9 卷第 2 期),香港:香港中文大學崇基書院,

1970 年 5 月,第 127 至 148 頁。

收入《選堂集林・史林》(中册),香港:中華書局香港分局,1982 年 1 月,第 713 至 766 頁;藍吉富主編:《禪宗全書》第 94 册"雜集部(十一)",臺北:文殊文化有限公司,1990 年 5 月初版,第 117 至 172 頁;《饒宗頤二十世紀學術文集》(卷八・敦煌學),臺北:新文豐出版公司,2003 年,第 104 至 171 頁。

157.《太清金液神丹經》(卷下)與南海地理

《中國文化研究所學報》(第 3 卷第 1 期),香港:香港中文大學中國文化研究所,1970 年 9 月,第 31 至 76 頁。

收入《選堂集林・史林》(中册),香港:中華書局香港分局,1982 年 1 月,第 510 至 586 頁;《饒宗頤二十世紀學術文集》(卷七・中外關係史),臺北:新文豐出版公司,2003 年,第 5 至 78 頁。

158.論敦煌陷於吐蕃之年代——依《頓悟大乘正理决》考證

《東方文化》(第 9 卷第 1 期),香港:香港大學出版社,1971 年 1 月,第 1 至 14 頁。

收入《選堂集林・史林》(中册),香港:中華書局香港分局,1982 年 1 月,第 672 至 696 頁;楊富學、楊銘主編:《中國敦煌學百年文庫・民族卷(一)》,蘭州:甘肅文化出版社,1999 年,第 224 至 232 頁;《饒宗頤二十世紀學術文集》(卷八・敦煌學),臺北:新文豐出版公司,2003 年,第 60 至 85 頁。

159. 中國文學在目録學上之地位

此文原爲先生於 1970 年 2 月在新加坡大學校外進修系主辦“中華文學講座”之演講稿，後刊於《新加坡大學中文學會會刊》(第 11 期)，新加坡：新加坡大學中文學會，1971 年 4 月，第 1 至 3 頁。

收入《文轍——文學史論集》(上册)，臺北：臺灣學生書局，1991 年 11 月，第 53 至 60 頁；《饒宗頤二十世紀學術文集》(卷一一・文學)，臺北：新文豐出版公司，2003 年，第 829 至 837 頁。

160.《古文尚書》是東晋孔安國所編成的嗎?

《明報月刊》(第 7 卷第 3 期；總第 75 期)，香港：香港明報有限公司，1972 年 3 月，第 31 至 34 頁。

後以《論〈古文尚書〉非東晋孔安國所編成》收入《選堂集林・史林》(上册)，香港：中華書局香港分局，1982 年 1 月，第 398 至 410 頁；《饒宗頤二十世紀學術文集》(卷四・經術、禮樂)，臺北：新文豐出版公司，2003 年，第 175 至 187 頁。

161. 説䑼及海船的相關問題

《“中央研究院”民族學研究所集刊》(第 33 期・慶祝凌純聲先生七十歲論文集之四)，臺北：“中央研究院”民族學研究所，1972 年春季，第 1 至 15 頁。

收入《選堂集林・史林》(中册)，香港：中華書局香港分局，1982 年 1 月，第 943 至 964 頁；《饒宗頤史學論著選》，上海：

上海古籍出版社,1993 年,第 688 至 710 頁;《饒宗頤東方學論集》,汕頭:汕頭大學出版社,1999 年 11 月,第 400 至 417 頁;《饒宗頤二十世紀學術文集》(卷七・中外關係史),臺北:新文豐出版公司,2003 年,第 115 至 136 頁。

162. 文選序"畫像則贊興"説——列傳與畫贊

《文物彙刊》(創刊號),新加坡:南洋大學李光前文物館,1972 年 6 月,第 12 至 23 頁,内含圖版 6 頁。

收入《畫䪫——國畫史論集》,臺北:時報文化出版企業有限公司,1993 年 6 月,第 81 至 96 頁;《饒宗頤二十世紀學術文集》(卷一三・藝術),臺北:新文豐出版公司,2003 年,第 256 至 2732 頁。

163.《楚辭》與古西南夷之故事畫

《故宮季刊》(第 6 卷第 4 期),臺北:"故宮博物院",1972 年夏季,第 1 至 10 頁(另有 7 頁附圖)。

收入《選堂集林・史林》(上册),香港:中華書局香港分局,1982 年 1 月,第 109 至 121 頁;《畫䪫——國畫史論集》,臺北:時報文化出版企業有限公司,1993 年 6 月,第 69 至 80 頁;《饒宗頤二十世紀學術文集》(卷一三・藝術),臺北:新文豐出版公司,2003 年,第 69 至 80 頁。

164.《太平經》與《説文解字》

《大陸雜志》(第 45 卷第 6 期),臺北:大陸雜志社,1972 年 12

月,第39、41頁。

收入《饒宗頤史學論著選》,上海:上海古籍出版社,1993年,第258至265頁;《饒宗頤二十世紀學術文集》(卷五·宗教學),臺北:新文豐出版公司,2003年,第219至226頁。

165. 説錞于與銅鼓

《東吴大學中國藝術史集刊》(第1卷),臺北:東吴大學,1973年3月,第39至50頁。

(按:有關此文的版本資料,請參閲1974年《銅鼓續論》。)

166. 論釋氏之崑崙説

《大陸雜志》(第46卷第4期),臺北:大陸雜志社,1973年4月,第1至4頁。

收入《選堂集林·史林》(上册),香港:中華書局香港分局,1982年1月,第446至458頁;《饒宗頤史學論著選》,上海:上海古籍出版社,1993年,第447至461頁;《梵學集》,上海:上海古籍出版社,1993年7月,第289至302頁;《饒宗頤東方學論集》,汕頭:汕頭大學出版社,1999年11月,第178至189頁;《饒宗頤二十世紀學術文集》(卷五·宗教學),臺北:新文豐出版公司,2003年,第257至268頁。

167. 墨竹刻石——兼論墨竹源流

此文原爲先生於1973年3月19日在臺北史語所討論會之講稿,刊於《故宫季刊》(第8卷第1期),臺北:"故宫博物院",

1973 年秋,第 45 至 56 頁(另有 6 頁附圖)。

後以《石刻中墨竹之源流》收入《畫顒——國畫史論集》,臺北:時報文化出版企業有限公司,1993 年 6 月,第 51 至 68 頁;《饒宗頤二十世紀學術文集》(卷一三・藝術),臺北:新文豐出版公司,2003 年,第 224 至 242 頁。

168. 關於十九世紀畫論家對粵畫評隲問題的補充

《明報月刊》(第 8 卷第 11 期;總第 95 期),香港:香港明報有限公司,1973 年 11 月,第 77 至 79 頁。

收入《饒宗頤二十世紀學術文集》(卷一三・藝術),臺北:新文豐出版公司,2003 年,第 537 至 546 頁。

169. 曲子《定西蕃》——敦煌曲拾補之一

《新社學報》(第 5 期),新加坡:新社,1973 年 12 月。

收入《敦煌曲續論》,臺北:新文豐出版公司,1996 年,第 1 至 4 頁;《饒宗頤二十世紀學術文集》(卷八・敦煌學),臺北:新文豐出版公司,2003 年,第 932 至 934 頁。

170. 李白出生地——碎葉

《東方文化》(第 12 卷第 1、2 期),香港:香港大學,1974 年,第 41 至 58 頁。

收入《選堂集林・史林》(中册),香港:中華書局香港分局,1982 年 1 月,第 614 至 655 頁;《饒宗頤二十世紀學術文集》

(卷一二・詩詞學),臺北:新文豐出版公司,2003年,第51至92頁。

171. 詞與畫——論藝術的换位問題

此文原爲先生在臺北史語所主辦之"臺大傅斯年先生紀念日"演講稿,後刊於《故宫季刊》(第8卷第3期),臺北:"故宫博物院",1974年春季,第9至20頁,另有圖版8頁。

收入《畫𩑈——國畫史論集》,臺北:時報文化出版企業有限公司,1993年6月,第219至236頁;《饒宗頤二十世紀學術文集》(卷一三・藝術),臺北:新文豐出版公司,2003年,第347至363頁。

172. 古琴的哲學

《華岡學報》(第8期・慶祝錢穆先生八十歲論文集),臺北:"中國文化學院"、"中國文化研究所",1974年,第429至446頁。

收入《饒宗頤二十世紀學術文集》(卷四・經術、禮樂),臺北:新文豐出版公司,2003年,第551至568頁。

173. 釋七

《香港大學中文學會會刊1971－1974》,香港:香港大學中文學會,1974年,第12至13頁。

收入《固庵文録》,臺北:新文豐出版公司,1989年9月,第126至129頁;《饒宗頤二十世紀學術文集》(卷一四・文録、詩詞),臺北:新文豐出版公司,2003年,第41至44頁。

174. 龍飛與張璉問題辨正

《南洋學報》(第29卷第1、2期),新加坡:新加坡南洋學會,1974年,第11至12頁。

又作爲《論〈明史·外國傳〉記張璉之訛》之附記,收入《選堂集林·史林》(下册),香港:中華書局香港分局,1982年1月,第1196至1203頁;《饒宗頤二十世紀學術文集》(卷六·史學),臺北:新文豐出版公司,2003年,第788至792頁。

175. 吴縣玄妙觀石礎畫迹

《"中央研究院"歷史語言研究所集刊》(第45本第2分),臺北:"中央研究院"歷史語言研究所,1974年2月,第255至309頁。

收入《畫䪠——國畫史論集》,臺北:時報文化出版企業有限公司,1993年6月,第249至282頁;《饒宗頤二十世紀學術文集》(卷一三·藝術),臺北:新文豐出版公司,2003年,第376至410頁。

176. 談李芸甫的家世

《明報月刊》(1974年第4期),香港:香港明報有限公司,1974年4月,第132至133頁。

收入《畫䪠——國畫史論集》,臺北:時報文化出版企業有限公司,1993年6月,第607至613頁;《饒宗頤二十世紀學術文集》(卷一三·藝術),臺北:新文豐出版公司,2003年,第529至536頁。

177. 從石刻論武后之宗教信仰

《"中央研究院"歷史語言研究所集刊》(第45本第3分),臺北:"中央研究院"歷史語言研究所,1974年5月,第397至412頁。

收入《選堂集林・史林》(中册),香港:中華書局香港分局,1982年1月,第587至613頁;《饒宗頤史學論著選》,上海:上海古籍出版社,1993年,第504至531頁;《饒宗頤二十世紀學術文集》(卷五・宗教學),臺北:新文豐出版公司,2003年,第38至60頁。

178. 金《趙城藏》本《法顯傳》題記(附《達嚫國考》)

《"中央研究院"歷史語言研究所集刊》(第45本第3分),臺北:"中央研究院"歷史語言研究所,1974年5月,第419至436頁。

正文收入《選堂集林・史林》(下册),香港:中華書局香港分局,1982年1月,第965至973頁;《饒宗頤史學論著選》,上海:上海古籍出版社,1993年,第634至642頁;《梵學集》,上海:上海古籍出版社,1993年7月,第337至346頁;《饒宗頤東方學論集》,汕頭:汕頭大學出版社,1999年11月,第300至305頁;《饒宗頤二十世紀學術文集》(卷五・宗教學),臺北:新文豐出版公司,2003年,第278至285頁。

附文《達嚫國考》收入《選堂集林・史林》(中册),香港:中華書局香港分局,1982年1月,第459至468頁;《饒宗頤史學論著選》,上海:上海古籍出版社,1993年,第471至480頁;《梵學集》,上海:上海古籍出版社,1993 年 7 月,第 303 至 312 頁;《饒宗頤東方學論集》,汕頭:汕頭大學出版社,1999 年 11 月,第 205 至 213 頁;《饒宗頤二十世紀學術文集》(卷七・中外關係史),臺北:新文豐出版公司,2003 年,第 245 至 254 頁。

179. **蜀布與 Cinapaṭṭa——論早期中、印、緬之交通**(附論:海道之絲路與昆侖舶)

《"中央研究院"歷史語言研究所集刊》(第 45 本第 4 分),臺北:"中央研究院"歷史語言研究所,1974 年 6 月,第 561 至 584 頁。

正文收入《選堂集林・史林》(上册),香港:中華書局香港分局,1982 年 1 月,第 360 至 397 頁;《梵學集》,上海:上海古籍出版社,1993 年 7 月,第 223 至 260 頁;《饒宗頤東方學論集》,汕頭:汕頭大學出版社,1999 年 11 月,第 227 至 259 頁;《饒宗頤二十世紀學術文集》(卷七・中外關係史),臺北:新文豐出版公司,2003 年,第 255 至 289 頁。

附論部分又見於《明報月刊》(第 26 卷第 8 期),香港:香港明報有限公司,1991 年 8 月,第 80 頁至 81 頁;《百年美文・説文談史卷(中)》(季羡林主編),天津:百花文藝出版社,2010 年 10 月,第 320 至 321 頁。

後收入《饒宗頤史學論著選》,上海:上海古籍出版社,1993 年,第 217 至 257 頁;《饒宗頤二十世紀學術文集》(卷七・中外關係史),臺北:新文豐出版公司,2003 年,第 147 至 151 頁。

180. 孝順觀念與敦煌佛曲

《敦煌學》(第 1 輯・戴密微先生八秩大慶祝壽專號),香港:香港新亞研究所敦煌學會,1974 年 7 月,第 69 至 78 頁。

收入《敦煌曲續論》,臺北:新文豐出版公司,1996 年,第 5 至 20 頁;鄭阿財、顔廷亮、伏俊連主編:《中國敦煌學百年文庫・文學卷(三)》,蘭州:甘肅文化出版社,1999 年,第 95 至 102 頁;《饒宗頤二十世紀學術文集》(卷八・敦煌學),臺北:新文豐出版公司,2003 年,第 935 至 949 頁。

181. 蘇門答臘島北部發現漢錢古物記

《明報月刊》(第 9 卷第 8 期;總第 103 期),香港:香港明報有限公司,1974 年 7 月,第 28 至 32 頁。

收入《選堂集林・史林》(下册),香港:中華書局香港分局,1982 年 1 月,第 1090 至 1101 頁;《饒宗頤二十世紀學術文集》(卷七・中外關係史),臺北:新文豐出版公司,2003 年,第 355 至 366 頁。

182. 方以智與陳子升

《清華學報》(新 10 卷第 2 期),臺北:清華學報社,1974 年 7 月,第 170 至 175 頁。

收入《饒宗頤二十世紀學術文集》(卷五・宗教學),臺北:新文豐出版公司,2003 年,第 395 至 403 頁。

183. 銅鼓續論

《東吴大學中國藝術史集刊》(第 3 卷),臺北:東吴大學,1974 年 8 月,第 29 至 38 頁,内含圖版 11 頁。

1979 年先生將《説錞于與銅鼓》及《銅鼓續論》加以改訂,撰成《銅鼓餘論》,收入《選堂集林 · 史林》(中册),香港:中華書局香港分局,1982 年 1 月,第 876 至 914 頁;《饒宗頤二十世紀學術文集》(卷六 · 史學),臺北:新文豐出版公司,2003 年,第 1012 至 1049 頁。

184. 大英博物院藏 S. 5540 敦煌大册之曲子詞——長安詞、山花子及其他

《新亞學報》(第 11 卷上册 · 慶祝錢穆先生八十歲專號),香港:新亞研究所,1974 年 9 月,第 49 至 59 頁。

【法文版】"Note Sur le Tch'ang - Ngan Ts'eu"(論長安詞)(Traduction D'Hélène Vetch), *T'oung Pao* (Vol. LX, 1 - 3), Paris, 1974, pp. 173 - 181.

收入《敦煌曲續論》,臺北:新文豐出版公司,1996 年,第 21 至 32 頁;鄭阿財、顔廷亮、伏俊連主編:《中國敦煌學百年文庫 · 文學卷(二)》,蘭州:甘肅文化出版社,1999 年,第 271 至 275 頁;《饒宗頤二十世紀學術文集》(卷八 · 敦煌學),臺北:新文豐出版公司,2003 年,第 950 至 959 頁。

185. 方以智之畫論

《中國文化研究所學報》(第 7 卷第 1 期),香港:香港中文大

學中國文化研究所,1974 年 12 月,第 113 至 132 頁。

收入《畫䪾——國畫史論集》,臺北:時報文化出版企業有限公司,1993 年 6 月,第 525 至 552 頁;《饒宗頤二十世紀學術文集》(卷一三・藝術),臺北:新文豐出版公司,2003 年,第 442 至 472 頁。

186. 西南文化

《"中央研究院"歷史語言研究所集刊》(第 46 本第 1 分),臺北:"中央研究院"歷史語言研究所,1974 年 12 月,第 173 至 204 頁。

又見《中國史學論文選集》(第 2 輯)("中華文化復興運動推行委員會"主編),臺北:幼獅文化事業公司,1977 年 12 月,第 139 至 188 頁。

收入《饒宗頤二十世紀學術文集》(卷六・史學),臺北:新文豐出版公司,2003 年,第 957 至 1006 頁。

187. 富春山居圖卷釋疑

《明報月刊》(第 10 卷第 1 期;總第 109 期),香港:香港明報有限公司,1975 年 1 月,第 14 至 20 頁。

188. 再談富春山居圖卷

《明報月刊》(第 10 卷第 2 期;總第 110 期),香港:香港明報有限公司,1975 年 2 月,第 17 至 23 頁。

189. 八大山人"世説詩"解——兼記其甲子花鳥册

此文首於1975年9月1日香港中文大學中國文化研究所文物館主辦之"明遺民書畫研討會"上發表,後刊於《新亞書院學術年刊》(第17期),香港:香港中文大學新亞書院,1975年9月,第1至20頁,内含圖版10頁。

又見《中國文化研究所學報》(第8卷第2期·明遺民書畫研討會紀録專刊;先生爲此期之特約編輯之一),香港:香港中文大學中國文化研究所,1976年12月,第519至530頁。

後改訂作《八大山人"世説詩"解》及《甲子花鳥册詩釋》二文,收入《畫䪙——國畫史論集》,臺北:時報文化出版企業有限公司,1993年6月,第425至436頁及437至442頁;《饒宗頤二十世紀學術文集》(卷一三·藝術),臺北:新文豐出版公司,2003年,第1120至1139頁。

190. 宋拓韓刻群玉堂懷素千文——附黄山谷松風閣卷跋向氏即向冰考

《香港中文大學學報》(第3卷第1期),香港:香港中文大學,1975年12月,第117至128頁。

收入《饒宗頤二十世紀學術文集》(卷一三·藝術),臺北:新文豐出版公司,2003年,第96至108頁。

191. The Character "te" in Bronze Inscriptions

(translated by Noel Barnard)

The Proceeding of a Symposium on Scientific Methods of Research in the Study of Ancient Chinese Bronzes and Southeast Asian Metal and other Archeological Artifacts, Melbourne: National Gallery of Victoria(Australia), 1976, pp. 145－154. (Symposium date: October 6－10, 1975)

192. 從地下材料談秦代文學

此文原爲先生於 1976 年 10 月 19 日在香港大學“中國文化周”的學術專題演講,由王小娥筆録,先生修正,并刊於《香港大學中文學會中國文化周特刊》,香港:香港大學中文學會,1976 年,第 42 至 47 頁。

又見於《抖擻》(第 19 期),香港:抖擻雜志社,1977 年 1 月 15 日,第 15 至 21 頁。

【日文版】《出土資料から見た秦代の文學》(林宏作譯)刊於《東方學》(第 54 輯),東京:東方學會,1977 年 7 月,第 130 至 140 頁。

另以《從雲夢〈騰文書〉談秦代文學》收入《選堂集林・史林》(中册),香港:中華書局香港分局,1982 年 1 月,第 131 至 144 頁;《饒宗頤二十世紀學術文集》(卷三・簡帛學),臺北:新文豐出版公司,2003 年,第 47 至 58 頁。

還以《從雲夢〈騰文書〉談秦代散文》收入《文轍——文學史論集》(上册),臺北:臺灣學生書局,1991 年 11 月,第 241 至 249 頁。

193. 八大山人爲黄研旅寫山水册及其相關問題

此文首於 1975 年 9 月香港中文大學舉辦之“明遺民書畫研討

會"上提出,後以《至樂樓藏八大山人山水畫及其相關問題》載《中國文化研究所學報》(第 8 卷第 2 期·明遺民書畫研討會紀録專刊),香港:香港中文大學中國文化研究所,1976 年 12 月,第 507 至 518 頁。

又見《文物彙刊》(第 2 號),新加坡:南洋大學李光前文物館,1976 年,第 62 至 74 頁,内含圖版 8 頁。

後以《至樂樓藏八大山人山水畫及其相關問題——談賣畫與程京萼關係及交游》收入《畫頵——國畫史論集》,臺北:時報文化出版企業有限公司,1993 年 6 月,第 443 至 452 頁;《饒宗頤二十世紀學術文集》(卷一三·藝術),臺北:新文豐出版公司,2003 年,第 1138 至 1148 頁。

194.《天問》文體的源流——"發問"文學之探討

《考古人類學刊》(第 39、40 期之合刊·慶祝李濟先生八十歲論文集中册),臺北:臺灣大學考古人類學系,1976 年 6 月,第 17 至 27 頁。

收入《選堂集林·史林》(上册),香港:中華書局香港分局,1982 年 1 月,第 83 至 108 頁;《文轍——文學史論集》(上册),臺北:臺灣學生書局,1991 年 11 月,第 155 至 178 頁;《饒宗頤史學論著選》,上海:上海古籍出版社,1993 年,第 98 至 114 頁;《梵學集》,上海:上海古籍出版社,1993 年 7 月,第 27 至 50 頁;《饒宗頤東方學論集》,汕頭:汕頭大學出版社,1999 年 11 月,第 322 至 341 頁;《饒宗頤二十世紀學術文集》(卷一一·文學),臺北:新文豐出版公司,2003 年,第 35 至 57 頁。

195. 張大風及其家世

《中國文化研究所學報》(第8卷第1期),香港:香港中文大學中國文化研究所,1976年12月,第51至70頁,附圖版14頁。

收入《畫𩑈——國畫史論集》,臺北:時報文化出版企業有限公司,1993年6月,第569至598頁;《饒宗頤二十世紀學術文集》(卷一三·藝術),臺北:新文豐出版公司,2003年,第488至519頁。

196. 明季文人與繪畫

《中國文化研究所學報》(第8卷第2期·明遺民書畫研討會紀録專刊),香港:香港中文大學中國文化研究所,1976年12月,第391至409頁。

(按:先生爲此期之特約編輯之一;又,第404至409頁爲論文英譯,部分由屈志仁及賴恬昌譯。)

【英文版】"Painting and the Literati in the Late Ming"(translated by James C. Y. Watt), Renditions No. 6(Special Art Issue), Hong Kong: Centre for Translation Projects, The Chinese University of Hong Kong, Spring 1976, pp. 138 – 143; 209 – 216(Chinese text).

收入《畫𩑈——國畫史論集》,臺北:時報文化出版企業有限公司,1993年6月,第461至478頁;《饒宗頤二十世紀學術文集》(卷一三·藝術),臺北:新文豐出版公司,2003年,第424至441頁。

197. 五德終始説新探

《中國史學上之正統論——中國史學觀念探討之一》,香港:龍門書店,1977 年 9 月,第 8 至 12 頁。

收入《饒宗頤史學論著選》,上海:上海古籍出版社,1993 年,第 143 至 150 頁;《饒宗頤二十世紀學術文集》(卷六·史學),臺北:新文豐出版公司,2003 年,第 29 至 35 頁。

198.《夢溪筆談》校證一則——鄭夬《易》書公案

《香港中文大學學報》(第 4 卷第 1 期),香港:香港中文大學,1977 年,第 79 至 82 頁。

後以《鄭夬〈易〉書公案(〈夢溪筆談〉校證一則)》收入《饒宗頤史學論著選》,上海:上海古籍出版社,1993 年,第 623 至 630 頁;《饒宗頤二十世紀學術文集》(卷四·經術、禮樂),臺北:新文豐出版公司,2003 年,第 429 至 435 頁。

199. 戰國文學

《"中央研究院"歷史語言研究所集刊》(第 48 本第 1 分),臺北:"中央研究院"歷史語言研究所,1977 年 3 月,第 153 至 176 頁。

又以《論戰國文學》收入《文轍——文學史論集》(上册),臺北:臺灣學生書局,1991 年 11 月,第 197 至 232 頁;《饒宗頤二十世紀學術文集》(卷一一·文學),臺北:新文豐出版公司,2003 年,第 862 至 898 頁。

200. 記《李氏紀傳》——李贄《藏書》未刊稿的發見

此文初於 1976 年 8 月在巴黎舉行之歐洲漢學會提出，由法蘭西學院 Jacques Gernet 代先生宣讀，刊於《新亞書院學術年刊》（第 19 期），香港：香港中文大學新亞書院，1977 年 9 月，第 7 至 16 頁，另附《李氏紀傳》5 頁。

【英文版】Notes on Li－shih chi－chuan：The Discovery of an Unpublished Manuscript of Li Chih's Ts'ang－shu，*Chinese Studies in History*，Vol. 13，No. 1，1980，pp. 100－112.

後以《記李贄〈李氏紀傳〉》收入《選堂集林・史林》（下册），香港：中華書局香港分局，1982 年 1 月，第 987 至 997 頁；《饒宗頤史學論著選》，上海：上海古籍出版社，1993 年，第 667 至 678 頁；《饒宗頤二十世紀學術文集》（卷六・史學），臺北：新文豐出版公司，2003 年，第 809 至 819 頁。

201.《燉煌白畫》導論

《燉煌白畫》，法國遠東考古學院考古學專刊之八，巴黎：法國遠東學院，1978 年。

改訂版載《雄獅美術》（第 102 卷），臺北：雄獅美術月刊社，1979 年 8 月，第 64 至 85 頁。

原文後收入《畫頵——國畫史論集》，臺北：時報文化出版企業有限公司，1993 年 6 月，第 139 至 186 頁；《饒宗頤二十世紀學術文集》（卷八・敦煌學），臺北：新文豐出版公司，2003 年，第 615 至 678 頁。

202. 晚明畫家與畫論(一)

《香港中文大學中國文化研究所學報》(第 9 卷上册),香港:香港中文大學中國文化研究所,1978 年,第 39 至 66 頁,附圖版 37 頁。

收入《畫𩏂——國畫史論集》,臺北:時報文化出版企業有限公司,1993 年 6 月,第 479 至 524 頁;《饒宗頤二十世紀學術文集》(卷一三・藝術),臺北:新文豐出版公司,2003 年,第 1016 至 1060 頁。

203. 天神觀與道德思想

《"中央研究院"歷史語言研究所集刊》(第 49 本第 1 分・慶祝"中央研究院"成立五十周年紀念論文),臺北:"中央研究院"歷史語言研究所,1978 年 3 月,第 77 至 100 頁。

收入宋鎮豪、段志洪主編:《甲骨文獻集成》(第 30 册),成都:四川大學出版社,2001 年 4 月,第 378 至 384 頁;《饒宗頤二十世紀學術文集》(卷四・經術、禮樂),臺北:新文豐出版公司,2003 年,第 326 至 361 頁。

204. 中國畫的筆法

《美術家》(創刊號),香港:美術家出版社,1978 年 4 月,第 20 至 23 頁。

205. 神道思想與理性主義

《"中央研究院"歷史語言研究所集刊》(第 49 本第 3 分・慶

祝"中央研究院"成立五十周年紀念論文),臺北:"中央研究院"歷史語言研究所,1978 年 9 月,第 489 至 513 頁。

收入《饒宗頤二十世紀學術文集》(卷四・經術、禮樂),臺北:新文豐出版公司,2003 年,第 362 至 399 頁。

(按:此文與《天神觀與道德思想》爲上下篇。)

206.《穆護歌》考——兼論火祆教入華之早期史料及其對文學、音樂、繪畫之影響

《大公報在港復刊三十周年紀念文集》(下卷),香港:大公報,1978 年 9 月,第 733 至 771 頁。

收入《選堂集林・史林》(中册),香港:中華書局香港分局,1982 年 1 月,第 472 至 509 頁;《文轍——文學史論集》(下册),臺北:臺灣學生書局,1991 年 11 月,第 463 至 496 頁;《饒宗頤史學論著選》,上海:上海古籍出版社,1993 年,第 404 至 441 頁;《饒宗頤東方學論集》,汕頭:汕頭大學出版社,1999 年 11 月,第 82 至 112 頁;《饒宗頤二十世紀學術文集》(卷一二・詩詞學),臺北:新文豐出版公司,2003 年,第 7 至 43 頁。

207. 潮州居民及其早期海外移植

此文爲先生於 1977 年 8 月 21 日在泰國潮安同鄉會之演講詞,後刊於《泰國潮州會館成立四十周年暨新館落成揭幕紀念特刊》,曼谷:泰國潮州會館,1979 年,"專論"部分第 1 至 3 頁。

208. **Les sept planets et les onze planets. Étude sur un manuell astrologique daté de 974 par K' ang Tsouen: le manuscript P. 4071［論七曜與十一曜——敦煌開寶七年(974)康遵批命課簡介］**

Contributions aux Études sur Touen-Houang, Geneve- Paris, Librairie Droz, 1979.

收入《選堂集林・史林》(中册),香港:中華書局香港分局,1982年1月,第771至793頁;《饒宗頤史學論著選》,上海:上海古籍出版社,1993年,第570至593頁;《饒宗頤東方學論集》,汕頭:汕頭大學出版社,1999年11月,第113至131頁;鄧文寬、馬德主編:《中國敦煌學百年文庫・科技卷》,蘭州:甘肅文化出版社,1999年,第63至75頁;《饒宗頤二十世紀學術文集》(卷八・敦煌學),臺北:新文豐出版公司,2003年,第172至196頁。

209. **論敦煌殘本《登真隱訣》**(P. 2732)

《敦煌學》(第4輯),臺北:敦煌學會,1979年7月,第37至59頁。

收入《饒宗頤二十世紀學術文集》(卷五・宗教學),臺北:新文豐出版公司,2003年,第200至218頁。

210. **關於《青天歌》作者**

《美術家》(第11期),香港:美術家出版社,1979年12月,第28至29頁。

收入《饒宗頤二十世紀學術文集》(卷一三・藝術),臺北:新文豐出版公司,2003年,第91至95頁。

211. 中國書法二三問題——從文字史看書道

此文爲先生應日本慎謙書道社之邀,於1980年8月在東京新宿朝日生命畫廊由青山杉雨先生主持之專題演講,後刊於《タイジエスト》(第978號),東京,1980年。

中文譯作《關於中國書法的二三問題》發表於《中國語言學刊》(創刊號),澳門:澳門東亞大學中文學會,1984年,第64至72頁。

收入《饒宗頤二十世紀學術文集》(卷一三・藝術),臺北:新文豐出版公司,2003年,第80至90頁。

212. 早期中日書法之交流

《書の日本》(青山杉雨編;第2册卷首),東京:筑摩書房,1980年。

【中文版】《早期中日書法之關係》刊於《書譜》(1987年第6期・饒宗頤專輯),香港:書譜出版社,1987年,第14至16頁。

收入《饒宗頤史學論著選》,上海:上海古籍出版社,1993年,第442至446頁;《饒宗頤東方學論集》,汕頭:汕頭大學出版社,1999年11月,第479至483頁;《饒宗頤二十世紀學術文集》(卷一三・藝術),臺北:新文豐出版公司,2003年,第132至136頁。

213.《敦煌曲》訂補

《"中央研究院"歷史語言研究所集刊》(第 49 本第 1 分·慶祝"中央研究院"成立五十周年紀念論文),臺北:"中央研究院"歷史語言研究所,1980 年 3 月,第 115 至 123 頁。

收入《敦煌曲續論》,臺北:新文豐出版公司,1996 年,第 39 至 54 頁;鄭阿財、顏廷亮、伏俊連主編:《中國敦煌學百年文庫·文學卷(二)》,蘭州:甘肅文化出版社,1999 年,第 391 至 398 頁;《饒宗頤二十世紀學術文集》(卷八·敦煌學),臺北:新文豐出版公司,2003 年,第 965 至 979 頁。

214. 中山君嚳考略

《學術研究》(1980 年第 2 期),廣州:廣東人民出版社,1980 年 4 月,第 41 至 45 頁。

(按:此文爲先生參加 1979 年 11 月 30 日至 12 月 6 日在廣州舉辦"中國古文字學術研究會第二屆年會"之論文。)

又見中山大學古文字研究室編:《古文字研究》(第 5 輯),北京:中華書局,1981 年 1 月,第 225 至 231 頁。

收入《饒宗頤二十世紀學術文集》(卷六·史學),臺北:新文豐出版公司,2003 年,第 581 至 589 頁;《史學探驪:史學研究的現代轉型與開新》(田豐、李旭明著),北京:商務印書館,2011 年 11 月,第 321 至 328 頁。

215. 從“睒變”論變文與圖繪之關係

《池田末利博士古稀記念東洋學論集》(池田末利博士古稀記念事業會實行委員編輯),廣島:池田末利博士古稀記念事業會,1980年9月,第627至640頁。

收入《饒宗頤史學論著選》,上海:上海古籍出版社,1993年,第386至403頁;《中印文化關係史論集·語文篇——悉曇學緒論》,香港:香港中文大學中國文化研究所,1990年4月,第123至137頁;《梵學集》,上海:上海古籍出版社,1993年7月,第319至336頁;《饒宗頤東方學論集》,汕頭:汕頭大學出版社,1999年11月,第190至204頁;樊錦詩、劉玉權主編:《中國敦煌學百年文庫·考古卷(二)》,蘭州:甘肅文化出版社,1999年,第7至16頁。

216. 中國古代文學之比較研究

此文就先生於1980年5月10日至6月21日在日本京都大學文學部所作之五次演講整理而成,刊於《中國文學報》(第32册),京都:京都大學文學部中國語學中國國文學研究室内中國文學會,1980年10月,第1至37頁。

收入《文轍——文學史論集》(上册),臺北:臺灣學生書局,1991年11月,第1至52頁;《饒宗頤二十世紀學術文集》(卷一一·文學),臺北:新文豐出版公司,2003年,第767至828頁。

217. 唐勒及其佚文——楚辭新資料

《中國文學論集》(第9號),九州:九州大學中國文學會,1980

年 11 月,第 1 至 8 頁。

收入《文轍——文學史論集》(上册),臺北:臺灣學生書局,1991 年 11 月,第 179 至 188 頁;《饒宗頤史學論著選》,上海:上海古籍出版社,1993 年,第 88 至 97 頁;《饒宗頤二十世紀學術文集》(卷一一·文學),臺北:新文豐出版公司,2003 年,第 57 至 63 頁。

218. 陸淳とその判詞

《法帖大系月報》(2),東京,1981 年。

219. 騷言志説——附"楚辭學及其相關問題"

Bulletin de l' École française d' Extreme-Orient (À La Mémorie de Paul Demiéville 1894 – 1979)《戴密微教授紀念論文集》, Tome LXIX, Paris: École française d' Extrême-Orient, 1981, pp. 107 – 118.

(按:附文爲先生於 1978 年在香港中文大學之退休演講稿。)

收入《文轍——文學史論集》(上册),臺北:臺灣學生書局,1991 年 11 月,第 97 至 116 頁;《饒宗頤二十世紀學術文集》(卷一一·文學),臺北:新文豐出版公司,2003 年,第 14 至 34 頁。

220. 説"競重"、"重夜君"與"重皇"

《文物》(1981 年第 5 期),北京:文物出版社,1981 年 5 月,第 75 至 77 頁。

221. Caractéres Chinois et Poétique(漢字與詩學)

此文首於 1980 年 4 月法國巴黎舉行之"文字——觀念體系與實踐經驗會議"上發表,後刊於"Écritures" le Sycomore, Paris, 1982, pp. 271 –292.

【中文版】收入《文轍——文學史論集》(上册),臺北:臺灣學生書局,1991 年 11 月,第 61 至 76 頁;《饒宗頤史學論著選》,上海:上海古籍出版社,1993 年,第 305 至 321 頁;《饒宗頤二十世紀學術文集》(卷一一·文學),臺北:新文豐出版公司,2003 年,第 838 至 852 頁。

222. 秦簡日書中"夕"(栾)字含義的商榷

《雲夢秦簡日書研究》(與曾憲通合著),香港:中文大學出版社,1982 年,第 53 至 66 頁。

(按:此文爲先生 1980 年 10 月在武漢參加"中國語言學會成立大會"提交之論文。)

又見《中國語言學報》(第 1 期),北京:商務印書館,1983 年,第 167 至 172 頁。

收入《楚地出土文獻三種研究》(與曾憲通合編),北京:中華書局,1993 年 8 月,第 320 至 340 頁;《饒宗頤二十世紀學術文集》(卷三·簡帛學),臺北:新文豐出版公司,2003 年,第 431 至 441 頁。

223. 有虞氏上陶説

《選堂集林·史林》(上册),香港:中華書局香港分局,1982 年 1 月,第 1 至 6 頁。

收入《饒宗頤二十世紀學術文集》(卷四·經術、禮樂),臺北:新文豐出版公司,2003 年,第 223 至 227 頁。

224. 説"瓦"

《選堂集林·史林》(上册),香港:中華書局香港分局,1982 年 1 月,第 7 至 17 頁。

收入《饒宗頤二十世紀學術文集》(卷六·史學),臺北:新文豐出版公司,2003 年,第 593 至 603 頁。

225. 魏玄石白畫論

《選堂集林·史林》(上册),香港:中華書局香港分局,1982 年 1 月,第 308 至 310 頁。

收入《饒宗頤二十世紀學術文集》(卷六·史學),臺北:新文豐出版公司,2003 年,第 753 至 755 頁。

226. 欒産及其著述考

《選堂集林·史林》(中册),香港:中華書局香港分局,1982 年 1 月,第 469 至 471 頁。

收入《饒宗頤史學論著選》,上海:上海古籍出版社,1993 年,第 491 至 494 頁;《饒宗頤二十世紀學術文集》(卷六·史學),臺北:新文豐出版公司,2003 年,第 760 至 762 頁。

227. 宋帝播遷七洲洋地望考實兼論其與占城交通路綫

此文爲 1962 年先生於香港西區扶輪社之演講稿,後刊於《選堂集林·史林》(中册),香港:中華書局香港分局,1982 年 1 月,第 814 至 833 頁。

收入《饒宗頤二十世紀學術文集》(卷七·中外關係史),臺北:新文豐出版公司,2003 年,第 79 至 98 頁。

228. 談印度河谷圖形文字

《選堂集林·史林》(下册),香港:中華書局香港分局,1982 年 1 月,第 1393 至 1427 頁,内含印度學者白春暉先生(V. V. Paranjpe)題辭,另加圖與表共 13 頁。

收入《梵學集》,上海:上海古籍出版社,1993 年 7 月,第 347 至 378 頁;《饒宗頤東方學論集》,汕頭:汕頭大學出版社,1999 年 11 月,第 279 至 299 頁;《饒宗頤二十世紀學術文集》(卷一·史溯),臺北:新文豐出版公司,2003 年,第 415 至 443 頁。

229. 談"十干"與"立主"——殷因夏禮的一、二例證

此文首於 1982 年香港中文大學中國文化研究所舉辦之"夏文化研討會"上發表,後刊於《文匯報·筆匯版》,香港:文匯報有限公司,1982 年 5 月 11 日。

收入《固庵文録》,臺北:新文豐出版公司,1989 年 9 月,第 424 至 429 頁;《饒宗頤史學論著選》,上海:上海古籍出版社,1993

年,第 17 至 22 頁。

後以《談三重證據法——十干與立主》(附補記)收入《饒宗頤二十世紀學術文集》(卷一・史溯),臺北:新文豐出版公司,2003 年,第 12 至 18 頁。

230. 略論馬王堆《易經》寫本

四川大學歷史系古文字研究室編:《古文字研究》(第 7 輯),北京:中華書局,1982 年 6 月,第 232 至 242 頁。

(按:此爲先生參加 1980 年 9 月在成都舉辦"中國古文字研究會第三屆年會"提交論文。)

收入《饒宗頤史學論著選》,上海:上海古籍出版社,1993 年,第 56 至 67 頁;《饒宗頤二十世紀學術文集》(卷四・經術、禮樂),臺北:新文豐出版公司,2003 年,第 107 至 117 頁。

231. 殷代易卦及有關占卜諸問題

《文史》(第 20 期),北京:中華書局,1983 年,第 1 至 13 頁。

收入宋鎮豪、段志洪主編:《甲骨文獻集成》(第 17 册),成都:四川大學出版社,2001 年 4 月,第 129 至 132 頁;《饒宗頤史學論著選》,上海:上海古籍出版社,1993 年,第 31 至 55 頁;《饒宗頤二十世紀學術文集》(卷四・經術、禮樂),臺北:新文豐出版公司,2003 年,第 13 至 35 頁;劉大鈞主編:《百年易學菁華集成・初編・出土易學文獻》第 1 册,上海:上海科學技術文獻出版社,2010 年,第 35 至 47 頁。

232. New Light on Finger-painting

XXXI International Congress of Human Sciences in Asia and North Africa(第31回國際アヅア・北アフソカ人文科學會議), Tokyo: Tōhō Gakkai, 1983.

【中文版】《清初廣東指畫家吴韋與鐵嶺高氏:吴韋指畫花卉卷跋》,《新亞學術集刊》(第4期,中國藝術專號),香港:香港中文大學新亞書院,1983年,第367至372頁;又見《美術史論》(1985年第2期),北京:文化藝術出版社,1985年,第70至74頁。

後收入《饒宗頤史學論著選》,上海:上海古籍出版社,1993年,第679至687頁;《畫䪫——國畫史論集》,臺北:時報文化出版企業有限公司,1993年6月,第599至606頁;《饒宗頤二十世紀學術文集》(卷一三·藝術),臺北:新文豐出版公司,2003年,第520至528頁。

另載《南雅》(總第1卷)(香港大學饒宗頤學術館、長安藝術創作中心主辦),東莞:長安藝術創作中心,2009年9月,第120至125頁。

233. 曾侯乙墓"匫"器漆書文字初釋

《古文字研究》(第10輯),北京:中華書局,1983年,第190至197頁。

後以《曾侯乙墓漆器上二十文釋——論古樂理與天文之關係》收入《饒宗頤二十世紀學術文集》(卷四·經術、禮樂),臺北:新文豐出版公司,2003年,第782至791頁。

234. 馬王堆醫書所見《陵陽子明經》佚說——廣雅補證之一

《文史》(第20輯),北京:中華書局,1983年,第251至253頁。

又見《湖南考古輯刊》(第2集)(湖南省博物館、湖南省考古學會合編),湖南:岳麓書社,1984年9月,第181至182頁。

又以《陵陽子明經佚説考——馬王堆醫書跋》收入《文轍——文學史論集》(上册),臺北:臺灣學生書局,1991年11月,第189至192頁;《饒宗頤二十世紀學術文集》(卷五・宗教學),臺北:新文豐出版公司,2003年,第119至123頁。

235. 港、九前代考古雜録

《新亞學術集刊》(第4期,中國藝術專號),香港:香港中文大學新亞書院,1983年,第165至184頁。

又見《嶺南文史》(總第6期),廣州:廣東省文史研究會,1985年,第39至51頁。

收入《饒宗頤史學論著選》,上海:上海古籍出版社,1993年,第769至801頁;《饒宗頤二十世紀學術文集》(卷六・史學・下册),臺北:新文豐出版公司,2003年,第1287至1318頁。

236. 從秦戈皋月談《爾雅》月名問題

《文物》(總第320期),北京:文物出版社,1983年1月,第73至74頁。

237. 關於《世説新語》二三問題

《唐君毅先生紀念論文集:唐君毅先生逝世五周年紀念》(臺灣學生書局編輯部編),臺北:臺灣學生書局,1983 年 2 月,第 53 至 62 頁。

收入《饒宗頤二十世紀學術文集》(卷一一 · 文學),臺北:新文豐出版公司,2003 年,第 963 至 972 頁。

238. 論敦煌石窟所出三唐拓

《圖書副刊》(第 159、160、163 號),1983 年 3 月。

又見敦煌文物研究所編:《1983 年全國敦煌學術討論會文集 文史 · 遺書編》上册,蘭州:甘肅人民出版社,1987 年,第 298 至 304 頁。

收入《饒宗頤史學論著選》,上海:上海古籍出版社,1993 年,第 495 至 503 頁。

修訂稿收入《法京所藏敦煌群書及書法題記》,見《饒宗頤二十世紀學術文集》(卷八 · 敦煌學),臺北:新文豐出版公司,2003 年,第 308 至 317 頁。

239. 説"亦思替非"、"迭屑"與"也里可温"

《語文雜志》(第 11 期 · 趙元任先生紀念號),香港:香港中國語文學會,1983 年 12 月,第 65 至 67 頁。

收入《固庵文録》,臺北:新文豐出版公司,1989 年 9 月,第 180 至 184 頁;《饒宗頤史學論著選》,上海:上海古籍出版社,1993

年,第649至653頁;《饒宗頤二十世紀學術文集》(卷一四·文録、詩詞),臺北:新文豐出版公司,2003年,第63至67頁。

240. **Le "Vœu de la Capitale de L'Est"(東都發願文) de L'Empereur Wu des Liang(梁武帝)**

Contributions Aux Études de Touen-Houang Vol. III, Vol. CXXXV, Paris: École française D'Extrême-Orient, 1984, pp. 143-154.

241. **說鍮石——吐魯番文書札記**

《敦煌吐魯番文獻研究論集》(第2輯)(北京大學中國中古史研究中心編),北京:中華書局,1984年,第627至630頁。

收入《固庵文録》,臺北:新文豐出版公司,1989年9月,第166至171頁;《饒宗頤史學論著選》,上海:上海古籍出版社,1993年,第381至385頁;《饒宗頤東方學論集》,汕頭:汕頭大學出版社,1999年11月,第137至140頁;《饒宗頤二十世紀學術文集》(卷一四·文録、詩詞),臺北:新文豐出版公司,2003年,第55至60頁。

242. **吽字說**

《明報月刊》(第19卷第3期;總第219期),香港:香港明報有限公司,1984年3月,第33至35頁。

收入《中印文化關係史論集·語文篇——悉曇學緒論》,香港:香港中文大學中國文化研究所,1990年4月,第143至

150 頁;另有《吽字續説》,第 150 至 153 頁;《梵學集》,上海:上海古籍出版社,1993 年 7 月,第 261 至 285 頁及第 285 至 288 頁;《饒宗頤二十世紀學術文集》(卷五·宗教學),臺北:新文豐出版公司,2003 年,第 766 至 778 頁。

243. 談馬王堆帛書《周易》

《明報月刊》(第 19 卷第 7 期;總第 223 期),香港:香港明報有限公司,1984 年 7 月,第 24 至 28 頁。

後以《再談馬王堆帛書〈周易〉》收入《饒宗頤史學論著選》,上海:上海古籍出版社,1993 年,第 68 至 83 頁;《饒宗頤二十世紀學術文集》(卷四·經術、禮樂),臺北:新文豐出版公司,2003 年,第 118 至 133 頁;劉大鈞主編:《百年易學菁華集成·初編·出土易學文獻》,上海:上海科學技術文獻出版社,2010 年,第 772 至 779 頁。

244. 讀阜陽漢簡《詩經》

《明報月刊》(第 19 卷第 12 期;總第 228 期),香港:香港明報有限公司,1984 年 12 月,第 11 至 14 頁。

收入《文轍——文學史論集》(上册),臺北:臺灣學生書局,1991 年 11 月,第 85 至 96 頁。

後以《讀阜陽〈詩〉簡》收入《饒宗頤二十世紀學術文集》(卷四·經術、禮樂),臺北:新文豐出版公司,2003 年,第 200 至 213 頁。

245.《明本潮州戲文五種》説略

《明本潮州戲文五種》,廣州:廣東人民出版社,1985 年,第 4 至 18 頁。

收入《饒宗頤潮汕地方史論集》,汕頭:汕頭大學出版社,1996 年 8 月,第 354 至 362 頁;《饒宗頤二十世紀學術文集》(卷九・潮學),臺北:新文豐出版公司,2003 年,第 1290 至 1301 頁。

又載《明本潮州戲文論文集》(陳歷明、林淳鈞編),香港:藝苑出版社,2001 年 5 月,第 3 至 11 頁。

246. 尼律致(Niruta)與劉熙《釋名》

《川口久雄教授頌壽集》,東京,1985 年。

後以《尼盧致論(Nirukta)與劉熙的〈釋名〉》刊於《中國語言學報》(第 2 期),北京:商務印書館,1985 年 5 月,第 49 至 54 頁。

收入《中印文化關係史論集・語文篇——悉曇學緒論》,香港:香港中文大學中國文化研究所,1990 年 4 月,第 1 至 10 頁;《梵學集》,上海:上海古籍出版社,1993 年 7 月,第 17 至 26 頁;《饒宗頤二十世紀學術文集》(卷五・宗教學),臺北:新文豐出版公司,2003 年,第 653 至 663 頁。

247. 談盛君簠——隨州擂鼓墩文物展側記

《江漢考古》(1985 年第 1 期;總第 14 期),武漢:江漢考古編輯部,1985 年 2 月,第 57 至 59 頁。

收入《饒宗頤二十世紀學術文集》(卷六・史學),臺北:新文豐出版公司,2003 年,第 575 至 580 頁。

248. 秦簡中之五行説及納音説

《中國語文研究》(第 7 期),香港:香港中文大學中國文化研究所吴多泰中國語文研究中心,1985 年 3 月,第 37 至 50 頁。

又見《古文字研究》(第 14 輯),北京:中華書局,1986 年,第 261 至 280 頁。

收入《楚地出土文獻三種研究》(與曾憲通合編),北京:中華書局,1993 年 8 月,第 455 至 472 頁;《饒宗頤史學論著選》,上海:上海古籍出版社,1993 年,第 151 至 178 頁;《饒宗頤二十世紀學術文集》(卷三・簡帛學),臺北:新文豐出版公司,2003 年,第 98 至 125 頁。

249. 敦煌琵琶譜《浣溪沙》殘譜研究

《中國音樂》(1985 年第 1 期;總第 17 期),北京:《中國音樂》編輯部,1985 年 3 月,第 46 至 47 頁。

收入《敦煌琵琶譜論文集》,臺北:新文豐出版公司,1991 年,第 289 至 296 頁;林保堯、關友惠主編:《中國敦煌學百年文庫・藝術卷(三)》,蘭州:甘肅文化出版社,1999 年,第 324 至 327 頁;《饒宗頤二十世紀學術文集》(卷八・敦煌學),臺北:新文豐出版公司,2003 年,第 1369 至 1375 頁。

250. 曾侯乙墓編鐘與中國古代文化

《大公報・中華文化版》(第 8 期),香港:大公報社,1985 年 4

月25日,第5張。

251. 道教與楚俗關係新證——楚文化的新認識

《明報月刊》(第20卷第5期;總第233期),香港:香港明報有限公司,1985年5月,第37至42頁。

收入《饒宗頤史學論著選》,上海:上海古籍出版社,1993年,第115至142頁;《饒宗頤二十世紀學術文集》(卷五·宗教學),臺北:新文豐出版公司,2003年,第124至139頁。

252. 校正補説"曺"字

《明報月刊》(第20卷第6期;總第234期),香港:香港明報有限公司,1985年6月,第107頁。

253. 卍考——青海省出土の彩陶文様に關する——解釋

(饒宗頤著;太田有子譯)

《三上次男博士喜壽記念論文集·歷史篇》(三上次男博士喜壽記念論文集編集委員會編),東京:平凡社,1985年8月,第320至329頁。

後以《説卍——青海陶文小記》刊於《紀念顧頡剛學術論文集(上册)》(尹達主編),成都:巴蜀書社,1990年4月,第161至166頁。

又以《説卍——青海陶符試譯之一》載《明報月刊》(第25卷第10期;總第298期),香港:香港明報有限公司,1990年10月,第46至51頁。

另以《説卍(Svastika)——從青海陶文談遠古羌人文化》載《饒宗頤史學論著選》,上海:上海古籍出版社,1993 年,第 1 至 16 頁;《饒宗頤東方學論集》,汕頭:汕頭大學出版社,1999 年 11 月,第 46 至 55 頁。

還以《卍考(Svastika)考——青海陶文試釋》收入《梵學集》,上海:上海古籍出版社,1993 年 7 月,第 1 至 16 頁。

254. 敦煌曲子中的藥名詞

《明報月刊》(第 20 卷第 9 期;總第 237 期),香港:香港明報有限公司,1985 年 9 月,第 68 至 69 頁。

收入《敦煌曲續論》,臺北:新文豐出版公司,1996 年,第 59 至 66 頁,文後附補記;《饒宗頤二十世紀學術文集》(卷八·敦煌學),臺北:新文豐出版公司,2003 年,第 984 至 991 頁。

255.《文心雕龍·聲律篇》與鳩摩羅什《通韵》——論四聲説與悉曇之關係兼談王斌、劉善經、沈約有關諸問題

《中華文史論叢》(1985 年第 3 輯;總第 35 輯),上海:上海古籍出版社,1985 年 9 月,第 215 至 236 頁。

收入《中印文化關係史論集·語文篇——悉曇學緒論》,香港:香港中文大學中國文化研究所,1990 年 4 月,第 66 至 90 頁;《梵學集》,上海:上海古籍出版社,1993 年 7 月,第 93 至 120 頁。

又以《論四聲説與悉曇之關係兼談王斌、劉善經、沈約有關諸問題——〈文心雕龍·聲律篇〉書後》載《古漢語研究》(第 1

輯),北京:中華書局,1996 年 11 月,第 290 至 313 頁。

收入《饒宗頤二十世紀學術文集》(卷一一·文學),臺北:新文豐出版公司,2003 年,第 1021 至 1049 頁。

256. 長沙子彈庫殘帛文字小記

《楚帛書》(與曾憲通合著),香港:中華書局香港分局,1985 年 9 月,第 358 至 367 頁。

又見《文物》(1992 年第 11 期;總第 438 期),北京:文物出版社,1992 年 11 月,第 34 至 35 頁。

收入《饒宗頤二十世紀學術文集》(卷三·簡帛學),臺北:新文豐出版公司,2003 年,第 358 至 368 頁。

257. 婦好墓銅器玉器所見氏姓方國小考

《古文字研究》(第 12 輯),北京:中華書局,1985 年 10 月,第 299 至 307 頁。

收入宋鎮豪、段志洪主編:《甲骨文獻集成》(第 28 册),成都:四川大學出版社,2001 年 4 月,第 169 至 171 頁;《饒宗頤二十世紀學術文集》(卷二·甲骨),臺北:新文豐出版公司,2003 年,第 1659 至 1671 頁。

258. 南戲戲神咒囉哩嗹問題——答何昌林先生

《明報月刊》(第 20 卷第 12 期;總第 240 期),香港:香港明報有限公司,1985 年 12 月,第 85 至 88 頁。

又見《國際道教科儀及音樂研討會論文集》(曹本冶、羅炳良編輯),香港:香港中文大學音樂資料館及 Society of Ethnomusicological Research in Hong Kong(SERHK),1989 年 10 月,第 224 至 227 頁。

又以《南戲戲神咒"囉哩嗹"之謎》載《南戲探討集》(第 5 輯)(浙江省温州市文化局、浙江省温州地區文聯编),温州:温州市藝術研究會,1987 年;《明本潮州戲文論文集》(陳歷明、林淳鈞編),香港:藝苑出版社,2001 年 5 月,第 341 至 350 頁。又名《説和聲的"囉哩"與"哩囉連"》,发表在《詞學》(第 5 輯),上海:華東師範大學出版社,1986 年 10 月,第 75 至 79 頁;收入《饒宗頤史學論著選》,上海:上海古籍出版社,1993 年,第 643 至 648 頁。

修訂稿收入《中印文化關係史論集·語文篇——悉曇學緒論》,香港:香港中文大學中國文化研究所,1990 年 4 月,第 154 至 164 頁;《梵學集》,上海:上海古籍出版社,1993 年 7 月,第 209 至 222 頁;《饒宗頤潮汕地方史論集》,汕頭:汕頭大學出版社,1996 年 8 月,第 363 至 373 頁;《饒宗頤二十世紀學術文集》(卷五·宗教學),臺北:新文豐出版公司,2003 年,第 751 至 765 頁。

259. 論疏密二體

《明報當代中國繪畫研討會特刊》,香港,1986 年。

後以《張彦遠論畫分疏密二體》收入《畫頵——國畫史論集》,臺北:時報文化出版企業有限公司,1993 年 6 月,第 209 至 212 頁;《饒宗頤二十世紀學術文集》(卷一三·藝術),臺北:

新文豐出版公司,2003 年,第 339 至 341 頁。

260. 盤古圖考

《中國社會科學院研究生院學報》(1986 年第 1 期),北京:北京中藝彩印包裝有限公司,1986 年,第 75 至 76 頁。

又見《中國古代、近代文學研究》(第 4 期),北京:中國人民大學書報資料社,1986 年。

後以《述宋人所見東漢蜀地繪"盤古"的壁畫》刊於《中央民族學院學報》(第 2 期;總第 63 期)"盤古與盤瓠問題國際研討會"論文專欄,北京:中央民族學院學報編輯部,1989 年 3 月,第 8 至 9 頁。

終以《盤古圖考——述唐宋人所見東漢蜀地刻繪"盤古"的壁畫》(附補記)收入《饒宗頤二十世紀學術文集》(卷一·史溯),臺北:新文豐出版公司,2003 年,第 278 至 282 頁。

261. 清初僧道忞及其《布水臺集》

《神田喜一郎博士追悼中國學論集》(故神田喜一郎博士追悼中國學論集刊行會編),東京:二玄社,1986 年,第 644 至 652 頁。

收入《饒宗頤潮汕地方史論集》,汕頭:汕頭大學出版社,1996 年 8 月,第 559 至 568 頁;《饒宗頤二十世紀學術文集》(卷五·宗教學),臺北:新文豐出版公司,2003 年,第 370 至 379 頁。

262. "法曲子"論——從敦煌本《三皈依》談"唱道詞"與曲子詞關涉問題

《中華文史論叢》(1986 年第 1 輯),上海:上海古籍出版社,1986 年 3 月,第 53 至 60 頁。

又見《中國史研究》(1986 年第 1 期),北京:中國社會科學出版社,1986 年,第 64 至 68 頁;《中國古代、近代文學研究》(第 8 期),北京:中國人民大學書報資料社,1986 年。

收入《敦煌曲續論》,臺北:新文豐出版公司,1996 年,第 77 至 90 頁,文後附補記;鄭阿財、顏廷亮、伏俊連主編:《中國敦煌學百年文庫・文學卷(四)》,蘭州:甘肅文化出版社,1999 年,第 245 至 250 頁;《饒宗頤二十世紀學術文集》(卷八・敦煌學),臺北:新文豐出版公司,2003 年,第 1001 至 1014 頁。

263. 敦煌曲與樂舞及龜兹樂

《新疆藝術》(1986 年第 1 期;總第 28 期),新疆:新疆人民出版社,1986 年 3 月,第 17 至 20 頁。

收入《敦煌曲續論》,臺北:新文豐出版公司,1996 年,第 67 至 76 頁;林保堯、關友惠主編:《中國敦煌學百年文庫・藝術卷(三)》,蘭州:甘肅文化出版社,1999 年,第 396 至 400 頁;《饒宗頤二十世紀學術文集》(卷八・敦煌學),臺北:新文豐出版公司,2003 年,第 992 至 1000 頁。

264. 南越王墓墓主及相關問題

《明報月刊》(第 21 卷第 4 期;總第 244 期),香港:香港明報

有限公司,1986 年 4 月,第 55 至 57 頁。

收入《饒宗頤二十世紀學術文集》(卷六・史學),臺北:新文豐出版公司,2003 年,第 609 至 618 頁。

265. 詩畫通義

《饒宗頤教授從事藝術・學術活動五十周年紀念:七十大壽書畫展》,香港:香港中華文化促進中心,1986 年 9 月,第 4 至 6 頁。

收入《固庵文録》,臺北:新文豐出版公司,1989 年 9 月,第 244 至 249 頁;《畫䫜——國畫史論集》,臺北:時報文化出版企業有限公司,1993 年 6 月,第 213 至 218 頁;《饒宗頤二十世紀學術文集》(卷一三・藝術),臺北:新文豐出版公司,2003 年,第 342 至 346 頁。

266. 論書次青天歌頌

《饒宗頤教授從事藝術・學術活動五十周年紀念:七十大壽書畫展》,香港:香港中華文化促進中心,1986 年 9 月,第 8 頁。

又見《書譜》(饒宗頤專輯)(1987 年第 6 期;總第 79 期),香港:書譜出版社,1987 年,第 21 頁。

267. 非常之人、非常之事及非常之文

《濠鏡》(澳門社會科學學會學報創刊號),澳門:澳門社會科學學會,1986 年 9 月,第 114 至 115 頁。(按:李鋭清筆記。)

又以《司馬相如小論——非常之人與非常之文》,收入《文

轍——文學史論集》(上册),臺北:臺灣學生書局,1991 年 11 月,第 261 至 266 頁;《饒宗頤二十世紀學術文集》(卷一一·文學),臺北:新文豐出版公司,2003 年,第 480 至 486 頁。

268.《春秋左傳》中之“禮經”及重要禮論

此文之法文提要首於 1986 年 9 月在法國高等研究院宗教部一百周年紀念之“世界禮學研討會”上宣讀。

後刊於《聯合書院三十周年紀念論文集》,香港:香港中文大學聯合書院,1986 年 10 月,第 49 至 57 頁。

收入《饒宗頤二十世紀學術文集》(卷四·經術、禮樂),臺北:新文豐出版公司,2003 年,第 293 至 306 頁。

269. 敦煌與吐魯番寫本孫盛《晋春秋》及其“傳之外國”考

《漢學研究》(第 4 卷第 2 期·敦煌學國際研討會論文專號),臺北:漢學研究中心,1986 年 12 月,第 1 至 8 頁。

收入《饒宗頤東方學論集》,汕頭:汕頭大學出版社,1999 年 11 月,第 471 至 478 頁;《饒宗頤二十世紀學術文集》(卷八·敦煌學),臺北:新文豐出版公司,2003 年,第 30 至 41 頁。

270. 淮安明墓張天師繪畫

《大公報·藝林版》(新第 175 期),香港:大公報社,1987 年。

後以《淮安明墓出土的張天師畫》收入《畫䫜——國畫史論集》,臺北:時報文化出版企業有限公司,1993 年 6 月,第 379

至382頁;《饒宗頤二十世紀學術文集》(卷一三・藝術),臺北:新文豐出版公司,2003年,第421至423頁。

271. 説琴徽——答馬蒙教授書

《斆學集》(香港中文大學教育學院二十周年紀念專刊),香港:香港中文大學教育學院,1987年,第3至16頁。

又以《説琴徽——答馬順之教授書》刊於《中國音樂學》(1987年第3期;總第8期),北京:中國音樂學雜志社,1987年7月,第4至7頁。

272. 唐以前十四音的遺説考

《中華文史論叢》(1987年第1期;總第41期),上海:上海古籍出版社,1987年,第179至191頁。

收入《中印文化關係史論集・語文篇——悉曇學緒論》,香港:香港中文大學中國文化研究所,1990年4月,第97至112頁;《梵學集》,上海:上海古籍出版社,1993年7月,第159至178頁;《饒宗頤二十世紀學術文集》(卷五・宗教學),臺北:新文豐出版公司,2003年,第690至707頁。

273. 个山自題像贊試釋

《蔣慰堂先生九秩榮慶論文集》(與嚴文郁等合著),臺北:"中國圖書館"學會,1987年,第21至26頁。

收入《畫䪫——國畫史論集》,臺北:時報文化出版企業有限公司,1993年6月,第415至422頁;《饒宗頤二十世紀學術文集》(卷一三・藝術),臺北:新文豐出版公司,2003 年,第 1110 至 1117 頁。

274. 琵琶古譜之研究——《天平》、《敦煌》二譜試解

(林謙三、平出久雄著;饒宗頤譯、李鋭清等校)

《音樂藝術・上海音樂學院學報》(1987 年第 2 期),上海:上海音樂學院,1987 年,第 1 至 15 頁。

收入《敦煌琵琶譜論文集》,臺北:新文豐出版公司,1991 年 8 月,第 1 至 35 頁。

275. 朱子以前《大學》論

《香港大學中文學會會刊》,香港:香港大學中文學會,1987 年,第 31 至 33 頁。

又見《羅香林教授紀念論文集》(珠海文史研究所學會主編),臺北:新文豐出版公司,1992 年 12 月,第 511 至 515 頁。

收入《固庵文録》,臺北:新文豐出版公司,1989 年 9 月,第 156 至 161 頁;《饒宗頤二十世紀學術文集》(卷四・經術、禮樂),臺北:新文豐出版公司,2003 年,第 444 至 449 頁。

276. タイの《傜人文書》讀後記(百田彌榮子日譯)

《東方學》(第 73 輯),東京:東方學會,1987 年 1 月,第 156 至 165 頁。

【中文版】最初發表於 1986 年 5 月 26 至 29 日在香港中文大

學召開的第一屆瑤族研究國際研討會。後選編入《瑤族研究論集——1986年瑤族研究國際研討會》(第1期;喬健、謝劍、胡起望編),北京:民族出版社,1988年7月,第37至45頁;《泰國〈瑤人文書〉讀記》刊《南方民族考古》(第1輯),成都:四川大學出版社,1987年9月,第125至132頁。

【英文版】"Some Remarks on the 'Yao Documents' found in Thailand and edited by Y. Shiratori", Proceedings of the First International Colloquium on Yao Studies, The International of Yao Studies; Department of Anthropology (CUHK), 1989; published in *The Yao of South China: Recent International Studies* (Jacques Lemoine and Jiao Jian ed.), Paris: Pangu, Editions de l'A. F. E. Y., 1991, pp. 125–144.

收入《饒宗頤二十世紀學術文集》(卷七·中外關係史),臺北:新文豐出版公司,2003年,第326至337頁。

277. 秦簡中"稗官"及如淳稱魏時謂"偶語爲稗"説——論小説與稗官

《王力先生紀念論文集》(香港中國語文學會編),香港:三聯書店(香港)有限公司,1987年2月,第337至342頁。(按:此文大意首於1978年在巴黎發表。)

收入《文轍——文學史論集》(上册),臺北:臺灣學生書局,1991年11月,第253至260頁;《饒宗頤二十世紀學術文集》(卷三·簡帛學),臺北:新文豐出版公司,2003年,第59至67頁。

278. **畲瑶關係新證——暹羅《徭人文書》的《游梅山書》與宋代之開梅山**

《畲族研究論文集》(施聯珠主編),北京:民族出版社,1987年4月,第25至33頁。

收入《饒宗頤潮汕地方史論集》,汕頭:汕頭大學出版社,1996年8月,第109至116頁;《饒宗頤二十世紀學術文集》(卷六·史學),臺北:新文豐出版公司,2003年,第1114至1123頁。

279. **元大德本《南海志》與《永樂大典》**

《大公報·藝林版》,香港:大公報社,1987年4月20日12版。

280. **敦煌琵琶譜與舞譜之關係**

此文首於1987年6月在香港召開之"國際敦煌吐魯番學術會議"上發表。

改定稿收入《敦煌琵琶譜》,臺北:新文豐出版公司,1990年,第1至22頁;林保堯、關友惠主編:《中國敦煌學百年文庫·藝術卷(四)》,蘭州:甘肅文化出版社,1999年,第7至23頁,篇名和出處皆有誤,同册之223至234頁再録此文;《饒宗頤二十世紀學術文集》(卷八·敦煌學),臺北:新文豐出版公司,2003年,第1136至1161頁。

281. **敦煌琵琶譜的來龍去脉涉及的史實問題**

《音樂研究》(1987年第3期;總第46期),北京:中國音樂家協會雜志社,1987 年 8 月,第 45 至 47 頁。

後以《琵琶譜史事來龍去脉之檢討》收入《敦煌琵琶譜》,臺北:新文豐出版公司,1990 年,第 141 至 146 頁;林保堯、關友惠主編:《中國敦煌學百年文庫·藝術卷(四)》,蘭州:甘肅文化出版社,1999 年,第 235 至 238 頁;《饒宗頤二十世紀學術文集》(卷八·敦煌學),臺北:新文豐出版公司,2003 年,第 1290 至 1297 頁。

282.《歷代名畫記》札迻

《大公報·藝林版》,香港:大公報社,1987 年 8 月 10 日、19 日。

收入《畫䫜——國畫史論集》,臺北:時報文化出版企業有限公司,1993 年 6 月,第 187 至 198 頁;《饒宗頤二十世紀學術文集》(卷一三·藝術),臺北:新文豐出版公司,2003 年,第 317 至 328 頁。

283. 青雲譜《个山小像》之"新吴"與饒宇朴題語

《文物》(1987 年第 9 期;總第 376 期),北京:文物出版社,1987 年 9 月,第 50 至 51 頁及 47 頁。

收入《畫䫜——國畫史論集》,臺北:時報文化出版企業有限公司,1993 年 6 月,第 403 至 408 頁;《饒宗頤二十世紀學術文集》(卷一三·藝術),臺北:新文豐出版公司,2003 年,第 1097 至 1102 頁。

284. 楚帛書之書法藝術

《楚帛書》(與曾憲通合著),香港:中華書局香港分局,1985 年 9 月,第 148 至 151 頁。

【英文版】"The Calligraphic Art of the Chu Silk Manuscript" (translated by Dorothy C. F. Wong), *Orientations*, Hong Kong: Orientations Magazine Ltd., 1987.9, pp. 79 – 84.

中文原文收入《饒宗頤二十世紀學術文集》(卷一三・藝術),臺北:新文豐出版公司,2003 年,第 5 至 6 頁。

285. 禪僧傳綮前後期名號之解説

《朵雲》(第 15 期),上海:上海書畫出版社,1987 年 10 月,第 150 至 153 頁。

收入《八大山人畫説》,見《饒宗頤二十世紀學術文集》(卷一三・藝術),臺北:新文豐出版公司,2003 年,第 1077 至 1091 頁。

286. 法京吉美博物館(Musée Guimet)甲背(708 號)釋文正誤

《文史》(第 29 期),北京:中華書局,1988 年,第 90 頁。

287. 讀《文選序》

《昭明文選論文集》(趙福海、陳復興等編),長春:吉林文史出版社,1988 年。

收入《文轍——文學史論集》(上册),臺北:臺灣學生書局,1991年11月,第319至336頁;《饒宗頤二十世紀學術文集》(卷一一·文學),臺北:新文豐出版公司,2003年,第642至660頁。

288. 隋禪宗三祖塔磚記

《東方文化》(第26卷第2期),香港:香港大學,1988年,第289至295頁。

後以《皖公山與隋禪宗三祖塔磚銘》收入《文化之旅》,香港:牛津大學出版社,1997年,第66至73頁。

終以《隋禪宗三祖塔磚銘》收入《饒宗頤二十世紀學術文集》(卷五·宗教學),臺北:新文豐出版公司,2003年,第311至316頁。

289. 談古代神明的性別——東母西母説

《中山大學學報》(第4期),廣州:中山大學,1988年。

又見《中國書目季刊》(第27卷第4期·王叔珉教授八秩慶壽專號),臺北:"中國書目季刊社",1994年3月,第72至75頁。

收入《饒宗頤二十世紀學術文集》(卷一·史溯),臺北:新文豐出版公司,2003年,第283至291頁。

290. 劉薩訶事迹與瑞像圖

此文首於1987年9月21日至27日在敦煌莫高窟舉行的"敦

煌石窟研究國際討論會”上發表,摘要刊於敦煌研究院主辦:《敦煌研究》(1988 年第 2 期),蘭州:甘肅人民出版社,1988 年 5 月 15 日,第 42、43、46 頁。

全文《劉薩河事迹與瑞像圖》載《敦煌石窟研究國際討論會文集(石窟考古編)》(段文杰主編;趙敏、樊錦詩副主編),瀋陽:遼寧美術出版社,1990 年 10 月,第 336 至 349 頁。

收入《畫𩑈——國畫史論集》,臺北:時報文化出版企業有限公司,1993 年 6 月,第 115 至 138 頁;《饒宗頤東方學論集》,汕頭:汕頭大學出版社,1999 年 11 月,第 260 至 278 頁;樊錦詩、劉玉權主編:《中國敦煌學百年文庫・考古卷(三)》,蘭州:甘肅文化出版社,1999 年,第 1 至 9 頁;《饒宗頤二十世紀學術文集》(卷一三・藝術),臺北:新文豐出版公司,2003 年,第 293 至 316 頁。

291. 曾侯乙鐘律與巴比倫天文學

《音樂藝術・上海音樂學院學報》(1988 年第 2 期),上海:上海音樂學院,1988 年 6 月,第 5 至 10 頁。

又以《古史上天文與樂律關涉問題——論鐘律與巴比倫天文學》刊於《中國文化與中國哲學》(深圳大學國學研究所編),北京:生活・讀書・新知三聯書店,1990 年 12 月,第 218 至 228 頁。

收入《楚地出土文獻三種研究》(與曾憲通合編),北京:中華書局,1993 年 8 月,第 112 至 123 頁;《饒宗頤東方學論集》,汕頭:汕頭大學出版社,1999 年 11 月,第 33 至 45 頁。

終以《古史上天文與樂律關係之探討——曾侯乙鐘律與巴比倫天文學無關涉論》收入《饒宗頤二十世紀學術文集》(卷一·史溯),臺北:新文豐出版公司,2003 年,第 385 至 100 頁。

後由程貞一改寫成《曾侯乙編鐘時代以前中國與巴比倫音律和天文學的比較》(饒宗頤、席澤宗、程貞一合著),刊於《曾侯乙編鐘研究》(湖北省博物館、美國聖迭各加州大學、湖北省對外文化交流協會編),武漢:湖北人民出版社,1992 年;此文收作上文之附録二,《饒宗頤二十世紀學術文集》(卷一·史溯),臺北:新文豐出版公司,2003 年,第 571 至 622 頁。

292. 敦煌石窟中的誐尼沙

《明報月刊》(第 23 卷第 6 期;總第 270 期),香港:香港明報有限公司,1988 年 6 月,第 55 至 56 頁。

又見《紀念陳寅恪教授國際學術討論會文集》(該討論會秘書組編),廣州:中山大學出版社,1989 年 6 月,第 478 至 483 頁。

後以《談敦煌石窟中的誐尼沙(Ganesa)》刊於《學術研究》(1989 年第 3 期;總第 94 期),廣州:廣東人民出版社,1989 年 6 月,第 62 至 64 頁。

收入《畫頵——國畫史論集》,臺北:時報文化出版企業有限公司,1993 年 6 月,第 109 至 114 頁;《饒宗頤東方學論集》,汕頭:汕頭大學出版社,1999 年 11 月,第 172 至 177 頁;樊錦詩、劉玉權主編:《中國敦煌學百年文庫·考古卷(二)》,蘭州:甘肅文化出版社,1999 年,第 294 至 297 頁;《饒宗頤二十世紀學術文集》(卷一三·藝術),臺北:新文豐出版公司,

2003年,第286至292頁。

293.《雲謡集》一些問題的檢討

《明報月刊》(第23卷第6期;總第270期),香港:香港明報有限公司,1988年6月,第57至63頁。

增訂版後收入《敦煌曲續論》,臺北:新文豐出版公司,1996年,第91至114頁;《饒宗頤二十世紀學術文集》(卷八·敦煌學),臺北:新文豐出版公司,2003年,第1015至1035頁。

294.《文心》與《阿毗曇心》

《中國文藝思想史論叢》(3),北京:北京大學出版社,1988年6月,第101至106頁。

又見《暨南學報(哲學社會科學)季刊》(第38期),廣州:暨南大學學報編輯部,1989年1月,第19至21頁;《中國古代、近代文學研究》(第6期),北京:中國人民大學書報資料社,1989年。

收入《中印文化關係史論集·語文篇——悉曇學緒論》,香港:香港中文大學中國文化研究所,1990年4月,第91至96頁;《文轍——文學史論集》(上册),臺北:臺灣學生書局,1991年11月,第367至372頁;《梵學集》,上海:上海古籍出版社,1993年7月,第179至185頁。

終以《〈文心雕龍〉與〈阿毗曇心〉》收入《饒宗頤二十世紀學術文集》(卷一一·文學),臺北:新文豐出版公司,2003年,第1050至1056頁。

295. 軛軏説

《文史知識》(敦煌專號),北京:中華書局,1988 年 8 月,第 101 頁。

收入《敦煌琵琶譜》,臺北:新文豐出版公司,1990 年,第 139 至 140 頁;林保堯、關友惠主編:《中國敦煌學百年文庫·藝術卷(四)》,蘭州:甘肅文化出版社,1999 年,第 221 至 222 頁;《饒宗頤二十世紀學術文集》(卷八·敦煌學),臺北:新文豐出版公司,2003 年,第 1287 至 1289 頁。

296. 論□·與音樂上之"句投"(逗)

《中國音樂》(1988 年第 3 期),北京:文化藝術出版社,1988 年 9 月,第 1 至 2 頁。

收入《敦煌琵琶譜》,臺北:新文豐出版公司,1990 年,第 105 至 110 頁;《饒宗頤二十世紀學術文集》(卷八·敦煌學),臺北:新文豐出版公司,2003 年,第 1247 至 1254 頁。

297. 四方風新義

《中山大學學報(哲學社會科學版)》(1988 年第 4 期),廣州:中山大學學報編輯部,1988 年 10 月,第 67 至 72 頁。

後以《四方風新義——時空定點與樂律的起源》收入《饒宗頤二十世紀學術文集》(卷四·經術、禮樂),臺北:新文豐出版公司,2003 年,第 514 至 525 頁。

298. 宋代潮州之韓學

《韓愈研究論文集》(韓愈學術討論會組織委員會編),廣州:廣東人民出版社,1988年10月,第384至390頁。

收入《饒宗頤潮汕地方史論集》,汕頭:汕頭大學出版社,1996年8月,第388至393頁;《饒宗頤二十世紀學術文集》(卷九·潮學),臺北:新文豐出版公司,2003年,第1273至1279頁。

299. 鳩摩羅什《通韵》箋

《敦煌語言文學論文集》(杭州大學主編),杭州:浙江古籍出版社,1988年10月,第13至31頁。

收入《中印文化關係史論集·語文篇——悉曇學緒論》,香港:香港中文大學中國文化研究所,1990年4月,第39至60頁;《梵學集》,上海:上海古籍出版社,1993年7月,第121至142頁;《饒宗頤二十世紀學術文集》(卷五·宗教學),臺北:新文豐出版公司,2003年,第708至732頁。

300. Some Notes on the Pig in Early Chinese Myths & Art

(translated by Dorothy C. F. Wong)

Orientations, Hong Kong: Orientations Magazine Ltd, 1988. 12, pp. 39 – 41.

中文原文《紅山玉器猪龍與豨韋、陳寶》刊於《遼海文物學刊》(遼寧博物館建館四十周年紀念刊),遼寧:遼海文物學刊編輯部,1989年7月,第142至144頁。

收入《饒宗頤二十世紀學術文集》(卷一・史溯),臺北:新文豐出版公司,2003 年,第 54 至 58 頁。

301.《浣溪沙》琵琶譜發微

《中國音樂》(第 4 期),北京:《中國音樂》編輯部,1988 年 12 月,第 7 頁。

收入《敦煌琵琶譜》,臺北:新文豐出版公司,1990 年,第 135 至 139 頁;林保堯、關友惠主編:《中國敦煌學百年文庫・藝術卷(四)》,蘭州:甘肅文化出版社,1999 年,第 218 至 220 頁;《饒宗頤二十世紀學術文集》(卷八・敦煌學),臺北:新文豐出版公司,2003 年,第 1283 至 1286 頁。

302. 談六祖出生地(新州)及其傳法偈

《紀念陳寅恪先生誕辰百年學術論文集》(北京大學中國中古史研究中心編),北京:北京大學出版社,1989 年,第 49 至 52 頁。

後以《新州:六祖出生地及其傳法偈》收入《文化之旅》,香港:牛津大學出版社,1997 年,第 74 至 82 頁;《饒宗頤二十世紀學術文集》(卷五・宗教學),臺北:新文豐出版公司,2003 年,第 317 至 325 頁;廣東省文物考古研究所:《禪宗六祖惠能勝迹録》,北京:科學出版社,2013 年 8 月,第 391 至 396 頁。

303. The Vedas and the Murals of Dunhuang

Orientations(No. 47), Hong Kong: Orientations Magazine Ltd, 1989. 3, pp. 71 –76.

304. 談甲骨文(一)

《中國語文通訊》(第 2 期) ,香港:香港中文大學中國文化研究所吳多泰中國語文研究中心,1989 年 5 月,第 17 至 20 頁。

收入宋鎮豪、段志洪主編:《甲骨文獻集成》(第 37 册),成都:四川大學出版社,2001 年 4 月,第 500 至 501 頁。

後作爲《略談甲骨文與龜卜》第一部分,收入《饒宗頤二十世紀學術文集》(卷三・甲骨),臺北:新文豐出版公司,2003 年,第 1369 至 1377 頁。

305.《百家唐宋詩新話》之王維、李白、杜甫等條

(傅庚生、傅光選編)

成都:四川文藝出版社,1989 年 5 月,王維(第 76、77、91 頁)、李白(第 112、113、114、115 頁)、杜甫(第 186、231、232、274 頁)。

306. 論庚信《哀江南賦》

《"中央研究院"第二屆國際漢學會議論文集:慶祝"中央研究院"院慶六十周年》("中央研究院"第二屆國際漢學會議論文集編輯委員會編),臺北:"中央研究院",1989 年 6 月,第 831 至 837 頁。

收入《文轍——文學史論集》(上册),臺北:臺灣學生書局,1991 年 11 月,第 429 至 440 頁;《饒宗頤二十世紀學術文集》(卷一一・文學),臺北:新文豐出版公司,2003 年,第 521 至 531 頁。

307. 説弜兼論琴徽

《中國音樂學》(1989 年第 3 期;總第 16 期),北京:文化藝術出版社,1989 年 7 月,第 24 至 31 頁。

收入《固庵文録》,臺北:新文豐出版公司,1989 年 9 月,第 413 至 419 頁;《饒宗頤二十世紀學術文集》(卷四・經術、禮樂),臺北:新文豐出版公司,2003 年,第 615 至 619 頁。

308. 未有文字以前表示"方位"與"數理關係"的玉版——含山出土玉版小論

《中國語文通訊》(第 3 期),香港:香港中文大學中國文化研究所吳多泰中國語文研究中心,1989 年 7 月,第 9 至 13 頁。

收入宋鎮豪、段志洪主編:《甲骨文獻集成》(第 30 册),成都:四川大學出版社,2001 年 4 月,第 451 至 452 頁。

後以《凌家灘玉版——遠古表示方位與數(九天)的圖紋》收入《饒宗頤二十世紀學術文集》(卷一・史溯),臺北:新文豐出版公司,2003 年,第 44 至 53 頁。

309. 唐末的皇帝、軍閥與曲子詞——關於唐昭宗御製的《楊柳枝》及敦煌所出他所寫的《菩薩蠻》與他人的和作

《明報月刊》(第 24 卷第 8 期;總第 284 期),香港:香港明報有限公司,1989 年 8 月,第 86 至 90 頁。

收入《敦煌曲續論》,臺北:新文豐出版公司,1996 年,第 131

至 148 頁;《饒宗頤二十世紀學術文集》(卷八·敦煌學),臺北:新文豐出版公司,2003 年,第 1051 至 1067 頁。

310. 談甲骨文(二)

《中國語文通訊》(第 4 期),香港:香港中文大學中國文化研究所吳多泰中國語文研究中心,1989 年 9 月,第 10 至 12 頁。

收入宋鎮豪、段志洪主編:《甲骨文獻集成》(第 37 册),成都:四川大學出版社,2001 年 4 月,第 501 頁。

後作爲《略談甲骨文與龜卜》第二部分,收入《饒宗頤二十世紀學術文集》(卷二·甲骨),臺北:新文豐出版公司,2003 年,第 1369 至 1377 頁。

311. 由《尚書》"余弗子"論殷代爲婦子卜命名之禮俗

《古文字研究》(第 16 輯),北京:中華書局,1989 年 9 月,第 157 至 159 頁。

收入宋鎮豪、段志洪主編:《甲骨文獻集成》(第 30 册),成都:四川大學出版社,2001 年 4 月,第 441 至 442 頁;《饒宗頤二十世紀學術文集》(卷二·甲骨),臺北:新文豐出版公司,2003 年,第 1655 至 1658 頁。

312. 上記解

《固庵文録》,臺北:新文豐出版公司,1989 年 9 月,第 85 頁。

收入《饒宗頤二十世紀學術文集》(卷一四·文録、詩詞),臺北:新文豐出版公司,2003 年,第 13 頁。

313. 卜辭中商義

《固庵文録》,臺北:新文豐出版公司,1989 年 9 月,第 86 至 88 頁。

收入《饒宗頤二十世紀學術文集》(卷一四・文録、詩詞),臺北:新文豐出版公司,2003 年,第 14 至 15 頁。

314.《世本》微作禓解

《固庵文録》,臺北:新文豐出版公司,1989 年 9 月,第 89 至 91 頁。

收入《饒宗頤二十世紀學術文集》(卷一四・文録、詩詞),臺北:新文豐出版公司,2003 年,第 16 至 18 頁。

315. 蒿官考

《固庵文録》,臺北:新文豐出版公司,1989 年 9 月,第 92 至 94 頁。

收入《饒宗頤二十世紀學術文集》(卷一四・文録、詩詞),臺北:新文豐出版公司,2003 年,第 19 至 21 頁。

316. 畏獸畫説

《固庵文録》,臺北:新文豐出版公司,1989 年 9 月,第 104 至 106 頁。

收入《饒宗頤二十世紀學術文集》(卷一・史溯),臺北:新文豐出版公司,2003 年,第 19 至 22 頁。

317. 説羬羊

《固庵文録》,臺北:新文豐出版公司,1989 年 9 月,第 107 至 108 頁。

收入《饒宗頤史學論著選》,上海:上海古籍出版社,1993 年,第 329 至 330 頁;《饒宗頤東方學論集》,汕頭:汕頭大學出版社,1999 年 11 月,第 135 至 136 頁;《饒宗頤二十世紀學術文集》(卷六·史學),臺北:新文豐出版公司,2003 年,第 763 至 765 頁。

318. 告田説

《金匱論古綜合刊》(第 1 期),香港:香港亞洲石印局印行,1957 年,第 106 頁。

收入《固庵文録》,臺北:新文豐出版公司,1989 年 9 月,第 112 至 118 頁;《饒宗頤二十世紀學術文集》(卷一四·文録、詩詞),臺北:新文豐出版公司,2003 年,第 31 至 36 頁。

319. 詩一名三訓辨

《固庵文録》,臺北:新文豐出版公司,1989 年 9 月,第 123 至 125 頁。

又見《藝苑掇菁:廣州日報〈藝苑〉專欄文選》(廣州日報編委會、廣州詩社編選),廣州:廣東高等教育出版社,1993 年 6 月,第 125 至 126 頁。

收入《饒宗頤二十世紀學術文集》(卷四·經術、禮樂),臺北:

新文豐出版公司,2003 年,第 188 至 190 頁。

320. 説二八

《固庵文録》,臺北:新文豐出版公司,1989 年 9 月,第 130 至 132 頁。

收入《饒宗頤二十世紀學術文集》(卷一四・文録、詩詞),臺北:新文豐出版公司,2003 年,第 45 至 47 頁。

321. 詩妖説

《固庵文録》,臺北:新文豐出版公司,1989 年 9 月,第 133 至 136 頁。

又見《藝苑掇菁:廣州日報〈藝苑〉專欄文選》(廣州日報編委會、廣州詩社編選),廣州:廣東高等教育出版社,1993 年 6 月,第 132 至 133 頁;《潮州詩詞》(第 2 期),潮州:潮州市政協潮州詩社,1996 年 9 月,第 1 至 2 頁。

收入《饒宗頤二十世紀學術文集》(卷四・經術、禮樂),臺北:新文豐出版公司,2003 年,第 214 至 216 頁。

322.《三侯之章》考

《固庵文録》,臺北:新文豐出版公司,1989 年 9 月,第 137 至 138 頁。

收入《饒宗頤二十世紀學術文集》(卷一二・詩詞學),臺北:新文豐出版公司,2003 年,第 5 至 6 頁。

323. 説"零"

《固庵文録》,臺北:新文豐出版公司,1989 年 9 月,第 139 至 141 頁。

收入《饒宗頤史學論著選》,上海:上海古籍出版社,1993 年,第 324 至 328 頁;《饒宗頤二十世紀學術文集》(卷一四・文録、詩詞),臺北:新文豐出版公司,2003 年,第 48 至 50 頁。

324. 記唐寫本《唵字贊》

《固庵文録》,臺北:新文豐出版公司,1989 年 9 月,第 172 至 173 頁。

收入《饒宗頤東方學論集》,汕頭:汕頭大學出版社,1999 年 11 月,第 159 至 160 頁;《饒宗頤二十世紀學術文集》(卷八・敦煌學),臺北:新文豐出版公司,2003 年,第 229 至 230 頁。

325. 説揬、様

《固庵文録》,臺北:新文豐出版公司,1989 年 9 月,第 174 至 175 頁。

收入《饒宗頤二十世紀學術文集》(卷六・史學),臺北:新文豐出版公司,2003 年,第 765 至 766 頁。

326. 説"詔"

《固庵文録》,臺北:新文豐出版公司,1989 年 9 月,第 176 至 177 頁。

收入《饒宗頤史學論著選》,上海:上海古籍出版社,1993 年,第 322 至 323 頁;《饒宗頤東方學論集》,汕頭:汕頭大學出版社,1999 年 11 月,第 377 至 378 頁;《饒宗頤二十世紀學術文集》(卷七・中外關係史),臺北:新文豐出版公司,2003 年,第 309 至 310 頁。

327. 説卜古

《固庵文録》,臺北:新文豐出版公司,1989 年 9 月,第 178 至 179 頁。

收入《饒宗頤東方學論集》,汕頭:汕頭大學出版社,1999 年 11 月,第 145 至 146 頁;《饒宗頤二十世紀學術文集》(卷一四・文録、詩詞),臺北:新文豐出版公司,2003 年,第 61 至 62 頁。

328. "十六至十八世紀之中國與歐洲"會議主題講辭

(1987 年 3 月 16 日)

《固庵文録》,臺北:新文豐出版公司,1989 年 9 月,第 430 至 433 頁。

收入《饒宗頤東方學論集》,汕頭:汕頭大學出版社,1999 年 11 月,第 132 至 134 頁。

329.《雲謡集》的性質及其與歌筵樂舞的聯繫——論《雲謡集》與《花間集》

《明報月刊》(第 24 卷第 10 期;總第 286 期),香港:香港明報

有限公司,1989 年 10 月,第 90 至 94 頁。

收入《敦煌曲續論》,臺北:新文豐出版公司,1996 年,第 115 至 130 頁;《饒宗頤二十世紀學術文集》(卷八・敦煌學),臺北:新文豐出版公司,2003 年,第 1036 至 1050 頁。

330. 爲"唐詞"進一解

《明報月刊》(第 24 卷第 11 期;總第 287 期),香港:香港明報有限公司,1989 年 11 月,第 97 至 100 頁。

331. 宋代莅潮官師與蜀學及閩學——韓公在潮州受高度崇敬之原因

《劉子健博士頌壽紀念宋史研究論集》(劉子健博士頌壽紀念宋史研究論集刊行會編),東京:同朋舍,1989 年 11 月,第 167 至 169 頁。

又載《潮汕文化論叢・初集》(汕頭大學潮汕文化研究中心、汕頭市潮汕歷史文化研究中心編),廣州:廣東高等教育出版社,1992 年 3 月,第 265 至 270 頁。

收入《固庵文録》,臺北:新文豐出版公司,1989 年 9 月,第 377 至 384 頁;《饒宗頤潮汕地方史論集》,汕頭:汕頭大學出版社,1996 年 8 月,第 394 至 398 頁;《饒宗頤二十世紀學術文集》(卷九・潮學),臺北:新文豐出版公司,2003 年,第 1280 至 1286 頁。

332. 再論□・與頓住——敦煌樂譜與姜白石旁譜

《敦煌琵琶譜》,臺北:新文豐出版公司,1990 年,第 111 至 120 頁。

收入《饒宗頤二十世紀學術文集》(卷八・敦煌學),臺北:新文豐出版公司,2003 年,第 1255 至 1266 頁。

333. 三論□・與兩記號之涵義及其演變

《敦煌琵琶譜》,臺北:新文豐出版公司,1990 年,第 121 至 128 頁。

又見《中國音樂》(1990 年第 1 期;總第 37 期),北京:《中國音樂》編輯部,1990 年 3 月,第 4 至 5 頁。

收入《饒宗頤二十世紀學術文集》(卷八・敦煌學),臺北:新文豐出版公司,2003 年,第 1267 至 1275 頁。

334. 四論□・及記譜法之傳承——敦煌樂譜與西安鼓樂俗字譜之比較

《敦煌琵琶譜》,臺北:新文豐出版公司,1990 年,第 129 至 134 頁。

收入《饒宗頤二十世紀學術文集》(卷八・敦煌學),臺北:新文豐出版公司,2003 年,第 1276 至 1282 頁。

335. 再談梁幸德與敦煌琵琶譜

《敦煌琵琶譜》,臺北:新文豐出版公司,1990 年,第 147 至 154 頁。

收入《饒宗頤二十世紀學術文集》(卷八・敦煌學),臺北:新文豐出版公司,2003 年,第 1298 至 1303 頁。

336. 慧琳論北凉曇無讖用龜兹語説十四音

《中印文化關係史論集·語文篇——悉曇學緒論》,香港:香港中文大學中國文化研究所,1990年4月,第113至117頁。

收入《梵學集》,上海:上海古籍出版社,1993年7月,第199至203頁;《饒宗頤二十世紀學術文集》(卷五·宗教學),臺北:新文豐出版公司,2003年,第745至750頁。

337.《禪門悉曇章》作者辨

《中印文化關係史論集·語文篇——悉曇學緒論》,香港:香港中文大學中國文化研究所,1990年4月,第138至142頁。

收入《梵學集》,上海:上海古籍出版社,1993年7月,第205至208頁;《饒宗頤二十世紀學術文集》(卷五·宗教學),臺北:新文豐出版公司,2003年,第332至336頁。

338. 談甲骨文(三)——數字卦象問題

《中國語文通訊》(第6期),香港:香港中文大學中國文化研究所吴多泰中國語文研究中心,1990年1月,第16至18頁。

收入宋鎮豪、段志洪主編:《甲骨文獻集成》(第37册),成都:四川大學出版社,2001年4月,第502頁。

後作爲《説筮——甲骨文中數字卦象問題》第一部分,收入《饒宗頤二十世紀學術文集》(卷二·甲骨),臺北:新文豐出版公司,2003年,第1378至1387頁。

339. 銅鼓三題——蛙鼓、土鼓與軍鼓

《南方民族考古》(1989 年第 2 輯),四川:四川科學技術出版社,1990 年 2 月,第 27 至 32 頁。

最初發表於 1988 年舉辦的"中國古代銅鼓國際學術討論會"論文集(下)。

收入《饒宗頤二十世紀學術文集》(卷六・史學),臺北:新文豐出版公司,2003 年,第 1050 至 1060 頁。

340. 龔賢"墨氣説"與董思白之關係

《朵雲》,上海:上海書畫出版社,1990 年 3 月,第 53 至 54 頁。

收入《畫䪖——國畫史論集》,臺北:時報文化出版企業有限公司,1993 年 6 月,第 553 至 558 頁;《饒宗頤二十世紀學術文集》(卷一三・藝術),臺北:新文豐出版公司,2003 年,第 473 至 478 頁。

341. 論悉曇入華之年代與河西法朗之"肆曇"説

《中印文化關係史論集・語文篇——悉曇學緒論》,香港:香港中文大學中國文化研究所,1990 年 4 月,第 23 至 28 頁。

後以《論悉曇异譯作"肆曇"及其入華年代》收入《梵學集》,上海:上海古籍出版社,1993 年 7 月,第 143 至 152 頁;《饒宗頤二十世紀學術文集》(卷五・宗教學),臺北:新文豐出版公司,2003 年,第 678 至 684 頁。

342. 北方澤州慧遠所述之《悉曇章》

《中印文化關係史論集·語文篇——悉曇學緒論》,香港:香港中文大學中國文化研究所,1990年4月,第61至65頁。

收入《梵學集》,上海:上海古籍出版社,1993年7月,第153至158頁。

終以《北方譯刊慧遠所述之〈悉曇章〉》收入《饒宗頤二十世紀學術文集》(卷五·宗教學),臺北:新文豐出版公司,2003年,第685至689頁。

343. 談甲骨文(四)

《中國語文通訊》(第8期),香港:香港中文大學中國文化研究所吴多泰中國語文研究中心,1990年5月,第22至24頁。

收入宋鎮豪、段志洪主編:《甲骨文獻集成》(第37册),成都:四川大學出版社,2001年4月,第503頁。

後作爲《説筮——甲骨文中數字卦象問題》第二部分,收入《饒宗頤二十世紀學術文集》(卷二·甲骨),臺北:新文豐出版公司,2003年,第1378至1387頁。

344. 圍陀與敦煌壁畫

《敦煌吐魯番學研究論文集》,上海:漢語大詞典出版社,1990年6月。

收入《畫頵——國畫史論集》,臺北:時報文化出版企業有限公司,1993年6月,第97至108頁;《饒宗頤東方學論集》,汕頭:汕頭大學出版社,1999 年 11 月,第 161 至 171 頁;《饒宗頤二十世紀學術文集》(卷一三 · 藝術),臺北:新文豐出版公司,2003 年,第 273 至 285 頁。

345. 大汶口“明神”記號與後代禮制——論遠古之日月崇拜

《中國文化》(第 2 期),香港:中華書局香港分局,1990 年 6 月,第 78 至 83 頁。

收入宋鎮豪、段志洪主編:《甲骨文獻集成》(第 33 册),成都:四川大學出版社,2001 年 4 月,第 587 至 588 頁;《饒宗頤二十世紀學術文集》(卷五 · 宗教學),臺北:新文豐出版公司,2003 年,第 15 至 28 頁。

346. 書法藝術的形象性與韵律性

《明報月刊》(第 25 卷第 7 期;總第 295 期),香港:香港明報有限公司,1990 年 7 月,第 60 至 63 頁。

【英文版】“The Formal & Rythmic Elements in Chinese Calligraphy” (translated by Dorothy C. F. Wong), *Orientations* (No. 21), Hong Kong: Orientations Magazine Ltd., 1990. 7, pp. 54 – 65.

收入《饒宗頤二十世紀學術文集》(卷一三 · 藝術),臺北:新文豐出版公司,2003 年,第 109 至 116 頁。

文中第一節“書法藝術的形象”後成爲《書法藝術的形象——〈意惬神飛〉代序》,《意惬神飛 · 條幅》(選堂書法叢刊 III)(鄧偉雄編),香港:香港大學饒宗頤學術館,2006 年 5 月;又見《城市文藝》(第1卷第5期),香港:香港城市文藝出版社公司,2006年6月,第94至95頁。

347. 絲綢之路引起的"文字起源"問題

《明報月刊》(第25卷第9期;總第297期),香港:香港明報有限公司,1990年9月,第47至50頁。

【英文版】*Questions on the Origins of Writing Raised by the "Silk Road"* (Translated by Denis C. Mair and Victor H. Mair), Sino-Platonic Papers (No. 26), Philadelphia, PA, USA: Department of East Asian Languages and Civilizations, University of Pennsylvania, sept. 1991, pp. 1-10.

348. 禮與樂

《禮:情理的表達》(香港中文大學校外進修部主編),香港:商務印書館(香港)有限公司,1990年9月,第1至9頁。

349. "羊"的聯想——青海彩陶、陰山岩畫的⊕號與西亞原始計數工具

《明報月刊》(第25卷第11期;總第299期),香港:香港明報有限公司,1990年11月,第44至52頁。

後以《"羊"的聯想——青海彩陶、陰山、西藏岩畫的⊕號與西亞原始計數工具》收入《饒宗頤二十世紀學術文集》(卷一·史溯),臺北:新文豐出版公司,2003年,第59至70頁。

350. 哈佛大學所藏良渚黑陶上的符號試釋

《浙江學刊》(1990 年第 6 期),杭州:浙江學刊編輯部,1990 年 12 月,第 11、20 頁。

收入宋鎮豪、段志洪主編:《甲骨文獻集成》(第 33 册),成都:四川大學出版社,2001 年 4 月,第 586 頁。

後以《續論良渚陶器及玉器上之刻劃符號(附:美國所藏良渚黑陶上的符號試釋)》收入《饒宗頤二十世紀學術文集》(卷一・史溯),臺北:新文豐出版公司,2003 年,第 118 至 127 頁。

351. 敦煌琵琶譜寫卷原本之考察

《音樂藝術》(1990 年第 4 期;總第 43 期),上海:上海音樂學院,1990 年 12 月,第 1 至 2 頁。

收入《敦煌琵琶譜》,臺北:新文豐出版公司,1990 年,第 23 至 26 頁;林保堯、關友惠主編:《中國敦煌學百年文庫・藝術卷(四)》,蘭州:甘肅文化出版社,1999 年,第 205 至 206 頁;《饒宗頤二十世紀學術文集》(卷八・敦煌學),臺北:新文豐出版公司,2003 年,第 1162 至 1164 頁。

352. 巫的新認識

《宗教與文化》(鄭志明編),臺北:臺灣學生書局,1990 年 12 月,第 1 至 15 頁。

修訂版《歷史家對薩滿主義應重新作反思與檢討——"巫"的新認識》載《中華文化的過去、現在和未來:中華書局八十周年紀念論文集》,香港:中華書局香港分局,1992 年 3 月,第 396 至 412 頁。

收入《饒宗頤二十世紀學術文集》(卷一・史溯),臺北:新文豐出版公司,2003 年,第 471 至 501 頁。

353. 唐詞再辨——談印行《李衛公望江南》的旨趣和曲子詞的欣賞問題

《明報月刊》(第 25 卷第 12 期;總第 300 期),香港:香港明報有限公司,1990 年 12 月,第 46 至 48 頁。

354. 楚帛書天象再議

《中國文化》(第 3 期),北京:生活、讀書、新知三聯書店,1990 年 12 月,第 66 至 73 頁。

内文甲部《楚帛書象緯解》及乙部《帛書丙篇與日書合證》分别收入《楚地出土文獻三種研究》(與曾憲通合編),北京:中華書局,1993 年 8 月,第 320 至 340 頁。

後又以《楚帛書象緯及德匿解》及《帛書丙篇與日書合證》分别收入《饒宗頤二十世紀學術文集》(卷三・簡帛學),臺北:新文豐出版公司,2003 年,第 333 至 357 頁。

355. **Le Canon des Rites et Quelques Theories Majeures du Ritualisme Suivant le Commentaire de Zuo des Annales des Printemps et Automnes**

(translated by Prof. Leon Vandermeersch)

Essais sur le Ritual II(Colloque du Centenaire; de la Section des Sciences Religieuses; de l' École Pratique des Hautes Études), Bibliothèque de l' École des Hautes Études; Section des Sciences Religieuses Vol. XCV, Paris: Peetrers, 1991, pp. 27 – 44.

356. **Preface: Cosmologie et Divination Dans la Chine Ancienne-le Compendium des Cinq Agents**

(traduit et annoté par Marc Kalinowski)

De École française d' Extrême-Orient, Vol. CLXVI, Paris: École française d' Extrême -Orient, 1991, pp. 7 – 8.

357. **有翼太陽與古代東方文明——良渚玉器刻符與大汶口陶文的再檢討**

《明報月刊》(第 26 卷第 1 期;總第 301 期),香港:香港明報有限公司,1991 年 1 月,第 82 至 89 頁。

收入《饒宗頤二十世紀學術文集》(卷一 · 史溯),臺北:新文豐出版公司,2003 年,第 71 至 84 頁。

358. **南越文王墓虎節之奇字"𩰲"**

《明報月刊》(第 26 卷第 2 期;總第 302 期),香港:香港明報

有限公司,1991 年 2 月,第 54 至 56 頁。

又以《南越文王墓虎節考釋》見刊於《藝苑掇菁:廣州日報〈藝苑〉專欄文選》(廣州日報編委會、廣州詩社編選),廣州:廣東高等教育出版社,1993 年 6 月,第 400 至 402 頁。

359. 關於《斬春風》的出典

《明報月刊》(第 26 卷第 2 期;總第 302 期),香港:香港明報有限公司,1991 年 2 月,第 56 至 57 頁。

又見《九州學刊》1992 年 4 卷 4 期。

收入《饒宗頤二十世紀學術文集》(卷八・敦煌學),臺北:新文豐出版公司,2003 年,第 1114 至 1118 頁。

360. 從釋彥琮《辯正論》談釋經問題

《法言》(第 3 卷第 1 期),香港:法言出版社,1991 年 2 月,第 55 至 56 頁。

收入《饒宗頤二十世紀學術文集》(卷五・宗教學),臺北:新文豐出版公司,2003 年,第 306 至 310 頁。

361. 後周整理樂章與宋初詞學有關諸問題——由敦煌舞譜談後周之整理樂章兼論柳永《樂章集》之來歷

《中國文哲研究集刊》(創刊號),臺北:"中央研究院"中國文哲研究所籌備處,1991 年 3 月,第 25 至 38 頁。

又以《代序——敦煌舞譜與後周之整理樂章兼論柳永〈樂章

集〉之來歷》載《中國音樂》(1991 年第 3 期;總第 43 期),北京:《中國音樂》編輯部,1991 年 9 月,第 9 至 10 頁;又作爲席臻貫著《古絲路音樂暨敦煌舞譜研究》代序,蘭州:敦煌文藝出版社,1992 年 7 月,第 1 至 3 頁;又載《舞蹈藝術》(1992 年第 2 輯),北京:文化藝術出版社,1992 年,第 110 至 112 頁。

收入《敦煌曲續論》,臺北:新文豐出版公司,1996 年,第 177 至 196 頁;林保堯、關友惠主編:《中國敦煌學百年文庫・藝術卷(四)》,蘭州:甘肅文化出版社,1999 年,第 296 至 298 頁;《饒宗頤二十世紀學術文集》(卷一二・詩詞學),臺北:新文豐出版公司,2003 年,第 207 至 226 頁。

362. 從賈湖遺物談先民音樂智慧的早熟

《明報月刊》(第 26 卷第 4 期;總第 304 期),香港:香港明報有限公司,1991 年 4 月,第 79 至 83 頁。

又見《〈古藝拾粹〉(隗芾著)代序》,長春:時代文藝出版社,1992 年 7 月,第 1 至 10 頁。

收入《饒宗頤二十世紀學術文集》(卷四・經術、禮樂),臺北:新文豐出版公司,2003 年,第 503 至 513 頁。

363. 八大繪畫構圖與臨濟、曹洞法門

《故宮文物月刊》(9 卷 1 期,總第 97 期),臺北:"故宮博物院",1991 年 4 月,第 82 至 85 頁。

收入《八大山人畫説》,見《饒宗頤二十世紀學術文集》(卷一三・藝術・下册),臺北:新文豐出版公司,2003 年,第 1091

至 1096 頁。

364. 從敦煌所出《望江南》、《定風波》申論曲子詞之實用性

《第二届敦煌學國際研討會論文集》(漢學研究中心叢刊論著類第 2 種),臺北:漢學研究中心,1991 年 6 月,第 395 至 400 頁。

收入《敦煌曲續論》,臺北:新文豐出版公司,1996 年,第 149 至 176 頁,文後附補記;鄭阿財、顔廷亮、伏俊連主編:《中國敦煌學百年文庫·文學卷(四)》,蘭州:甘肅文化出版社,1999 年,第 374 至 378 頁;《饒宗頤二十世紀學術文集》(卷八·敦煌學),臺北:新文豐出版公司,2003 年,第 1068 至 1094 頁。

論文摘要收入王國良等主編:《唐代文學研究論著集成》第 8 卷,西安:三秦出版社,2004 年 10 月,第 1023 至 1025 頁。

365. 郭之奇年譜

《新亞學報》[第 16 卷(上)·紀念錢穆先生論文集],香港:新亞研究所,1991 年 10 月,第 23 至 92 頁。

收入《饒宗頤潮汕地方史論集》,汕頭:汕頭大學出版社,1996 年 8 月,第 408 至 467 頁;《饒宗頤二十世紀學術文集》(卷九·潮學),臺北:新文豐出版公司,2003 年,第 1417 至 1496 頁。

366. 四論想爾注

收入《老子想爾注校證》,上海:上海古籍出版社,1991 年 11 月,第 135 至 146 頁。

又收入《饒宗頤二十世紀學術文集》(卷五·宗教學),臺北:新文豐出版公司,2003年,第576至589頁。

367. 屈原與經術

此文爲先生在香港中文大學聯合書院之演講,由李達良筆記。

收入《文轍——文學史論集》(上册),臺北:臺灣學生書局,1991年11月,第147至154頁;《饒宗頤二十世紀學術文集》(卷一一·文學),臺北:新文豐出版公司,2003年,第5至13頁。

368. 釋主客——論文學與兵家言

《文轍——文學史論集》(上册),臺北:臺灣學生書局,1991年11月,第193至196頁。

收入《饒宗頤二十世紀學術文集》(卷一一·文學),臺北:新文豐出版公司,2003年,第859至861頁。

369. "秦世不文"辨

《文轍——文學史論集》(上册),臺北:臺灣學生書局,1991年11月,第233至240頁。

收入《饒宗頤二十世紀學術文集》(卷一一·文學),臺北:新文豐出版公司,2003年,第899至907頁。

370. 陳子昂《感遇》詩答客問

《文轍——文學史論集》(上册),臺北:臺灣學生書局,1991年

11 月,第 441 至 442 頁。

收入《饒宗頤二十世紀學術文集》(卷一二·詩詞學),臺北:新文豐出版公司,2003 年,第 48 至 50 頁。

371.《元典章》與白話文

《文轍——文學史論集》(下册),臺北:臺灣學生書局,1991 年 11 月,第 681 至 686 頁。

收入《饒宗頤二十世紀學術文集》(卷一一·文學),臺北:新文豐出版公司,2003 年,第 1095 至 1100 頁。

372. 談中國詩的情景與理趣

《文轍——文學史論集》(下册),臺北:臺灣學生書局,1991 年 11 月,第 911 至 914 頁(李鋭清、陳金鳳整理)。

收入《饒宗頤二十世紀學術文集》(卷一二·詩詞學),臺北:新文豐出版公司,2003 年,第 172 至 180 頁。

373. 連珠與邏輯——文學史上中西接觸誤解之一例

《文轍——文學史論集》(下册),臺北:臺灣學生書局,1991 年 11 月,第 915 至 919 頁。

收入《饒宗頤二十世紀學術文集》(卷一一·文學),臺北:新文豐出版公司,2003 年,第 944 至 947 頁。

374.《阿闥婆吠陀》第一章“三七”(trisaptās) 釋義

《中國文化》(第 5 期),香港:中華書局香港分局,1991 年 12 月,第 160 至 162 頁。

收入《饒宗頤東方學論集》,汕頭:汕頭大學出版社,1999 年 11 月,第 152 至 158 頁;《饒宗頤二十世紀學術文集》(卷一・史溯),臺北:新文豐出版公司,2003 年,第 444 至 451 頁。

375. 八大山人禪畫索隱

《故宮文物月刊》[第 97 期・八大山人專輯(下)],臺北:“故宮博物院”,1992 年。

收入《畫䪖——國畫史論集》,臺北:時報文化出版企業有限公司,1993 年 6 月,第 383 至 402 頁;《饒宗頤二十世紀學術文集》(卷一三・藝術),臺北:新文豐出版公司,2003 年,第 1073 至 1096 頁。

該文第一節被命名爲《泛論禪與藝術》,收入《饒宗頤文論十則》,見西泠印社編:《西泠印社》(饒宗頤、劉江學術專輯,總第 33 輯),杭州:西泠印社,2012 年 4 月,第 8 至 9 頁。

376. 大顛禪師與《心經注》

《歷史文物研究》(新第 3 輯),北京,1992 年,第 96 至 99 頁。

修訂版刊爲《潮州藝文志》之附録,上海,上海古籍出版社,1994 年 4 月,第 681 至 686 頁。

收入《饒宗頤潮汕地方史論集》,汕頭:汕頭大學出版社,1996年8月,第399至403頁;《饒宗頤二十世紀學術文集》(卷五·宗教學),臺北:新文豐出版公司,2003年,第363至369頁;《中國歷史文獻研究會成立30周年紀念集》(中國歷史文獻研究會編),上海:華東師範大學出版社,2009年9月,第366至368頁。

377. 帛書《系辭傳》"太恒"説

此文首於1992年8月25日在長沙舉行之"馬王堆國際學術會議"上提出,同年9月10日重作修訂,後刊於《馬王堆漢墓研究文集:1992年馬王堆漢墓國際學術討論會論文選》(湖南省博物館編),長沙:湖南出版社,1994年5月,第27至35頁。

又見《香港中文大學中國文化研究所學報》(新第1期·中國文化研究所銀禧紀念),香港:香港中文大學中國文化研究所,1992年,第85至98頁。

《道家文化研究》(第3輯·馬王堆帛書專號),上海:上海古籍出版社,1993年8月,第6至19頁。

終收入《饒宗頤二十世紀學術文集》(卷三·簡帛學),臺北:新文豐出版公司,2003年,第68至88頁;劉大鈞主編:《百年易學菁華集成·初編·出土易學文獻》,上海:上海科學技術文獻出版社,2010年,第1309至1318頁。

378. "唐詞"辨正

《九州學刊》(第4卷第4期),臺北:九州學刊雜志社,1992年

4 月,第 109 至 118 頁。

收入《敦煌曲續論》,臺北:新文豐出版公司,1996 年,第 201 至 218 頁。

又以《"唐詞是宋人喊出來"的嗎? 說"只怕春風斬斷我"》收入《文化之旅》,香港:牛津大學出版社,1997 年,第 122 至 136 頁;鄭阿財、顏廷亮、伏俊連主編:《中國敦煌學百年文庫・文學卷(四)》,蘭州:甘肅文化出版社,1999 年,第 423 至 431 頁;《饒宗頤二十世紀學術文集》(卷八・敦煌學),臺北:新文豐出版公司,2003 年,第 1098 至 1118 頁。

(按:此文爲《爲"唐詞"進一解》、《唐詞再辨——談印行〈李衛公望江南〉的旨趣和曲子詞的欣賞問題》及《關於〈斬春風〉的出典》三文之合篇及修訂版。)

379. 敦煌詞劄記

《九州學刊》(第 4 卷第 4 期),臺北:九州學刊雜志社,1992 年 4 月,第 119 至 120 頁。

收入《敦煌曲續論》,臺北:新文豐出版公司,1996 年,第 197 至 200 頁;《饒宗頤二十世紀學術文集》(卷八・敦煌學),臺北:新文豐出版公司,2003 年,第 1095 至 1097 頁。

380. 如何進一步精讀甲骨刻辭和認識"卜辭文學"

此文爲先生於 1992 年 4 月 18 日在成功大學舉辦之"甲骨學與資訊科技學術研討會"之主題演講論文,載《甲骨學與資訊科技學術研討會論文集》(成功大學中國文學系資訊工程研究所編),臺南:成功大學,1992 年 4 月,第 1 至 24 頁,内含圖版 14 頁。

又見《中國語文研究》(第 10 期),香港:香港中文大學中國文化研究所吴多泰中國語文研究中心,1992 年 5 月,第 1 至 8 頁。

收入宋鎮豪、段志洪主編:《甲骨文獻集成》(第 29 册),成都:四川大學出版社,2001 年 4 月,第 337 至 338 頁。

收入《饒宗頤二十世紀學術文集》(卷二・甲骨),臺北:新文豐出版公司,2003 年,第 1388 至 1402 頁。

381. 山水文學之起源與謝靈運研究

《温州師範學院學報(哲學社會科學版)》(第 4 期),温州:温州師範學院,1992 年 8 月,第 3 至 4 頁。

又見《古典文學知識》(第 4 期),南京:江蘇古籍出版社,1992 年;《中國山水的藝術精神》(臧維熙主編),上海:學林出版社,1994 年 6 月,第 1 至 4 頁。(按:此書之文章大部分從"第五届年會暨謝靈運國際學術研討會"論文選入,其餘選自第一至四届年會之《序》文。)

收入《饒宗頤二十世紀學術文集》(卷一一・文學),臺北:新文豐出版公司,2003 年,第 959 至 962 頁。

382. 古代聽聲之學與"協風成樂"説溯源

《饒宗頤史學論著選》,上海:上海古籍出版社,1993 年,第 84 至 87 頁。

增訂稿收入《饒宗頤二十世紀學術文集》(卷四·經術、禮樂),臺北:新文豐出版公司,2003年,第757至760頁。

383. 西安鼓樂與全真教

《第一屆道教科儀音樂研討會論文集》(《人民音樂》編輯部編),北京:人民音樂出版社,1993年,第113至124頁。

(按:研討會於1989年12月底至1990年初由《人民音樂》編輯部、香港圓玄學院、香港中華文化促進中心主辦。)

384. 柘林在海外交通史上之地位

《潮中雜紀》(潮州善本選集之第一種影萬曆本郭子章),香港:香港潮州商會第三十八屆會董會印行,1993年。

又見《東西方文化交流》(吳志良主編),澳門:澳門基金會,1994年3月,第22至26頁;《潮學研究》(第2輯),汕頭:汕頭大學出版社,1994年7月,第1至8頁。

收入《饒宗頤潮汕地方史論集》,汕頭:汕頭大學出版社,1996年8月,第281至288頁。

後以《柘林與海上交通》收入《文化之旅》,香港:牛津大學出版社,1997年,第58至65頁;《饒宗頤二十世紀學術文集》(卷八·潮學),臺北:新文豐出版公司,2003年,第1197至1206頁。

又載《汕頭大學潮學研究文萃(上卷)》(闞本旭、陳俊華主編),汕頭:汕頭大學出版社,2006年,第102至109頁。

385. 晚期詩論采用佛典舉例

《復旦學報(社會科學版)》(1993 年第 1 期),上海:復旦大學出版社,1993 年 1 月,第 62 至 65 頁。(按:此文原爲 1992 年 5 月 22 日先生在復旦大學中文系所作學術報告的記録稿。)

收入《饒宗頤二十世紀學術文集》(卷五・宗教學),臺北:新文豐出版公司,2003 年,第 404 至 413 頁。

386. 馬王堆《刑德》乙本九宫圖諸神釋——兼論出土文獻中的顓頊與攝提

《江漢考古》(第 1 期),武漢:江漢考古編輯部,1993 年 4 月,第 86 至 89 頁。

又見《簡帛研究》(第 1 期)(李學勤主編;林劍鳴、謝桂華副主編),北京:法律出版社,1993 年 10 月,第 89 至 95 頁。

收入《饒宗頤二十世紀學術文集》(卷三・簡帛學),臺北:新文豐出版公司,2003 年,第 126 至 136 頁。

387. 唐宋八家朱熹宜占一席論

《國際朱子學會議論文集》(鍾彩鈞主編),臺北:"中央研究院"《中國哲學研究所》籌備處,1993 年 5 月,第 1157 至 1162 頁。

收入《饒宗頤二十世紀學術文集》(卷一一・文學),臺北:新文豐出版公司,2003 年,第 1090 至 1094 頁。

388. 賦學研究的展望——在第二屆國際賦學研討會上的演講

《社會科學戰綫》(1993 年第 3 期;總第 63 期),長春:吉林人民出版社,1993 年 5 月,第 206 至 208 頁。

另以《賦學研究的展望——第二屆國際賦學會議特邀演講》載《新亞學術集刊》(第 13 期·賦學專輯),香港:香港中文大學新亞書院,1994 年,第 1 至 6 頁。

收入《饒宗頤二十世紀學術文集》(卷一一·文學),臺北:新文豐出版公司,2003 年,第 474 至 479 頁。

389. "言路"與"戲路"

《信報財經月刊》(第 195 期),香港:信報有限公司,1993 年 6 月,第 93 至 96 頁。

又見《國際潮訊》(第 17 期),香港:香港潮州會館國際潮團通訊中心,1994 年;《明本潮州戲文論文集》(陳歷明、林淳鈞編),香港:藝苑出版社,2001 年 5 月,第 335 至 340 頁。

收入《文化之旅》,香港:牛津大學出版社,1997 年,第 139 至 144 頁;《饒宗頤二十世紀學術文集》(卷一一·文學),臺北:新文豐出版公司,2003 年,第 916 至 921 頁。

390. 臨汝彩陶之鸛魚畫與青海之舞人圖案

《畫𩑈——國畫史論集》,臺北:時報文化出版企業有限公司,1993 年 6 月,第 21 至 24 頁。

收入《饒宗頤二十世紀學術文集》(卷一三・藝術),臺北:新文豐出版公司,2003 年,第 182 至 184 頁。

391. 殷代器物上彩繪的"蟻結"與蛇文畫

《畫䪼——國畫史論集》,臺北:時報文化出版企業有限公司,1993 年 6 月,第 25 至 26 頁。

收入《饒宗頤二十世紀學術文集》(卷一三・藝術),臺北:新文豐出版公司,2003 年,第 185 至 187 頁。

392. 楚繪畫四論・畫筴説

《畫䪼——國畫史論集》,臺北:時報文化出版企業有限公司,1993 年 6 月,第 45 至 46 頁。

收入《饒宗頤二十世紀學術文集》(卷一三・藝術),臺北:新文豐出版公司,2003 年,第 212 至 214 頁;又收入《饒宗頤文論十則》,見西泠印社編:《西泠印社》(饒宗頤、劉江學術專輯,總第 33 輯),杭州:西泠印社,2012 年 4 月,第 10 至 11 頁。

393. 李結《霅溪漁社圖》及其題識有關問題研究

《畫䪼——國畫史論集》,臺北:時報文化出版企業有限公司,1993 年 6 月,第 237 至 248 頁。

收入《饒宗頤二十世紀學術文集》(卷一三・藝術),臺北:新文豐出版公司,2003 年,第 364 至 375 頁。

394. 黃大痴二三事

原文撰於 1989 年 3 月,後載《畫䫋——國畫史論集》,臺北:時報文化出版企業有限公司,1993 年 6 月,第 365 至 368 頁。

作爲《黃公望及〈富春山居圖〉》之附録收入《饒宗頤二十世紀學術文集》(卷一三·藝術),臺北:新文豐出版公司,2003 年,第 948 至 950 頁。

395. 墨竹畫僧方厓考

原文撰於 1991 年 5 月,後載《畫䫋——國畫史論集》,臺北:時報文化出版企業有限公司,1993 年 6 月,第 369 至 374 頁。

收入《饒宗頤二十世紀學術文集》(卷一三·藝術),臺北:新文豐出版公司,2003 年,第 411 至 416 頁。

396. 從明畫論書風與畫筆的關聯性

《畫䫋——國畫史論集》,臺北:時報文化出版企業有限公司,1993 年 6 月,第 375 至 378 頁。

又見《中國書法》(第 8 期),北京:寶文堂書店,1999 年 8 月,第 49 至 50 頁。

收入《饒宗頤二十世紀學術文集》(卷一三·藝術),臺北:新文豐出版公司,2003 年,第 417 至 420 頁。

397. 八大畫札記——論八大以廉寫畫及題畫

《畫䪴——國畫史論集》,臺北:時報文化出版企業有限公司,1993 年 6 月,第 423 至 424 頁。

收入《饒宗頤二十世紀學術文集》(卷一三·藝術),臺北:新文豐出版公司,2003 年,第 1118 至 1119 頁。

398. 殷上甲微作禓(儺)考

《民俗曲藝:中國儺戲·儺文化國際研討會論文集》(第 84 期),臺北:民俗曲藝雜志社,1993 年 7 月,第 31 至 42 頁。

又見《傳統文化與現代化》(1993 年第 6 期),北京:中華書局,1993 年,第 32 至 35 頁。

收入《饒宗頤二十世紀學術文集》(卷二·甲骨),臺北:新文豐出版公司,2003 年,第 1626 至 1635 頁。

399. 楚帛書與《道原篇》

《道家文化研究》(第 3 輯·馬王堆帛書專號),上海:上海古籍出版社,1993 年 8 月,第 256 至 259 頁。

400. 論楚帛書之二㤅(氣)與魂魄二元觀念及漢初之宇宙生成論

此文首於"楚國歷史與文化國際學術研討會"上發表,後刊於《楚地出土文獻三種研究》(與曾憲通合編),北京:中華書局,1993 年 8 月,第 284 至 289 頁。

收入《饒宗頤二十世紀學術文集》(卷一·史溯),臺北:新文豐出版公司,2003年,第401至414頁。

401. 劍珌行氣銘與漢簡《引書》

《中華文史論叢》(總第51輯),上海:上海古籍出版社,1993年8月,第227至231頁。

收入《饒宗頤二十世紀學術文集》(卷五·宗教學),臺北:新文豐出版公司,2003年,第151至156頁。

402. 丁公村龍山文化陶文的試讀——試揭開中國四千年前古文字之謎

《明報月刊》(第28卷第10期),香港:香港明報有限公司,1993年10月,第114至117頁。

403. 釋紀時之奇字:𠧪、㬥與𠃨(埶)

《第二屆國際中國古文字學研討會論文集》(常宗豪、張光裕等編),香港:香港中文大學中國語言及文學系,1993年10月,第63至71頁。

收入宋鎮豪、段志洪主編:《甲骨文獻集成》(第14册),成都:四川大學出版社,2001年4月,第29至31頁;《饒宗頤二十世紀學術文集》(卷二·甲骨),臺北:新文豐出版公司,2003年,第1636至1645頁。

404. 談銀雀山簡《天地八風五行客主五音之居》

《簡帛研究》(第 1 期)(李學勤主編;林劍鳴、謝桂華副主編),北京:法律出版社,1993 年 10 月,第 113 至 119 頁。

後以《銀雀山簡天地八風五行客主五音之居初探》收入《饒宗頤二十世紀學術文集》(卷一三・藝術),臺北:新文豐出版公司,2003 年,第 162 至 171 頁。

405. 從《經唄導師集》第一種《帝釋(天)樂人般遮琴歌唄》聯想到的若干問題

《東方文化》(創刊號),廣州:廣東中華民族文化促進會,1993 年 10 月,第 56 至 58 頁。

收入《饒宗頤二十世紀學術文集》(卷四・經術、禮樂),臺北:新文豐出版公司,2003 年,第 639 至 645 頁。

406. 從浮濱遺物論其周遭史地與南海國的問題

《嶺南古越族文化論文集》(香港博物館編製),香港:香港市政局,1993 年 11 月,第 80 至 83 頁。

又見《潮州文化研究》(第 3、4 期),潮州:潮州文化研究中心,2006 年 12 月,第 4 至 7 頁。

收入《饒宗頤潮汕地方史論集》,汕頭:汕頭大學出版社,1996 年 8 月,第 76 至 83 頁;《饒宗頤二十世紀學術文集》(卷一・史溯),臺北:新文豐出版公司,2003 年,第 322 至 330 頁。

407. 中國文化史上宗教與文學的特殊關係

1993 年 12 月 26 日接受法京高等研究院頒授該院成立 125 周年以來首位人文科學博士之演講辭。

修訂版收入《饒宗頤二十世紀學術文集》(卷五·宗教學),臺北:新文豐出版公司,2003 年,第 29 至 37 頁。

408. 由牙璋略論漢土傳入越南的遺物

《南中國及鄰近地區古文化研究——慶祝鄭德坤教授從事學術活動六十周年論文集》(香港中文大學中國考古藝術研究中心鄧聰編),香港:香港中文大學出版社,1994 年,第 1 至 4 頁。

收入《饒宗頤東方學論集》,汕頭:汕頭大學出版社,1999 年 11 月,第 379 至 385 頁;《饒宗頤二十世紀學術文集》(卷一·史溯),臺北:新文豐出版公司,2003 年,第 315 至 321 頁。

409. 再談荆門太歲戈

《冰茧彩絲集——紀念繆鉞教授九十壽辰暨從教七十年論文集》(四川大學歷史系編),成都:成都出版社,1994 年,第 475 至 479 頁。

收入《饒宗頤二十世紀學術文集》(卷一·史溯),臺北:新文豐出版公司,2003 年,第 341 至 345 頁。

410. 四川縱目人傳説與殷代西南地名——揭開卜辭奇字之謎

《傳統文化與現代化》(1994 年第 2 期;總第 8 期),北京:中華書局,1994 年,第 30 至 34 頁。

411. 何以要建立"潮州學"——潮州學在中國文化史上的重要性

此文首於 1993 年由潮汕歷史文化研究中心、汕頭大學潮州文化研究中心合辦之"首屆國際潮州學研討會"上提出,後收入《潮學研究》(第 1 期),汕頭:汕頭大學出版社,1994 年 1 月,第 1 至 3 頁;鄭良樹主編:《潮州學國際研討會論文集》上册,廣州:暨南大學出版社,1994 年 9 月,第 10 至 12 頁。

又見《潮學》(第 2 期),潮州:潮汕歷史文化中心、揭陽市研究會,1994 年 6 月,第 5 至 6 頁。

後以《潮州學在中國文化史上的重要性——何以要建立"潮州學"》收入《饒宗頤潮汕地方史論集》,汕頭:汕頭大學出版社,1996 年 8 月,第 572 至 574 頁;《饒宗頤二十世紀學術文集》(卷九・潮學),臺北:新文豐出版公司,2003 年,第 1305 至 1307 頁。

另見《潮州文化研究》(創刊號),潮州:潮州文化研究中心,2005 年 10 月,第 6 至 7 頁。

《汕頭大學潮學研究文萃(上卷)》(闞本旭、陳俊華主編),汕頭:汕頭大學出版社,2006 年,第 17 至 20 頁。

412. 古史地名學發凡——以《夏本紀》禹後以國分封諸姓爲例

中國地名學研究會編:《中國地名考證文集》(史爲樂主編),廣州:廣東省地圖出版社,1994 年 12 月,第 105 至 111 頁。

(按:本文爲先生 1991 年 11 月參加在廣州召開的"全國地名考證學術研討會"提交的論文。)

413. 由牙璋分布論古史地域擴張問題——南中國及鄰近地區古文化研究國際研討會開幕演講

《中華文化論壇》(1994 年第 1 期),成都:中華文化論壇編輯部,1994 年,第 81 至 82 頁。

又見《潮學》(第 2 期),潮州:潮汕歷史文化中心、揭陽市研究會,1994 年 6 月,第 13 至 14 頁。

後收作《浮濱文化的石璋、符號及相關問題》之附録,見《嶺南學報》(新第 1 期),香港:嶺南大學文學與翻譯研究中心,1999 年 10 月,第 8 至 11 頁。(按:原文無注釋,此文稿之注釋由編者代加。)

另收入《饒宗頤潮汕地方史論集》,汕頭:汕頭大學出版社,1996 年 8 月,第 84 至 86 頁;《饒宗頤二十世紀學術文集》(卷一・史溯),臺北:新文豐出版公司,2003 年,第 310 至 314 頁。

414. 論清詞在詞史上之地位

此文爲先生於 1993 年 4 月 22 日在"中央研究院"中國文哲研

究所舉辦的"第一屆詞學國際研討會"發表的專題演講,文本由胡曉真整理,後刊於《第一屆詞學國際研討會論文集》(曾純純執行編輯),臺北:"中央研究院"中國文哲研究所籌備處,1994 年 11 月,第 315 至 333 頁。

又見《中國文哲研究通訊》(第 4 卷第 1 期;總第 13 期),臺北:"中央研究院"中國文哲研究所,1994 年 3 月,第 1 至 5 頁。

收入《饒宗頤二十世紀學術文集》(卷一二・詩詞學),臺北:新文豐出版公司,2003 年,第 398 至 419 頁。

415. 從對立角度談魏晋南北朝文學發展的路向

此文爲先生於 1993 年 6 月 8 日在香港中文大學中國語言及文學系主辦之"魏晋南北朝文學國際研討會"之特邀演講稿,後刊於《魏晋南北朝文學論集》(香港中文大學中國語言文學系主編),臺北:文史哲出版社,1994 年 11 月,第 1 至 7 頁。

另以《從對立角度談六朝文學發展的路向》收入《文化之旅》,香港:牛津大學出版社,1997 年,第 114 至 121 頁;《饒宗頤二十世紀學術文集》(卷一一・文學),臺北:新文豐出版公司,2003 年,第 908 至 915 頁。

416.《明末兩廣軍事首府正在肇慶》

《明報月刊》,香港:香港明報有限公司,1994 年 10 月號,第 142 頁。

417. 良渚、大汶口圖文的一二考察

《東南亞考古論文集》(楊春棠等編),香港:香港大學美術博物館,1995 年,第 211 至 220 頁。

收入《饒宗頤二十世紀學術文集》(卷一・史溯),臺北:新文豐出版公司,2003 年,第 91 至 100 頁。

418. 敦煌研究業績小結及其發展方向

《漢學研究之回顧與前瞻:新加坡國立大學中文系主辦國際漢學會議論文選集》(下册・歷史哲學卷)(林徐典編),北京:中華書局,1995 年,第 66 至 68 頁。(按:會議於 1991 年 6 月 18 至 21 日舉行。)

收入馮志文、楊際平主編:《中國敦煌學百年文庫・綜述卷(三)》,蘭州:甘肅文化出版社,1999 年,第 347 至 349 頁。

419. 殷代日祭與日書蠡測——殷禮提綱之一

《華學》(第 1 輯),廣州:中山大學出版社,1995 年,第 50 至 58 頁。

收入宋鎮豪、段志洪主編:《甲骨文獻集成》(第 21 册),成都:四川大學出版社,2001 年 4 月,第 127 至 129 頁;《饒宗頤二十世紀學術文集》(卷四・經術、禮樂),臺北:新文豐出版公司,2003 年,第 240 至 256 頁。

420. 殷卜辭所見星象與參商、龍虎、二十八宿諸問題

《甲骨文通檢・第 3 册:天文氣象》(饒宗頤主編;沈建華編

輯),香港:中文大學出版社,1995 年,第 17 至 36 頁。

又載《胡厚宣先生紀念文集》(張永山主編),北京:科學出版社,1998 年 11 月,第 32 至 44 頁。

收入宋鎮豪、段志洪主編:《甲骨文獻集成》(第 32 册),成都:四川大學出版社,2001 年 4 月,第 543 頁;《饒宗頤二十世紀學術文集》(卷二·甲骨),臺北:新文豐出版公司,2003 年,第 1417 至 1447 頁。

421. 江西新淦商代遺物有關地理考證

《學術集林》(王元化主編),上海:遠東出版社,1995 年,第 137 至 146 頁。

收入《饒宗頤二十世紀學術文集》(卷二·甲骨),臺北:新文豐出版公司,2003 年,第 1448 至 1458 頁。

422. 華人入暹年代史實的探索——早期中泰關係史二三事

《星暹日報·藝文版》,泰國:星暹日報,1995 年 2 月 9 日。

收入《饒宗頤二十世紀學術文集》(卷七·中外關係史),臺北:新文豐出版公司,2003 年,第 311 至 323 頁。

423. 關於亜字與平夜君問題

《文物》(1995 年第 4 期;總第 467 期),北京:文物出版社,1995 年 4 月,第 47 至 50 頁。

424. 説卜辭之蜀

《先秦史與巴蜀文化論集》(羅世烈、林向、彭邦本、彭裕商主編),天津:歷史教學社,1995 年 10 月,第 197 至 200 頁。

此文係 1994 年 8 月 15 至 20 日在四川省德陽市召開的“先秦史及巴蜀文化國際學術討論會暨中國先秦史學會第六届年會”之參會論文。

425. 論道教創世紀

《中國文化研究所學報》(新第 5 期),香港:香港中文大學中國文化研究所,1996 年,第 31 至 38 頁。

又見《道家文化研究》(第 16 輯),北京:生活・讀書・新知三聯書店,1999 年 4 月,第 1 至 9 頁。

收入《饒宗頤二十世紀學術文集》(卷五・宗教學),臺北:新文豐出版公司,2003 年,第 177 至 187 頁。

426. 敦煌資料與佛教文學小記

此文爲先生於 1980 年秋在北海道大學之演講稿。

收入《敦煌曲續論》,臺北:新文豐出版公司,1996 年,第 55 至 58 頁;《饒宗頤二十世紀學術文集》(卷八・敦煌學),臺北:新文豐出版公司,2003 年,第 980 至 983 頁。

427. 論天水秦簡中之"中鳴"、"後鳴"與古代以音律配合時刻制度

《簡帛研究》(第2輯),北京:法律出版社,1996年,第134至137頁。

收入《饒宗頤二十世紀學術文集》(卷三・簡帛學),臺北:新文豐出版公司,2003年,第156至161頁。

428. 記建興廿八年"松人"解除簡——漢"五龍相拘絞"説

《簡帛研究》(第2輯),北京:法律出版社,1996年,第390至394頁。

收入《饒宗頤二十世紀學術文集》(卷三・簡帛學),臺北:新文豐出版公司,2003年,第198至203頁。

429. 釋𠯑、𣪏、𡨦

《洛陽考古四十年:1992年洛陽考古學術研討會論文集》(葉萬松主編;洛陽市文物工作隊編),北京:科學出版社,1996年,第197至198頁。

430. 清代地域性之詞總集與酬唱詞集

《詞學研討會論文集》("中央研究院"中國文哲研究所中國文哲論集七)(林玫儀主編),臺北:"中央研究院"中國文哲研究所,1996年,第449至470頁。

收入《饒宗頤二十世紀學術文集》(卷一二・詩詞學),臺北:

新文豐出版公司,2003年,第371至397頁。

431. **法藏敦煌曲子詞四種解説**

《敦煌曲續論》,臺北:新文豐出版公司,1996年,第219至230頁。

收入《饒宗頤二十世紀學術文集》(卷八・敦煌學),臺北:新文豐出版公司,2003年,第1118至1126頁。

432. **中國古代東方鳥俗的傳説——兼論太皞與少皞**

《中國神話與傳説學術研討會論文集》(李亦園、王秋桂主編),臺北:漢學研究中心,1996年3月,第61至76頁。

收入《饒宗頤二十世紀學術文集》(卷一・史溯),臺北:新文豐出版公司,2003年,第144至168頁。

433. **緇衣零簡**

《學術集林》(第9卷)(王元化主編),上海:上海遠東出版社,1996年12月,第66至68頁。

收入《饒宗頤新出土文獻論證》,上海:上海古籍出版社,2005年9月,第181至183頁;《饒宗頤二十世紀學術文集》(卷三・簡帛學),臺北:新文豐出版公司,2003年,第43至46頁。

434. **明代經學的發展路向及其淵源**

《明代經學國際研討會論文集》(林慶彰、蔣秋華主編),臺北:"中央研究院"中國文哲研究所籌備處,1996年6月,第15至

22 頁。

收入《饒宗頤二十世紀學術文集》(卷四·經術、禮樂),臺北:新文豐出版公司,2003 年,第 15 至 22 頁。

435. 論古代香藥之路——鬱與古熏香器

《敦煌吐魯番學研究論集》(北京圖書館敦煌吐魯番學資料中心、臺北南海雜志社合編;顧問季羡林;執行編委高仰崇、柴劍虹、孫曉林),北京:書目文獻出版社,1996 年 6 月,第 373 至 377 頁。

收入《饒宗頤二十世紀學術文集》(卷七·中外關係史),臺北:新文豐出版公司,2003 年,第 137 至 146 頁。

436. 甲骨文研究斷想——爲紀念于省吾先生百年誕辰而作

《史學集刊》(1996 年第 3 期;總第 64 期),長春:吉林大學史學集刊編輯委員會,1996 年 8 月,第 11 至 13 頁。(按:此文由先生口述,劉釗整理。)

收入《饒宗頤二十世紀學術文集》(卷二·甲骨),臺北:新文豐出版公司,2003 年,第 1844 至 1849 頁。

437. 談高郵龍虬莊陶片的刻劃圖文

《東南文化》(1996 年第 4 期),南京:東南文化雜志社,1996 年 8 月,第 11 至 12 頁。

收入《饒宗頤二十世紀學術文集》(卷一・史溯),臺北:新文豐出版公司,2003 年,第 127 至 130 頁。

438. 圖詩與辭賦——馬王堆新出《大一出行圖》私見

《湖南省博物館四十周年紀念論文集》(湖南省博物館主編),湖南:湖南教育出版社,1996 年 9 月,第 79 至 82 頁。

又見《圖詩與辭賦——馬王堆新出〈大一出行圖〉研究》,刊《新美術》(1997 年第 2 期),北京:中國美術學院,1997 年 4 月,第 4 至 6 頁。

後以《馬王堆新出〈大一出行圖〉私見》收入《饒宗頤二十世紀學術文集》(卷一三・藝術),臺北:新文豐出版公司,2003 年,第 215 至 223 頁。

439. 中文大學文物館藏建初四年"序寧病簡"與"包山簡"——論我國秦、漢解疾禱祠之諸神與古史人物

最初發表於 1995 年在海口舉辦的"華夏文明與傳世藏書——中國國際漢學研討會"論文集。

《華夏文明與傳世藏書——中國國際漢學研討會論文集》(中國社會科學院歷史研究所編),北京:中國社會科學出版社,1996 年 11 月,第 662 至 672 頁。

收入《饒宗頤二十世紀學術文集》(卷三・簡帛學),臺北:新文豐出版公司,2003 年,第 172 至 184 頁。

440. **An inscription from the ancient state of Sung: Problems attending the nomenclature "T'ien Yi, T'ang"**
(annotated translation by Noel Barnard)

Ancient Chinese and Southeast Asian Bronze Age Cultures (Proceedings of a conference held at the Edith and Joy London Foundation Property, Kioloa, NSW 8 - 12Feb, 1988) Vol. 1, Taipei: SMC Publishing Inc., 1996 - 97, pp. 421 - 440.

【中文版】《從宋國銅器銘辭談殷"天乙唐"之名號》,收入《饒宗頤二十世紀學術文集》(卷二・甲骨),臺北:新文豐出版公司,2003 年,第 1646 至 1654 頁。

441. **(張騫所説)邛竹杖之邛與殷代舌方**

Études thématiques (No. 7), En suivant la *Voie Royale* (王道) (Mélanges en homage à Léon Vandermeersch réunis par Jacques Gernet et Marc Kalinowski), Paris: École française d'Extrême-Orient, 1997, pp. 29 - 43.

442. **論僧祐**

此文爲先生在北京大學主辦"首届湯用彤學術講座"演講之一,後刊於《中國文化研究所學報》(新第 6 期・中國文化研究所 30 周年紀念),香港:香港中文大學中國文化研究所,1997 年,第 405 至 416 頁。

收入《饒宗頤二十世紀學術文集》(卷五・宗教學),臺北:新文豐出版公司,2003 年,第 289 至 305 頁。

443. 卍符號與古代印度

王元化主編:《學術集林》(第 11 卷),上海:上海遠東出版社,1997 年,第 294 至 300 頁。

收入《饒宗頤二十世紀學術文集》(卷一·史溯),臺北:新文豐出版公司,2003 年,第 452 至 458 頁。

增訂稿《〈卍考〉續記》收入《饒宗頤東方學論集》,汕頭:汕頭大學出版社,1999 年 11 月,第 56 至 67 頁。

444. 慧能及《六祖壇經》的一些問題

《六祖慧能思想研究——"慧能與嶺南文化"國際學術研討會論文集》(林有能、霍啓昌編),廣州:學術研究雜志社,1997 年,第 233 至 238 頁。

收入《饒宗頤二十世紀學術文集》(卷五·宗教學),臺北:新文豐出版公司,2003 年,第 326 至 331 頁。

445. 三論琴徽

《音樂藝術·上海音樂學院學報》(1997 年第 1 期),上海:上海音樂學院,1997 年 1 月,第 1 至 3 頁。

446. 卜辭"滓"即漾水、漢水説

《周紹良先生欣開九秩慶壽論文集》(白化文等編),北京:中華書局,1997 年 3 月,第 1 至 3 頁。

收入《饒宗頤二十世紀學術文集》(卷二·甲骨),臺北:新文豐出版公司,2003 年,第 1589 至 1593 頁。

447. **在開拓中的訓詁學——從楚簡易經談到新編《經典釋文》的建議**

《第一屆國際暨第三屆全國訓詁學學術研討會論文集》,高雄:臺灣"中山大學"文學系、中國訓詁學會,1997 年 4 月,第 1 至 5 頁。

收入臺灣"中山大學"文學系、中國训詁學會主编:《訓詁論叢》第 3 輯,臺北:文史哲出版社,1997 年 5 月,第 1 至 5 頁。

後以《從楚簡易經談到新編〈經典釋文〉的建議》收入《饒宗頤二十世紀學術文集》(卷四·經術、禮樂),臺北:新文豐出版公司,2003 年,第 161 至 166 頁。

448. **説九店楚簡之武(君)與復山**

《文物》(1997 年第 6 期;總第 493 期),北京:文物出版社,1997 年 6 月,第 36 至 38 頁。

收入《饒宗頤二十世紀學術文集》(卷三·簡帛學),臺北:新文豐出版公司,2003 年,第 37 至 42 頁。

449. **中國古代"脇生"的傳説**

《燕京學報》(新第 3 期),北京:北京大學出版社,1997 年 8 月,第 15 至 28 頁。

收入《饒宗頤新出土文獻論證》,上海:上海古籍出版社,2005年9月,第32至48頁;《饒宗頤二十世紀學術文集》(卷一·史溯),臺北:新文豐出版公司,2003年,第259至277頁。

450. 殷代西北西南地理研究的定點

《第三屆國際中國古文字學研討會論文集》(張光裕、張雙慶等編),香港:香港中文大學中國文化研究所、中國語言及文學系,1997年10月,第1至25頁。

收入宋鎮豪、段志洪主編:《甲骨文獻集成》(第28册),成都:四川大學出版社,2001年4月,第340至346頁。

451. 説糢餬、糢糊、模糊、瞀胡

《明報月刊》(第32卷第12期;總第384期),香港:香港明報有限公司,1997年12月,第82至83頁。

452. 釋“”與訾宗

此文首於1994年8月21日至8月25日在“紀念容庚先生百年誕辰暨中國古文字學學術研討會”上提出,後刊於《容庚先生百年誕辰紀念文集·古文字研究專號》(廣東炎黄文化研究院等編),廣州:廣東人民出版社,1998年,第172至177頁。

收入《饒宗頤二十世紀學術文集》(卷二·甲骨),臺北:新文豐出版公司,2003年,第1609至1617頁。

453.“貞”的哲學

《華學》(第3輯),北京:紫禁城出版社,1998年,第1至13頁。

又見《文化的饋贈——漢學研究國際會議論文集・哲學卷》(北京大學中國傳統文化研究中心編),北京:北京大學出版社,2000年8月,第42至52頁。

收入宋鎮豪、段志洪主編:《甲骨文獻集成》(第30册),成都:四川大學出版社,2001年4月,第580至583頁;《饒宗頤二十世紀學術文集》(卷四・經術、禮樂),臺北:新文豐出版公司,2003年,第134至160頁。

454.從出土資料談古代養生與服食之道

《第五屆中國飲食文化學術研討會論文集》(張玉欣總編輯;楊秀萍主編),臺北:財團法人“中國飲食文化基金會”,1998年,第1至14頁。

收入《饒宗頤二十世紀學術文集》(卷五・宗教學),臺北:新文豐出版公司,2003年,第157至176頁。

455.甲骨文中的冉與冉駹

《文物》(1998年第1期;總第500期),北京:文物出版社,1998年1月,第38至40頁。

收入宋鎮豪、段志洪主編:《甲骨文獻集成》(第28册),成都:四川大學出版社,2001年4月,第371至373頁。

後以《甲骨文中的冉駹》收入《饒宗頤二十世紀學術文集》(卷

二・甲骨),臺北:新文豐出版公司,2003年,第1594至1599頁。

456.(傳老子師)容成遺説鈎沉——先老學初探

《北京大學學報(哲學社會科學版)》(第35卷第3期;總187期・百年校慶紀念刊),北京:北京大學出版社,1998年5月,第63至68頁。

收入《饒宗頤二十世紀學術文集》(卷五・宗教學),臺北:新文豐出版公司,2003年,第105至118頁。

457.説河宗

《胡厚宣先生紀念文集》(張永山主編),北京:科學出版社,1998年11月,第28至31頁。

收入宋鎮豪、段志洪主編:《甲骨文獻集成》(第21册),成都:四川大學出版社,2001年4月,第162至163頁;《饒宗頤二十世紀學術文集》(卷二・甲骨),臺北:新文豐出版公司,2003年,第1618至1625頁。

458.中國"玉"文化研究的二三問題

《東亞玉器》(鄧聰編),香港:香港中文大學中國考古藝術研究中心,1998年11月,第13至17頁。

後以《古玉證史》(附補記等資料)收入《饒宗頤二十世紀學術文集》(卷一・史溯),臺北:新文豐出版公司,2003年,第292至306頁。

459. 由懸泉置漢代紙帛法書名跡談早期敦煌書家

《出土文獻研究》(第4輯),北京:中華書局,1998年11月,第1至3頁。

又見《國際高等書法教育論壇論文集》(祝遂之主編),杭州:中國美術學院出版社,2003年11月。

收入《饒宗頤新出土文獻論證》,上海:上海古籍出版社,2005年9月,第257至260頁;《饒宗頤二十世紀學術文集》(卷一三・藝術),臺北:新文豐出版公司,2003年,第9至13頁。

460. 再談《七發》"弜"字

《音樂藝術・上海音樂學院學報》(1998年第4期),上海:上海音樂學院,1998年12月,第1至3頁。

收入《饒宗頤二十世紀學術文集》(卷四・經術、禮樂),臺北:新文豐出版公司,2003年,第620至626頁。

461. 張彦遠及其書法理論

《書海觀瀾——中國書法國際學術會議論文集》(莫家良編),香港:香港中文大學藝術系、香港中文大學文物館,1998年12月,第15至20頁。

收入《饒宗頤二十世紀學術文集》(卷一三・藝術),臺北:新文豐出版公司,2003年,第76至79頁。

462. 從《春秋》宣公八年“猶繹”論殷祭禮賓尸義

《慶祝楊向奎先生教研六十年論文集》(林甘泉主編;慶祝楊向奎先生教研六十年論文集編委會編),石家莊:河北教育出版社,1998 年 12 月,第 1 至 5 頁。

收入宋鎮豪、段志洪主編:《甲骨文獻集成》(第 21 册),成都:四川大學出版社,2001 年 4 月,第 110 至 111 頁;《饒宗頤二十世紀學術文集》(卷四・經術、禮樂),臺北:新文豐出版公司,2003 年,第 281 至 292 頁。

463. 論帛書《要》篇捐益的天文意義:產道與產氣

《中國研究》(第 18 卷第 1、2 期),巴黎,1999 年,第 137 至 142 頁。

收入《饒宗頤二十世紀學術文集》(卷三・簡帛學),臺北:新文豐出版公司,2003 年,第 89 至 97 頁。

464. 談佛教的發願文

《敦煌吐魯番研究》(第 4 卷)(與季羨林、周一良聯合主編),北京:北京大學出版社,1999 年,第 477 至 487 頁。

收入《饒宗頤二十世紀學術文集》(卷八・敦煌學),臺北:新文豐出版公司,2003 年,第 255 至 272 頁。

465. 古史的二元説

《首都師範大學學報(社會科學版)》(1999 年第 4 期;總第 129 期),北京:首都師範大學,1999 年 8 月,第 14 至 19 頁。

收入《饒宗頤二十世紀學術文集》(卷一・史溯),臺北:新文豐出版公司,2003 年,第 131 至 144 頁。

466. 從新資料追溯先代耆老的"重言"——儒道學派試論

《中原文物》(1999 年第 4 期),鄭州:中原文物編輯部,1999 年 8 月,第 60 至 62 頁。

後以《從郭店簡追踪古哲之"重言"——儒道學派試論》收入《饒宗頤二十世紀學術文集》(卷三・簡帛學),臺北:新文豐出版公司,2003 年,第 5 至 11 頁。

467. 卜辭中之危方與興方

《徐中舒先生百年誕辰紀念文集》(四川聯合大學歷史系主編),成都:巴蜀書社,1998 年 10 月,第 22 至 26 頁。

收入宋鎮豪、段志洪主編:《甲骨文獻集成》(第 28 册),成都:四川大學出版社,2001 年 4 月,第 360 頁;《饒宗頤二十世紀學術文集》(卷二・甲骨),臺北:新文豐出版公司,2003 年,第 1600 至 1608 頁。

468. 論龜爲水母及有關問題

《文物》(1999 年第 10 期),北京:文物出版社,1999 年 10 月,第 35 至 37 頁。

收入《饒宗頤二十世紀學術文集》(卷五・宗教學),臺北:新文豐出版公司,2003 年,第 9 至 14 頁。

469. 浮濱文化的石璋、符號及相關問題

《嶺南學報》(新第 1 期),香港:嶺南大學文學與翻譯研究中心,1999 年 10 月,第 1 至 11 頁;附録:《由牙璋分布論古史地域擴張問題——南中國及鄰近地區古文化研究國際研討會開幕演講》。

後以《浮濱文化的符號》收入《饒宗頤二十世紀學術文集》(卷一・史溯),臺北:新文豐出版公司,2003 年,第 331 至 340 頁。

470. 郭店楚簡本《老子》新義舉例

《第 2 屆東方思想國際學術研討會論文集》,北京:國際文化出版公司,1999 年 11 月。

收入《饒宗頤二十世紀學術文集》(卷三・簡帛學),臺北:新文豐出版公司,2003 年,第 12 至 20 頁。

471. 馬王堆《陰陽五行》之天一圖——漢初天一家遺説考

《燕京學報》(新第 7 期),北京:北京大學出版社,1999 年 11 月,第 65 至 76 頁。

收入《饒宗頤二十世紀學術文集》(卷三・簡帛學),臺北:新文豐出版公司,2003 年,第 137 至 155 頁。

472. 古史重建與地域擴張問題

《九州》(第 2 輯),北京:商務印書館,1999 年 11 月,第 21 至 28 頁。

後以《論古史的重建》收入《饒宗頤二十世紀學術文集》(卷一·史溯),臺北:新文豐出版公司,2003 年,第 7 至 11 頁。

修訂版收入《饒宗頤新出土文獻論證》,上海:上海古籍出版社,2005 年 9 月,第 67 至 76 頁。

473. 港臺地區敦煌學研究的回顧與展望

論文初於 2000 年 7 月 29 日至 8 月 3 日在敦煌莫高窟舉行的“敦煌學國際學術討論會”上提出,刊於《敦煌研究》(2000 年特刊),蘭州:敦煌研究編輯部,2000 年。

收入《饒宗頤二十世紀學術文集》(卷八·敦煌學),臺北:新文豐出版公司,2003 年,第 283 至 290 頁。

474. 册祝考、册伐與地理——論工典及有關問題(殷禮提綱之一)

《華學》(第 4 輯),北京:紫禁城出版社,2000 年,第 1 至 8 頁。

收入《饒宗頤二十世紀學術文集》(卷四·經術、禮樂),臺北:新文豐出版公司,2003 年,第 266 至 280 頁。

475. 涓子《琴心》考——由郭店雅琴談老子門人的琴學

《中國學術》(第 1 輯),北京:商務印書館,2000 年 1 月,第 1 至 11 頁。

收入《饒宗頤二十世紀學術文集》(卷四·經術、禮樂),臺北:新文豐出版公司,2003 年,第 535 至 550 頁;《饒宗頤新出土文獻論證》，上海：上海古籍出版社，2005 年 9 月，第 161 至 174 頁。

476. 邢臺西周甲骨與《爾雅》合證

《中華文史論叢》（總第 61 輯），上海：上海古籍出版社，2000 年 3 月，第 1 至 2 頁。

收入《饒宗頤二十世紀學術文集》（卷二・甲骨），臺北：新文豐出版公司，2003 年，第 1672 至 1674 頁。

477. 從郭店楚簡談古代樂教

《郭店楚簡國際學術研討會論文集》（武漢大學中國文化研究院編），武漢：湖北人民出版社，2000 年 5 月，第 3 至 7 頁。

最初發表於武漢大學中國文化研究院、美國哈佛燕京學社等單位於 1999 年在武漢大學舉辦的"郭店楚簡國際學術研討會"論文集。

收入《饒宗頤二十世紀學術文集》（卷四・經術、禮樂），臺北：新文豐出版公司，2003 年，第 526 至 534 頁；《饒宗頤新出土文獻論證》，上海：上海古籍出版社，2005 年 9 月，第 152 至 160 頁。

478. 詩言志再辨——以郭店楚簡資料爲中心

《郭店楚簡國際學術研討會論文集》（武漢大學中國文化研究院編），武漢：湖北人民出版社，2000 年 5 月，第 8 至 11 頁。

最初發表於武漢大學中國文化研究院、美國哈佛燕京學社等單位於 1999 年在武漢大學舉辦的"郭店楚簡國際學術研討會"論文集。

又見於 *Tradition and Transformation: Studies in Chinese Art in Honor of Chu-Tsing Li* (Judith G. Smith ed.), USA: Spencer Museum of Art ; University of Kanas, 2005, pp. 324 – 330.

(按:中文論文;英文題目爲"Returning to the Subject of Poetry as the Expression of Heartfelt Sentiments".)

收入《饒宗頤二十世紀學術文集》(卷四・經術、禮樂),臺北:新文豐出版公司,2003 年,第 191 至 199 頁;《饒宗頤新出土文獻論證》,上海:上海古籍出版社,2005 年 9 月,第 143 至 151 頁。

479.《敦煌吐魯番本文選》叙録

《敦煌吐魯番本文選》(編),北京:中華書局,2000 年 5 月,第 1 至 9 頁。

收入《饒宗頤二十世紀學術文集》(卷一一・文學),臺北:新文豐出版公司,2003 年,第 752 至 766 頁。

480. 宋學的淵源——後周復古與宋初學術

收入《中國宗教思想史新頁》,北京:北京大學出版社,2000 年 5 月,第 36 至 43 頁;《饒宗頤二十世紀學術文集》(卷四・經術、禮樂),臺北:新文豐出版公司,2003 年,第 436 至 443 頁。

481. 重讀《離騷》——談《離騷》中的關鍵字“靈”

此文首於 2000 年 5 月 25 日在“屈原研究國際研討會”上提出，後刊於《浙江師範大學學報(社會科學版)》(第 25 卷第 4 期;總第 106 期)，金華:浙江師範大學學報編輯部，2000 年 7 月，第 1 至 2 頁。

收入《饒宗頤二十世紀學術文集》(卷一一・文學)，臺北:新文豐出版公司，2003 年，第 64 至 70 頁。

482. 殷代的宗教

此文爲先生於 2000 年 5 月 29 日在香港中文大學宗教系、崇基學院宗教與中國社會研究中心及法國遠東學院合辦“宗教與中國社會——研究領域的轉變、啓迪與中國文化國際研討會”之主題演講稿。

收入《饒宗頤二十世紀學術文集》(卷五・宗教學)，臺北:新文豐出版公司，2003 年，第 5 至 8 頁。

483. 論元祥邁注《韓文公別傳》

《第三屆潮學國際研討會論文集》(陳三鵬主編)，廣州:花城出版社，2000 年 8 月，第 8 至 11 頁。

收入《饒宗頤二十世紀學術文集》(卷五・宗教學)，臺北:新文豐出版公司，2003 年，第 353 至 357 頁。

484. **造字與解字**

《漢字的應用與傳播——99 漢字應用與傳播國際學術研討會論文集》(趙麗明、黄國營編),北京:華語教學出版社,2000 年 10 月,第 13 至 16 頁。

485. **説沚與冒及沚戠——卜辭復合人名研究舉例**

《故宫博物院院刊》(2000 年第 6 期;總第 92 期),北京:紫禁城出版社,2000 年 12 月,第 1 至 7 頁。

486. **泛論三國碑刻書法**

《中國碑帖與書法國際研討會論文集》(游學華、陳娟安編),香港:香港中文大學文物館,2001 年,第 7 至 14 頁,内含圖版 5 頁。

又見《中國書法》(2001 年第 10 期;總第 102 期),北京:中國書法雜志社,2001 年 10 月,第 20 至 30 頁。

收入《饒宗頤二十世紀學術文集》(卷一三・藝術),臺北:新文豐出版公司,2003 年,第 23 至 35 頁。

487. **從出土文獻談古代樂教**

《中國文化的檢討與前瞻:新亞書院五十周年金禧紀念學術論文集》(劉述先主編),香港:八方文化企業公司,2001 年,第 160 至 169 頁。(按:此文首於 1999 年 7 月 13 至 14 日在香港中文大學新亞書院舉行之"中國文化的檢討與前瞻:新亞書院五十周年金禧紀念學術研討會"提交。)

488. 梁庾元威論《説文解字》

《慶祝王元化教授八十歲論文集》(慶祝王元化教授八十歲論文集編委會編),上海:華東師範大學出版社,2001 年 1 月,第 102 至 104 頁。

後以《梁庾元威論〈説文解字〉及書之怪奇陋習》收入《饒宗頤二十世紀學術文集》(卷一三·藝術),臺北:新文豐出版公司,2003 年,第 69 至 74 頁。

489. 早期青州城與佛教的因緣

《山東青州龍興寺出土佛教造像研討會特刊》,香港:香港藝術館、志蓮净苑,2001 年 2 月,第 1 至 7 頁。

又見《中國史研究》(2001 年第 3 期),北京:中國社會科學出版社,2001 年,第 49 至 53 頁。

收入《饒宗頤二十世紀學術文集》(卷五·宗教學),臺北:新文豐出版公司,2003 年,第 269 至 277 頁。

490. "太一"古義及相關問題

此文爲先生於 2001 年 10 月在北京大學考古文博院之演講稿,由戴維整理。

收入《饒宗頤二十世紀學術文集》(卷三·簡帛學),臺北:新文豐出版公司,2003 年,第 25 至 36 頁。

491. **敦煌《悉曇章》與琴曲《悉曇章》**

此文首於 2001 年 11 月 1 至 4 日在臺灣中正大學、逢甲大學聯合主辦"二十一世紀敦煌學國際學術研討會"上發表。

收入《饒宗頤二十世紀學術文集》(卷四・經術、禮樂),臺北:新文豐出版公司,2003 年,第 627 至 638 頁。

492. **揭陽與五嶺**(史料摘選)

此文首於 2001 年 11 月 22 至 24 日由香港中文大學文學院及歷史系主辦的"第四届潮州學國際研討會"上發表,初名《揭陽與越布》。後以《揭陽與五嶺》爲名刊在《揭陽日報》"第五届潮學國際研討會特刊"上,揭陽日報社出版,2003 年 11 月 10 日,第 9 版。

收入賀益明主編:《揭陽縣志(1986 – 1991 續編)》,廣州:廣東經濟出版社,2005 年 5 月,第 503 至 504 頁。

493. **由出土銀器論中國與波斯、大秦早期之交通**

《華學》(第 5 輯),廣州:中山大學出版社,2001 年 12 月,第 1 至 13 頁。

收入《饒宗頤二十世紀學術文集》(卷七・中外關係史),臺北:新文豐出版公司,2003 年,第 167 至 192 頁。

【法文版】"Les relations entre la Chine et le monde iranien dans l' Antiquité: historiquement revisitées à la lumière des découvertes archéologiques du dernier quart de siècle" (co-authored with Léon Vandermeersch), *Bulletin de l' École française d' Extreme-Orient* (No. 93), Paris: École française d' Extrême-Orient, 2006, pp. 207 – 245.

494. 覭民、苗民考

《華學》(第5輯),廣州:中山大學出版社,2001年12月,第91至93頁。

收入《饒宗頤新出土文獻論證》,上海:上海古籍出版社,2005年9月,第27至31頁。

495. 由刑德二柄談"逕"字——經典异文探討一例

此文首於2002年香港大學中文系主辦之"第一屆中國語言文字國際學術研討會"上發表。

後刊於《上海博物館集刊·上海博物館建館五十周年》(第9期),上海:上海書畫出版社,2002年12月,第171至176頁。

收入《饒宗頤二十世紀學術文集》(卷四·經術、禮樂),臺北:新文豐出版公司,2003年,第167至174頁。

又載《語言文字學研究》(單周堯、陸鏡光主編),北京:中國社會科學出版社,2005年12月,第1至4頁。

496. 論賈湖刻符及相關問題

《古文字與商周文明》(第三屆國際漢學會議論文集·文字學組),臺北:"中央研究院"歷史語言研究所,2002年,第1至14頁。

收入《饒宗頤二十世紀學術文集》(卷一·史溯),臺北:新文豐出版公司,2003 年,第 31 至 43 頁。

497. 韓愈的道統説與道統的形成

《韓愈研究》(第 3 輯)(張清華、楊丕祥主編),北京:中國文聯出版社,2002 年 3 月,第 4 至 8 頁。

此文係張清華根據饒先生 1998 年 9 月 19 日在孟州的講話録音整理,并經饒先生審閲。

498. 上海楚竹書《詩序》小箋

《上博藏戰國楚竹書研究》(上海大學古代文明研究中心、清華大學思想文化研究所編;朱淵清、廖名春執行主編),上海:上海書店出版社,2002 年 3 月。

後以《竹書〈詩序〉小箋(一)》收入《饒宗頤二十世紀學術文集》(卷四·經術、禮樂),臺北:新文豐出版公司,2003 年,第 217 至 220 頁;《饒宗頤新出土文獻論證》,上海:上海古籍出版社,2005 年 9 月,第 187 至 192 頁。

499. 興於詩——《詩序》心理學的分析

此文爲 2002 年 4 月先生於南京大學百年校慶之演講辭。

後收入《饒宗頤新出土文獻論證》,上海:上海古籍出版社,2005 年 9 月,第 200 至 208 頁。

500. 釋、道并行與老子神化成爲教主的年代

《燕京學報》(新第12期),北京:北京大學出版社,2002年5月,第1至6頁。

收入《饒宗頤二十世紀學術文集》(卷五·宗教學),臺北:新文豐出版公司,2003年,第188至195頁。

501. 曲沃北趙晋侯墓地 M114 出土叔夨方鼎及相關問題研究筆談

《文物》(2002年第5期),北京:文物出版社,2002年5月,第69至70頁。

收入《饒宗頤新出土文獻論證》,上海:上海古籍出版社,2005年9月,第138至142頁。

502. 楚簡《詩説》的理論及其歷史背景

此文爲先生於2002年5月3日在哈佛大學楊聯升第三届講座之講辭。

收入《饒宗頤新出土文獻論證》,上海:上海古籍出版社,2005年9月,第209至230頁。

503. 朱子與潮州

《朱子學的開展——東亞篇》(漢學研究中心叢刊論著類第9種),臺北:漢學研究中心,2002年6月,第55至64頁。

收入《饒宗頤二十世紀學術文集》(卷四・經術、禮樂),臺北:新文豐出版公司,2003 年,第 450 至 461 頁。

504. 談《歸藏》斗圖——早期卜辭"從斗"釋義與北斗信仰溯源

《追尋中華古代文明的踪迹——李學勤先生學術活動五十年紀念文集》(文集委員會主編),上海:復旦大學出版社,2002 年 8 月,第 1 至 3 頁。

收入《饒宗頤二十世紀學術文集》(卷四・經術、禮樂),臺北:新文豐出版公司,2003 年,第 36 至 42 頁;《饒宗頤新出土文獻論證》,上海:上海古籍出版社,2005 年 9 月,第 251 至 256 頁。

505. 塞種與 Soma——不死藥的來源探索

《中國學術》(第 12 輯),北京:商務印書館,2002 年 12 月,第 1 至 10 頁。

收入《饒宗頤二十世紀學術文集》(卷七・中外關係史),臺北:新文豐出版公司,2003 年,第 152 至 166 頁。

506. 明清之際禪家燈統與畫學

論文首於 2002 年 12 月 21 至 23 日在香港大學中文系主辦之"明清江南:地域主體與歷史轉折國際學術研討會"上提出。

後以《明清之際禪畫南傳與海外文化交流》收入《饒宗頤二十世紀學術文集》(卷一三・藝術),臺北:新文豐出版公司,2003 年,第 1061 至 1068 頁。

修訂版後刊於會議論文集《明清學術研究》(單周堯主編),北京:中國社會科學出版社,2009 年,第 1 至 6 頁。

507. 談鐘律及楚簡"涫"、"灊"爲"折"字説

《道苑繽紛録——柳存仁教授八十五歲祝壽論文集》(李焯然、陳萬成主編),香港:商務印書館(香港)有限公司,2002 年 12 月,第 1 至 7 頁。

收入《饒宗頤新出土文獻論證》,上海:上海古籍出版社,2005 年 9 月,第 175 至 180 頁。

508.《詩》與古史——從新出土楚簡談玄鳥傳説與早期殷史

此文爲先生於 2003 年 3 月 1 日在香港中文大學四十周年杰出學人學術講座之講辭。

後載《中國文化研究所學報》(新第 12 期;總第 43 期),香港:香港中文大學中國文化研究所學報,2003 年,第 1 至 12 頁。

收入《饒宗頤新出土文獻論證》,上海:上海古籍出版社,2005 年 9 月,第 3 至 19 頁。

509. 敦煌悉曇章與琴曲悉曇章

《新世紀敦煌學論集》(項楚、鄭阿財主編),成都:巴蜀書社,2003 年 3 月,第 234 至 238 頁。

510. **濮陽龍虎蚌塑圖像涵義蠡測**

《饒宗頤二十世紀學術文集》(卷一·史溯),臺北:新文豐出版公司,2003 年,第 23 至 30 頁。

511. **風胡子論玉器時代**

《饒宗頤二十世紀學術文集》(卷一·史溯),臺北:新文豐出版公司,2003 年,第 307 至 309 頁。

512. **郭店楚簡與《天問》——"墜何故以東南傾"説**

《饒宗頤二十世紀學術文集》(卷三·簡帛學),臺北:新文豐出版公司,2003 年,第 21 至 24 頁。

513. **郭店楚簡中虞舜先人"戸寞"考**

《饒宗頤二十世紀學術文集》(卷三·簡帛學),臺北:新文豐出版公司,2003 年,第 212 至 214 頁。

514. **竹書《詩序》小箋(二)——論"吝"與"隱"**

《饒宗頤二十世紀學術文集》(卷四·經術、禮樂),臺北:新文豐出版公司,2003 年,第 221 至 222 頁。

515. **奇士與奇文——記屈大均及其《華岳》詩**

廣東炎黄文化研究會編:《嶺嶠春秋:嶺南文化論集(四)》上册,廣州:廣東人民出版社,1997 年 8 月,第 34 至 36 頁。(首

發無副標題)

收入《饒宗頤二十世紀學術文集》(卷一二・詩詞學),臺北:新文豐出版公司,2003 年,第 169 至 171 頁。

516. 卜辭"敨門不往夆"解——殷禮提綱之一

《紀念殷墟甲骨文發現一百周年國際學術研討會論文集》(夏商周文明研究・四)(王宇信、宋鎮豪主編),北京:社會科學文獻出版社,2003 年 3 月,第 120 至 124 頁。(按:此文首於 1999 年 8 月 20 至 23 日在河南省安陽市舉行之"紀念殷墟甲骨文發現一百周年國際學術研討會"上提出。)

收入《饒宗頤二十世紀學術文集》(卷四・經術、禮樂),臺北:新文豐出版公司,2003 年,第 257 至 265 頁。

517. 殷代地理疑義舉例——古史地域的一些問題和初步詮釋

《九州》(第 3 輯・先秦歷史地理專號),北京:商務印書館,2003 年 4 月,第 52 至 65 頁。

收入《饒宗頤新出土文獻論證》,上海:上海古籍出版社,2005 年 9 月,第 77 至 94 頁。

518. 殷代歷史地理三題:殷代盧帝考・帝江、工方考・殷代竹國辨

《九州》(第 3 輯・先秦歷史地理專號),北京:商務印書館,

2003 年 4 月，第 66 至 82 頁。

收入《饒宗頤新出土文獻論證》，上海：上海古籍出版社，2005 年 9 月，第 95 至 114 頁；其中《帝江・工方考》收入季羡林、陳昕編選：《長江文化議論集》上册，武漢：湖北教育出版社，2005 年 11 月，第 1 至 12 頁。

519. 由明代"二酉山房"談秦人藏書處與里耶秦簡

《中國歷史文物》（2003 年第 1 期），北京：中國國家博物館，2003 年，第 6 至 9 頁。

收入《饒宗頤新出土文獻論證》，上海：上海古籍出版社，2005 年 9 月，第 233 至 239 頁。

520. 𤲞公盨與夏書佚篇《禹之總德》

《華學》（第 6 輯），北京：紫禁城出版社，2003 年 6 月，第 1 至 6 頁。

收入《饒宗頤新出土文獻論證》，上海：上海古籍出版社，2005 年 9 月，第 49 至 59 頁。

521. 賈誼《鵩鳥賦》及其人學

《東南大學學報（哲學社會科學版）》（第 5 卷第 4 期），南京：東南大學學報編輯部，2003 年 7 月，第 99 至 101 頁。

收入《饒宗頤二十世紀學術文集》（卷四・經術、禮樂），臺北：新文豐出版公司，2003 年，第 406 至 413 頁。

522. 索紞寫本《道德經》殘卷再論

《首都博物館叢刊》(第 17 期),北京:北京燕山出版社,2003 年 9 月,第 1 至 2 頁。

523. 古西水、西墳考——里耶秦簡所見"西陽"與古史

《第四屆國際中國古文字學研討會論文集:新世紀的古文字學與經典詮釋》(張光裕主編;張雙慶等編輯),香港:香港中文大學中國語言及文學系,2003 年 10 月,第 1 至 4 頁。

收入《饒宗頤新出土文獻論證》,上海:上海古籍出版社,2005 年 9 月,第 240 至 247 頁。

524. 詩的欣賞:介紹竹書最古的《詩》説

《當代杰出學人文史、科技公開演講文集》(李光雄等編輯),香港:香港公共圖書館,2004 年 2 月,第 3 至 12 頁及第 285 至 288 頁。

(按:文後附有鄭煒明博士《寫在饒宗頤教授演講之後的幾點個人感想》及"饒宗頤教授回應現場聽衆提問"。)

後以《詩的欣賞——古代詩教和詩的社會》收入《饒宗頤新出土文獻論證》,上海:上海古籍出版社,2005 年 9 月,第 193 至 199 頁。

525. "玄鳥"補考

《九州學林》(第 2 卷第 3 期;總第 5 期),香港:香港城市大學

中國文化中心,2004 年秋季,第 152 至 159 頁。

收入《饒宗頤新出土文獻論證》,上海:上海古籍出版社,2005 年 9 月,第 20 至 26 頁。

526. **契封於商爲上洛商縣證**

《紀念顧頡剛先生誕辰 110 周年論文集》(中國社會科學院歷史研究所、中山大學歷史系編),北京:中華書局,2004 年 10 月,第 53 至 66 頁。

收入《饒宗頤新出土文獻論證》,上海:上海古籍出版社,2005 年 9 月,第 115 至 129 頁。

527. **隋唐土著**

《潮州》(2004 年第 4 期;總第 56 期),潮州:《潮州》編輯部,2004 年 11 月,第 18 頁。

(按:此文録自當時即將出版、由潮州市地方志辦公室整理重印的《潮州志》之《民族志》一節。)

528. **"九州平"及"地平天成"説**

《華學》(第 7 輯),廣州:中山大學出版社,2004 年 12 月,第 87 至 88 頁。

529. **再談《神烏傅(賦)》**

《簡帛研究》(第 2002、2003 年),桂林:廣西師範大學出版社,

2005 年,第 256 至 258 頁。

後以《神烏傅(賦)與東海文風》收入《饒宗頤二十世紀學術文集》(卷三・簡帛學),臺北:新文豐出版公司,2003 年,第 204 至 208 頁。

530. 古地辨二篇

《九州學林》(第 3 卷第 1 期;總第 7 期),香港:香港城市大學中國文化中心,2005 年春季,第 2 至 21 頁。

531. 禪門南北宗的匯合與傳播

此文爲先生於 1963 年 11 月 19 日在泰國曼谷潮安同鄉會的演講詞,後載於《泰國星暹日報》及《世界日報》。

又見《香港饒宗頤教授與泰國緣分》(特刊)(王僑生、陳瑞雲編),2005 年 5 月,第 38 至 39 頁。

532. 殷代"西戉(越)"考

《東岳論叢》(第 26 卷第 3 期),濟南:山東人民出版社,2005 年 5 月,第 5 至 6 頁。

收入《饒宗頤新出土文獻論證》,上海:上海古籍出版社,2005 年 9 月,第 130 至 132 頁。

533. 楊鐵崖與元代書學

《文匯報》(上海),上海:文匯報社,2005 年 5 月 5 日。

原文爲《東維子(楊鐵崖)與元代書學——兼論書史上二元説》,後刊於《千年遺珍國際學術研討會論文集》(上海博物館編),上海:上海書畫出版社,2006 年 12 月,第 449 至 453 頁。

534. **由古唐國談唐叔虞封地與"叔夨"及"燮父"問題**

《饒宗頤新出土文獻論證》,上海:上海古籍出版社,2005 年 9 月,第 133 至 137 頁。

535. **説"𥁕" ——《老子》"大曰逝"説**

《長沙三國吴簡暨百年來簡帛發現與研究國際學術研討會論文集》(李學勤主編;長沙市文物考古研究所編),北京:中華書局,2005 年 12 月,第 209 至 210 頁。

536. **敦煌學應擴大研究範圍**(鄭煒明博士整理)

《敦煌吐魯番研究》(第 9 卷・創刊十周年紀録專號),北京:中華書局,2006 年 5 月,第 1 至 5 頁。

537. **吕國編鐘"若華"、"囂聖"與大戴禮帝繫——附論昭武安氏早期稱爲華裔之附會**(鄭煒明博士整理)

《華學》(第 8 輯),北京:紫禁城出版社,2006 年 8 月,第 1 至 9 頁。

538. **中國西北宗山水畫説**

《敦煌研究》(2006 年第 6 期;總第 100 期),蘭州:甘肅人民出版社,2006 年 12 月,第 10 至 12 頁。

539. 殷周金文卜辭所見夷方西北地理考——子氏婦好在西北西南活動之史迹

《燕京學報》(新第22期),北京:北京大學出版社,2007年5月,第1至28頁。

又見《中國文化研究所學報》[第47期·中國文化研究所四十周年紀念專號(上册)],香港:香港中文大學中國文化研究所,2007年,第1至12頁。

七、其他文章

（一）賦與駢文

1. 潮州藝文志總目序

《潮聲月刊》,上海潮州同鄉會發行,1934 年 1 卷 12 期,第 31 至 32 頁。

作於 1934 年3 月3 日,同年9 月修改後刊在《嶺南學報》4 卷 4 期。

2. 廷鞫實録序

《書林》(半月刊),第 1 卷第 5 期,廣州:廣州市立中山圖書館,1937 年 5 月 10 日,第 10 頁。

收入《潮州叢著初編》,廣州市立中山圖書館叢書(3),廣州:廣州市立中山圖書館,1938 年。

【重印本】臺北:文海出版社,1971 年;潮州修志館編:《大光報·方志周刊》(第 66 期),汕頭,1948 年 8 月 3 日,第 4 版;《固庵文録》,臺北:新文豐出版公司,1989 年 9 月,第 50 至 51 頁;《饒宗頤二十世紀學術文集》(卷一四·文録、詩詞),臺北:新文豐出版公司,2003 年,第 313 至 314 頁。

3.《潮州叢著初編》自序

廣州市立中山圖書館叢書(3),廣州:廣州市立中山圖書館,1938年;【重印本】臺北:文海出版社,1971年。

收入《饒宗頤二十世紀學術文集》(卷九・潮學),臺北:新文豐出版公司,2003年,第1224頁。

4. 登宋王臺賦

南華學報編輯委員會主編:《南華學報》之"固庵賦録"(遷汕再版號第1期),汕頭:南華學院,1948年5月,第35頁。

後以《宋皇臺賦》收入簡又文主編《宋皇臺紀念集》卷四,香港:香港趙族宗親總會,1960年3月,207頁;又以《宋王臺賦》收入《固庵文録》,臺北:新文豐出版公司,1989年9月,第10頁;收入《饒宗頤二十世紀學術文集》(卷一四・文録、詩詞),臺北:新文豐出版公司,2003年,第279頁。

5. 馬矢賦

南華學報編輯委員會主編:《南華學報》之"固庵賦録"(遷汕再版號第1期),汕頭:南華學院,1948年5月,第32頁。

收入《固庵文録》,臺北:新文豐出版公司,1989年9月,第11至12頁;《饒宗頤二十世紀學術文集》(卷一四・文録、詩詞),臺北:新文豐出版公司,2003年,第280頁。

6. 斗室賦

南華學報編輯委員會主編:《南華學報》之“固庵賦録”(暹汕再版號第 1 期),汕頭:南華學院,1948 年 5 月,第 33 頁。

收入《固庵文録》,臺北:新文豐出版公司,1989 年 9 月,第 13 至 14 頁;《饒宗頤二十世紀學術文集》(卷一四・文録、詩詞),臺北:新文豐出版公司,2003 年,第 281 頁。

7. 白雲賦

南華學報編輯委員會主編:《南華學報》之“固庵賦録”(暹汕再版號第 1 期),汕頭:南華學院,1948 年 5 月,第 34 頁。

收入《固庵文録》,臺北:新文豐出版公司,1989 年 9 月,第 15 頁;《饒宗頤二十世紀學術文集》(卷一四・文録、詩詞),臺北:新文豐出版公司,2003 年,第 282 至 283 頁。

8. 囚城賦

南華學報編輯委員會主編:《南華學報》之“固庵賦録”(暹汕再版號第 1 期),汕頭:南華學院,1948 年 5 月,第 35 頁。

收入《固庵文録》,臺北:新文豐出版公司,1989 年 9 月,第 17 頁;《饒宗頤二十世紀學術文集》(卷一四・文録、詩詞),臺北:新文豐出版公司,2003 年,第 284 頁。

9. 燭賦

南華學報編輯委員會主編:《南華學報》之“固庵賦録”(暹汕再

版號第 1 期),汕頭:南華學院,1948 年 5 月,第 36 頁。

收入《固庵文録》,臺北:新文豐出版公司,1989 年 9 月,第 18 頁;《饒宗頤二十世紀學術文集》(卷一四・文録、詩詞),臺北:新文豐出版公司,2003 年,第 285 頁。

10. 落花生賦

《民主評論》半月刊(第 4 卷第 6 期),香港:民主評論社,1953 年 3 月,第 22 頁。

收入《固庵文録》,臺北:新文豐出版公司,1989 年 9 月,第 4 至 5 頁;《饒宗頤二十世紀學術文集》(卷一四・文録、詩詞),臺北:新文豐出版公司,2003 年,第 274 頁。

11.《詞樂叢刊》序

《香港大學中文學會會刊》,香港:香港大學中文學會,1956 年,第 44 頁。

《詞樂叢刊》(第 1 集)(與趙尊岳合著),香港:坐忘齋,1958 年 10 月,第 3 至 4 頁。

收入《固庵文録》,臺北:新文豐出版公司,1989 年 9 月,第 76 至 77 頁;《饒宗頤二十世紀學術文集》(卷一四・文録、詩詞),臺北:新文豐出版公司,2003 年,第 328 頁。

又見《古典詩學會探——復旦大學中文系教授榮休紀念文叢》(陳允吉卷),上海:復旦大學出版社,2006 年 4 月,第 3 頁。

12.《老子想爾注校箋》自序

香港:東南書局,1956 年 4 月。

收入《固庵文録》,臺北:新文豐出版公司,1989 年 9 月,第 65 至 66 頁;《饒宗頤二十世紀學術文集》(卷一四·文録、詩詞),臺北:新文豐出版公司,2003 年,第 324 至 325 頁。

13. 簡又文著《太平天國典制通考》序

香港:簡氏猛進書屋,1958 年。

收入《固庵文録》,臺北:新文豐出版公司,1989 年 9 月,第 55 至 56 頁;《饒宗頤二十世紀學術文集》(卷一四·文録、詩詞),臺北:新文豐出版公司,2003 年,第 318 至 319 頁。

14.《殷代貞卜人物通考》序例

香港:香港大學出版社,1959 年。

收入《固庵文録》,臺北:新文豐出版公司,1989 年 9 月,第 67 至 73 頁。

15.《儀端館詞》序

香港,1962 年。

收入《固庵文録》,臺北:新文豐出版公司,1989 年 9 月,第 75 頁;《饒宗頤二十世紀學術文集》(卷一四·文録、詩詞),臺北:新文豐出版公司,2003 年,第 327 頁。

16. 靈渡山杯渡井銘(附記:杯渡事迹與靈渡寺始末)

《大陸雜志》(第 27 卷第 9 期),臺北:大陸雜志社,1963 年 11 月 15 日,第 11 頁。

收入《固庵文録》,臺北:新文豐出版公司,1989 年 9 月,第 38 至 41 頁;《饒宗頤二十世紀學術文集》(卷一四·文録、詩詞),臺北:新文豐出版公司,2003 年,第 302 至 305 頁。

17. 芳洲詞社啓

香港,1968 年春。

收入《固庵文録》,臺北:新文豐出版公司,1989 年 9 月,第 74 頁;《饒宗頤二十世紀學術文集》(卷一四·文録、詩詞),臺北:新文豐出版公司,2003 年,第 326 頁。

18. 楊勇著《世説新語校箋》序

香港:香港大衆書局,1969 年。

收入《固庵文録》,臺北:新文豐出版公司,1989 年 9 月,第 52 至 54 頁;《饒宗頤二十世紀學術文集》(卷一四·文録、詩詞),臺北:新文豐出版公司,2003 年,第 315 至 317 頁。

19. 送羅元一教授榮休序

《壽羅香林教授論文集》(壽羅香林教授論文集編委會主編),香港:萬有圖書公司,1970 年。

收入《固庵文録》,臺北:新文豐出版公司,1989 年 9 月,第 81

至 82 頁;《饒宗頤二十世紀學術文集》(卷一四·文録、詩詞),臺北:新文豐出版公司,2003 年,第 332 頁。

20. 戴密微教授八十壽序

《敦煌學》(第 1 期·戴密微先生八秩大慶祝壽專號),香港:香港新亞研究所敦煌學會,1974 年 7 月,第 6 至 9 頁。

又載《華學月刊》,臺北:"中華學術院"國際華學會議秘書處,1975 年 1 月,第 13 至 14 頁。

收入《固庵文録》,臺北:新文豐出版公司,1989 年 9 月,第 78 至 80 頁;《饒宗頤二十世紀學術文集》(卷一四·文録、詩詞),臺北:新文豐出版公司,2003 年,第 329 頁。

21. 題高儼畫贈釋成鷟圖卷

原文撰於 1974 年。

收入《固庵文録》,臺北:新文豐出版公司,1989 年 9 月,第 83 頁;《饒宗頤二十世紀學術文集》(卷一四·文録、詩詞),臺北:新文豐出版公司,2003 年,第 333 頁。

22. 歷代勝流畫竹贊

《旅暹潮安同鄉會成立四十八周年紀念特刊》,曼谷:旅暹潮安同鄉會,1975 年,第 20 頁。

收入《固庵文録》,臺北:新文豐出版公司,1989 年 9 月,第 32 至 34 頁;《饒宗頤二十世紀學術文集》(卷一四·文録、詩詞),

臺北:新文豐出版公司,2003 年,第 297 至 299 頁。

23.《外丹黃白術四種》序

原文撰於 1980 年。

收入《固庵文録》,臺北:新文豐出版公司,1989 年 9 月,第 60 至 61 頁;《饒宗頤二十世紀學術文集》(卷一四·文録、詩詞),臺北:新文豐出版公司,2003 年,第 323 頁。

24. 楊衒之著、楊勇校箋《洛陽伽藍記校箋》序

臺北:正文書屋,1982 年;【重刊本】北京,中華書局,2006 年。

又見《新亞生活》(第 10 卷第 4 期),香港:香港中文大學新亞書院,1982 年 12 月 15 日,第 1 頁;《香港佛教》(第 275 期),香港:香港佛教雜志社,1983 年 4 月,第 12 頁。

收入《固庵文録》,臺北:新文豐出版公司,1989 年 9 月,第 57 至 58 頁;《饒宗頤二十世紀學術文集》(卷一四·文録、詩詞),臺北:新文豐出版公司,2003 年,第 320 至 321 頁。

25. 茶經注序

《明報月刊》(第 20 卷第 10 期;總第 238 期),香港:香港明報有限公司,1985 年 10 月,第 57 頁。

收入《固庵文録》,臺北:新文豐出版公司,1989 年 9 月,第 59 頁;《饒宗頤二十世紀學術文集》(卷一四·文録、詩詞),臺北:新文豐出版公司,2003 年,第 322 頁。

26. 蒲甘賦

《固庵文録》,臺北:新文豐出版公司,1989 年 9 月,第 1 頁。

收入《饒宗頤東方學論集》,汕頭:汕頭大學出版社,1999 年 11 月,第 451 至 452 頁;《饒宗頤二十世紀學術文集》(卷一四・文録、詩詞),臺北:新文豐出版公司,2003 年,第 271 至 272 頁。

27. 寥天一閣沙礫琴賦

《固庵文録》,臺北:新文豐出版公司,1989 年 9 月,第 3 頁。

收入《饒宗頤二十世紀學術文集》(卷一四・文録、詩詞),臺北:新文豐出版公司,2003 年,第 273 頁。

28. 龍壁賦

《固庵文録》,臺北:新文豐出版公司,1989 年 9 月,第 6 至 7 頁。

收入《饒宗頤二十世紀學術文集》(卷一四・文録、詩詞),臺北:新文豐出版公司,2003 年,第 275 至 276 頁。

29. 蟹賦

《固庵文録》,臺北:新文豐出版公司,1989 年 9 月,第 8 頁。

收入《饒宗頤二十世紀學術文集》(卷一四・文録、詩詞),臺北:新文豐出版公司,2003 年,第 277 頁。

30. 觀雲賦

《固庵文録》,臺北:新文豐出版公司,1989 年 9 月,第 9 頁。

收入《饒宗頤二十世紀學術文集》(卷一四・文録、詩詞),臺北:新文豐出版公司,2003 年,第 278 頁。

31. 詞榻賦

《固庵文録》,臺北:新文豐出版公司,1989 年 9 月,第 19 頁。

收入黄施民等主編:《廣東詩詞選粹》,廣州:廣東人民出版社,1993 年 2 月,第 312 至 313 頁;《饒宗頤二十世紀學術文集》(卷一四・文録、詩詞),臺北:新文豐出版公司,2003 年,第 286 頁。

32. 法南獵士谷(Lauscaux)史前洞窟壁畫頌

《固庵文録》,臺北:新文豐出版公司,1989 年 9 月,第 18 頁。

收入《饒宗頤二十世紀學術文集》(卷一四・文録、詩詞),臺北:新文豐出版公司,2003 年,第 287 頁。

33. 梨俱吠陀無無頌

《固庵文録》,臺北:新文豐出版公司,1989 年 9 月,第 22 至 27 頁。

收入《饒宗頤東方學論集》,汕頭:汕頭大學出版社,1999 年 11 月,第 147 至 151 頁;《饒宗頤二十世紀學術文集》(卷一四・文録、詩詞),臺北:新文豐出版公司,2003 年,第 289 至 293 頁。

34. 馬王堆帛書《易經》贊

《固庵文録》,臺北:新文豐出版公司,1989年9月,第30至31頁。

收入《饒宗頤二十世紀學術文集》(卷一四・文録、詩詞),臺北:新文豐出版公司,2003年,第296頁。

35. 越王勾踐(鳩淺)劍銘并序

《固庵文録》,臺北:新文豐出版公司,1989年9月,第35頁。

收入《饒宗頤二十世紀學術文集》(卷一四・文録、詩詞),臺北:新文豐出版公司,2003年,第300頁。

36. 琴臺銘

《固庵文録》,臺北:新文豐出版公司,1989年9月,第36至37頁。

收入《饒宗頤二十世紀學術文集》(卷一四・文録、詩詞),臺北:新文豐出版公司,2003年,第301頁。

37. 汨羅吊屈子文

《固庵文録》,臺北:新文豐出版公司,1989年9月,第42頁。

收入《饒宗頤二十世紀學術文集》(卷一四・文録、詩詞),臺北:新文豐出版公司,2003年,第306頁。

38. 長沙吊賈生文

《固庵文録》,臺北:新文豐出版公司,1989年9月,第43至44頁。

收入《饒宗頤二十世紀學術文集》（卷一四・文録、詩詞），臺北：新文豐出版公司，2003 年，第 307 至 308 頁。

39. 常熟吊柳蘼蕪文

《固庵文録》，臺北：新文豐出版公司，1989 年 9 月，第 45 至 47 頁。

收入《饒宗頤二十世紀學術文集》（卷一四・文録、詩詞），臺北：新文豐出版公司，2003 年，第 309 至 310 頁。

40. 説勢序劉海粟翁書畫

《固庵文録》，臺北：新文豐出版公司，1989 年 9 月，第 48 至 49 頁。

收入《饒宗頤二十世紀學術文集》（卷一四・文録、詩詞），臺北：新文豐出版公司，2003 年，第 311 至 312 頁。

41.《韓山志》自序

國學會編審委員會國學論衡編纂部：《國學論衡》（第 10 期），蘇州：國學會發行，1937 年，第 89 至 90 頁，署名爲"潮安 饒宗頤 伯子"。原文撰於 1936 年 10 月，曾刊於《嶺東民國日報》。

收入《固庵文録》，臺北：新文豐出版公司，1989 年 9 月，第 62 至 64 頁；《饒宗頤潮汕地方史論集》，汕頭：汕頭大學出版社，1996 年 8 月，第 339 至 341 頁；《饒宗頤二十世紀學術文集》（卷九・潮學），臺北：新文豐出版公司，2003 年，第 1134 至 1136 頁。

【重刊本】《潮州三山志・韓山志》（饒宗頤輯），潮州：潮州市地方志辦公室、政協潮州市委員會,2006 年,第 167 至 274 頁。

42. 梁榮基著《詞學理論綜考》序

北京:北京大學出版社,1991 年。

又見《中國文哲研究通訊》(第 1 卷第 4 期),臺北:“中央研究院”中國文哲研究所,1991 年 12 月,第 152 頁。

43. 饒宗頤主編;姜伯勤、項楚、榮新江合著《敦煌邈真贊校録并研究》序

臺北:新文豐出版公司,1994 年。

(二)散文

1. 陳衍虞先生傳

《廣東旅滬同鄉會月刊》(第 1 卷第 11 期),上海:廣東旅滬同鄉會編印,1934 年,第 34 至 35 頁。

2.《潮州藝文志》序例(饒鍔輯;饒宗頤補訂)

《嶺南學報》(專號)(第 4 卷第 4 期;第 6 卷第 2、3 期合刊),廣州:廣州私立嶺南大學,1935 及 1937 年;【重印本】上海:上海古籍出版社,1994 年 4 月。

收入《饒宗頤潮汕地方史論集》,汕頭:汕頭大學出版社,1996 年

8 月,第 342 至 346 頁;《饒宗頤二十世紀學術文集》(卷九 · 潮學),臺北:新文豐出版公司,2003 年,第 244 至 249 頁。

3.《顧影集》殘本跋

《中山大學文科研究所語言文學專刊》(第 1 卷第 2 期),廣州:中山大學研究院文科研究所中國語言文學部,1936 年 6 月,第 587 頁。

修訂稿收入《嶺南學報 · 專號》(第 6 卷第 2、3 期合刊) 卷一一,廣州:廣州私立嶺南大學,1937 年初版,第 153 至 154 頁;《潮州叢著初編》,廣州:廣州市立中山圖書館,1938 年;【重印本】臺北:文海出版社,1971 年;《饒宗頤二十世紀學術文集》(卷九 · 潮學),臺北:新文豐出版公司,2003 年,第 648 至 649 頁。

4. 書李文饒到惡溪夜泊蘆島詩後(署名:宗頤)

《中山大學文科研究所語言文學專刊》(第 1 卷第 2 期),廣州:中山大學研究院文科研究所中國語言文學部,1936 年 6 月,第 588 至 590 頁。

5.《龜峰詞》跋

《潮州叢著初編》廣州市立中山圖書館叢書(3),廣州:廣州市立中山圖書館,1938 年。

修訂稿收入《饒宗頤二十世紀學術文集》(卷九 · 潮學),臺北:新文豐出版公司,2003 年,第 980 頁。

6.《薛中離先生全書》跋

《嶺南學報·專號》(第6卷第2、3期合刊) 卷一一,廣州:廣州私立嶺南大學,1937年初版,第145至146頁。

收入《潮州叢著初編》廣州市立中山圖書館叢書(3),廣州:廣州市立中山圖書館,1938年;《饒宗頤二十世紀學術文集》(卷九·潮學),臺北:新文豐出版公司,2003年,第639至640頁。

7.《林東莆先生全集》跋

《文藝捃華》季刊(金松岑主編),蘇州:國學會出版,1936年3卷4期,第4至5頁。

收入《嶺南學報·專號》(第6卷第2、3期合刊)卷一一,廣州:廣州私立嶺南大學,1937年初版,第174至175頁;《潮州叢著初編》廣州市立中山圖書館叢書(3),廣州:廣州市立中山圖書館,1938年;《饒宗頤二十世紀學術文集》(卷九·潮學),臺北:新文豐出版公司,2003年,第670至671頁。

8.《瞻六堂集》跋

《文藝捃華》季刊(金松岑主編),蘇州:國學會出版,1936年3卷4期,第5頁。

收入《嶺南學報·專號》(第6卷第2、3期合刊)卷一三,廣州:廣州私立嶺南大學,1937年初版,第271至272頁;《潮州叢著初編》廣州市立中山圖書館叢書(3),廣州:廣州市立中山圖書館,1938年;《饒宗頤二十世紀學術文集》(卷九·潮學),臺北:新文豐出版公司,2003年,第775頁。

9.《朱刻霜山草堂詩集》跋

《文藝捃華》季刊(金松岑主編),蘇州:國學會出版,1936 年 3 卷 4 期,第 6 頁。

收入《潮州叢著初編》廣州市立中山圖書館叢書(3),廣州:廣州市立中山圖書館,1938 年;修訂稿收入《饒宗頤二十世紀學術文集》(卷九·潮學),臺北:新文豐出版公司,2003 年,第 784 至 786 頁。

10.《半憨集》跋

《嶺南學報·專號》(第 6 卷第 2、3 期合刊)卷一二,廣州:廣州私立嶺南大學,1937 年初版,第 181 頁。

收入《潮州叢著初編》廣州市立中山圖書館叢書(3),廣州:廣州市立中山圖書館,1938 年;《饒宗頤二十世紀學術文集》(卷九·潮學),臺北:新文豐出版公司,2003 年,第 677 頁。

11.《郭循夫集》跋

《嶺南學報·專號》(第 6 卷第 2、3 期合刊)卷一二,廣州:廣州私立嶺南大學,1937 年初版,第 189 至 190 頁。

收入《潮州叢著初編》廣州市立中山圖書館叢書(3),廣州:廣州市立中山圖書館,1938 年;《饒宗頤二十世紀學術文集》(卷九·潮學),臺北:新文豐出版公司,2003 年,第 686 頁。

12.《玉簡山堂集》跋

《嶺南學報·專號》(第6卷第2、3期合刊)卷一二,廣州:廣州私立嶺南大學,1937年初版,第219頁。

收入《潮州叢著初編》廣州市立中山圖書館叢書(3),廣州:廣州市立中山圖書館,1938年;《饒宗頤二十世紀學術文集》(卷九·潮學),臺北:新文豐出版公司,2003年,第718頁。

13.《賓印詩稿》跋

《嶺南學報·專號》(第6卷第2、3期合刊)卷一二,廣州:廣州私立嶺南大學,1937年初版,第186頁。

收入《潮州叢著初編》廣州市立中山圖書館叢書(3),廣州:廣州市立中山圖書館,1938年;《饒宗頤二十世紀學術文集》(卷九·潮學),臺北:新文豐出版公司,2003年,第682頁。

14.《方刻醉經樓集》跋

《嶺南學報·專號》(第6卷第2、3期合刊)卷一二,廣州:廣州私立嶺南大學,1937年初版,第225頁。

收入《潮州叢著初編》廣州市立中山圖書館叢書(3),廣州:廣州市立中山圖書館,1938年;《饒宗頤二十世紀學術文集》(卷九·潮學),臺北:新文豐出版公司,2003年,第724至725頁。

15.《明農山堂彙草》跋

《嶺南學報·專號》(第6卷第2、3期合刊)卷一二,廣州:廣州私立嶺南大學,1937 年初版,第 233 至 234 頁。

收入《潮州叢著初編》廣州市立中山圖書館叢書(3),廣州:廣州市立中山圖書館,1938 年;《饒宗頤二十世紀學術文集》(卷九·潮學),臺北:新文豐出版公司,2003 年,第 733 至 734 頁。

16.《世馨堂詩集》殘本跋

《潮州叢著初編》廣州市立中山圖書館叢書(3),廣州:廣州市立中山圖書館,1938 年。

收入饒宗頤主編:《潮州志》集部《藝文志》三,汕頭:潮州修志館,1949 年,第 17 頁。

17.《蜀弦集》跋

《嶺南學報·專號》(第 6 卷第 2、3 期合刊)卷一三,廣州:廣州私立嶺南大學,1937 年初版,第 274 頁。

收入《潮州叢著初編》廣州市立中山圖書館叢書(3),廣州:廣州市立中山圖書館,1938 年;《饒宗頤二十世紀學術文集》(卷九·潮學),臺北:新文豐出版公司,2003 年,第 778 頁。

18.《迴風草堂詩集》跋

《嶺南學報·專號》(第 6 卷第 2、3 期合刊)卷一三,廣州:廣州私立嶺南大學,1937 年初版,第 284 頁。

收入《潮州叢著初編》廣州市立中山圖書館叢書(3),廣州:廣州市立中山圖書館,1938 年;《饒宗頤二十世紀學術文集》(卷九・潮學),臺北:新文豐出版公司,2003年,第788頁。

19.《桐陰詩集》跋

《潮州叢著初編》廣州市立中山圖書館叢書(3),廣州:廣州市立中山圖書館,1938年。

收入饒宗頤主編:《潮州志》集部《藝文志》三,汕頭:潮州修志館,1949年,第18頁;《饒宗頤二十世紀學術文集》(卷九・潮學),臺北:新文豐出版公司,2003年,第862至863頁。

20. 黃仲琴輯《金山志》序

《潮州叢著初編》,廣州:廣州市立中山圖書館,1938年;【重印本】臺北:文海出版社,1971年。

收入《固庵文録》,臺北:新文豐出版公司,1989年9月,第319至320頁;《饒宗頤潮汕地方史論集》,汕頭:汕頭大學出版社,1996年8月,第182至183頁;《饒宗頤二十世紀學術文集》(卷九・潮學),臺北:新文豐出版公司,2003年,第1126至1127頁。

21. 與顧頡剛書

《責善半月刊》(第1卷第15期),成都:齊魯大學國學研究所,1940年10月16日,第22頁。

《責善》合訂本有兩套,香港:龍門書店,1965至1968年;北京:綫裝書局,2006年。

22. 編輯《古史辨》第八册(古地辨)及論虞幕伯鯀等

《責善半月刊》(第 2 卷第 12 期),成都:齊魯大學國學研究所,1941 年 9 月 1 日,第 20 至 23 頁。

其中的《古史辨第八册(古地辨)擬目》收入《饒宗頤新出土文獻論證》(饒宗頤著、沈建華編),上海:上海古籍出版社,2005 年,第 75 至 76 頁。

《責善》合訂本有兩套,香港:龍門書店,1965 至 1968 年;北京:綫裝書局,2006 年。

23. 讀《全宋詞》

中國文化協進會、逸經社合辦:《大風》(第 97 期),香港:大風社編輯發行,1941 年 9 月 5 日,第 3286 至 3287 頁。

24.《楚辭地理考》自序

上海:商務印書館,1946 年。

25. 廣東文獻館徵集文物啓

南華學院文史學會主編:《大光報》(汕頭版)副刊《文史周刊》(第 8 期),1947 年 1 月 13 日,第 4 版。

26. 沈達材《校讐通義箋》序

南華學院文史學會主編:《大光報》(汕頭版)副刊《文史周刊》(第 11 期),1947 年 2 月 3 日,第 4 版。

27. 吴珏《舊志方言篇辨證》書後

潮州修志館編:《大光報·方志周刊》(第33期),汕頭,1947年11月17日。

收入《饒宗頤潮汕地方史論集》,汕頭:汕頭大學出版社,1996年8月,第378頁。

28.《潮州先賢像傳》序

《潮州先賢像傳》(吴長坡編),汕頭:汕頭市立民衆教育館印,1947年12月。

又見潮州修志館編:《大光報·方志周刊》(第43期),汕頭,1948年2月3日,第4版;郭偉川編輯:《潮州先賢像傳》,香港:香港潮州商會第三十八届會董會,1994年。

收入《固庵文録》,臺北:新文豐出版公司,1989年9月,第321至322頁;《饒宗頤潮汕地方史論集》,汕頭:汕頭大學出版社,1996年8月,第404至405頁;《饒宗頤二十世紀學術文集》(卷九·潮學),臺北:新文豐出版公司,2003年,第1271至1272頁。

29. 吴子壽傳

潮州修志館編:《大光報·方志周刊》(第35期),汕頭,1947年12月8日。

又見《汕頭文史》(第10輯),汕頭:政協汕頭市委員會文史資料委員會,1991年9月,第57至58頁。

收入《固庵文録》,臺北:新文豐出版公司,1989 年 9 月,第 353 至 354 頁;《饒宗頤二十世紀學術文集》(卷一四·文録、詩詞),臺北:新文豐出版公司,2003 年,第 187 至 188 頁。

30. 與余家菊論唐伯元石經大學書

潮州修志館編:《大光報·方志周刊》(第 51 期),汕頭,1948 年 4 月 7 日,第 4 版。

收入《固庵文録》,臺北:新文豐出版公司,1989 年 9 月,第 334 至 335 頁;《饒宗頤二十世紀學術文集》(卷一四·文録、詩詞),臺北:新文豐出版公司,2003 年,第 173 至 174 頁。

31. 平潮寇碑跋

潮州修志館編:《大光報·方志周刊》(第 53 期),汕頭,1948 年 4 月 20 日,第 4 版。

又見《南洋學報》(第 29 卷第 1、2 期),新加坡:新加坡南洋學會,1974 年,第 13 至 14 頁。

後作爲《論〈明史·外國傳〉記張璉逃往三佛齊之訛》一文的附録,收入《選堂集林·史林》(下册),香港:中華書局香港分局,1982 年 1 月,第 1200 至 1203 頁;《饒宗頤潮汕地方史論集》,汕頭:汕頭大學出版社,1996 年 8 月,第 551 至 553 頁;《饒宗頤二十世紀學術文集》(卷六·史學),臺北:新文豐出版公司,2003 年,第 792 至 794 頁。

32. 陳劉猛進碑跋

潮州修志館編:《大光報・方志周刊》(第 71 期),汕頭,1948 年 9 月 7 日,第 4 版。

收入《選堂序跋集》(饒宗頤著;鄭會欣編),北京:中華書局,2006 年,第 335 頁。

33. 敬悼林建中先生

潮州修志館編:《大光報・方志周刊》(第 76 期),汕頭,1948 年 10 月 11 日,第 4 版。

34. 黄際遇教授傳

海濱師範學校出版委員會編輯:《海濱》半月刊(復刊 2),汕頭:嶺東商業印務公司發行,1948 年,第 97 頁。

收入《暹羅澄海同鄉會成立周年紀念刊》,曼谷:澄海同鄉會,1949 年,第 35 頁;陳景熙、林倫倫編著:《黄際遇先生紀念文集》,汕頭:汕頭大學出版社,2008 年 6 月,第 30 至 31 頁。

35. 清郝尚久《潮州溪東關聖帝廟碑記》跋

潮州修志館編:《大光報・方志周刊》(第 95、96 期),汕頭,1949 年 2 月 21 日、28 日。

收入《固庵文録》,臺北:新文豐出版公司,1989 年 9 月,第 370 至 373 頁;《饒宗頤潮汕地方史論集》,汕頭:汕頭大學出版社,1996 年 8 月,第 556 至 558 頁;《饒宗頤二十世紀學術文集》

(卷九·潮學),臺北:新文豐出版公司,2003 年,第 1175 至 1177 頁。

36.《潮州志》述例(總纂)

汕頭:潮州修志館,1949 年;【重刊本】《潮州志》,潮州:潮州地方志辦公室,2005 年,第 13 至 16 頁。

初名《新修潮州志述例》,載潮州修志館編:《嶺東民國日報·方志旬刊》(第 1 期),汕頭,1946 年 10 月 25 日,第 4 版。

又載《潮州》(2005 年第 2 期;總第 57 期),潮州:《潮州》編輯部,2005 年 2 月,第 15 頁。

37.《潮州志·沿革志》序(總纂)

汕頭:潮州修志館,1949 年。

又載《旅暹潮安同鄉會成立四十八周年紀念特刊》,曼谷:旅暹潮安同鄉會,1975 年,第 6 頁;《饒宗頤二十世紀學術文集》(卷九·潮學),臺北:新文豐出版公司,2003 年,第 91 至 93 頁。

【重刊本】《潮州志》,潮州:潮州地方志辦公室,2005 年,第 1 至 3 頁。

38.《潮州志·藝文志》序(總纂)

汕頭:潮州修志館,1949 年。

又載《僑港潮汕文教聯誼會會刊》(第 1 期),香港:僑港潮汕文教聯誼會,1964 年 6 月,第 209 至 210 頁。

【重刊本】《潮州志》,潮州:潮州地方志辦公室,2005年,第2551至2552頁。

39. 李勛《説呹》序

澄海蓮陽蘭芳居排印本,1949年。

收入《固庵文録》,臺北:新文豐出版公司,1989年9月,第255至256頁;《饒宗頤二十世紀學術文集》(卷一四·文録、詩詞),臺北:新文豐出版公司,2003年,第114頁。

40. 潘醒農著《馬來亞潮僑通鑒》序

新加坡:南島出版社,1950年。

41. 重刊《曾剛父詩集》跋

香港:仁記印務館承印,1953年冬,第49頁。

收入《固庵文録》,臺北:新文豐出版公司,1989年9月,第280頁;《饒宗頤潮汕地方史論集》,汕頭:汕頭大學出版社,1996年8月,第571頁;《饒宗頤二十世紀學術文集》(卷九·潮學),臺北:新文豐出版公司,2003年,第1289頁。

42.《小屯乙編》下輯書評

《東方文化》(第1卷第1期),香港:香港大學,1954年1月,第409至415頁。

收入《饒宗頤二十世紀學術文集》(卷二·甲骨),臺北:新文豐出版公司,2003 年,第 1711 至 1726 頁。

43.《楚辭書録》自序、跋

香港:東南書局,1956 年 1 月。

序文收入《固庵文録》,臺北:新文豐出版公司,1989 年 9 月,第 316 至 318 頁;《饒宗頤二十世紀學術文集》(卷一一・文學),臺北:新文豐出版公司,2003 年,第 219 至 220 頁。

跋收入《饒宗頤二十世紀學術文集》(卷一一・文學),臺北:新文豐出版公司,2003 年,第 339 頁。

44.《巴黎所見甲骨録》自序

香港,1956 年 12 月。

收入《饒宗頤二十世紀學術文集》(卷二・甲骨),臺北:新文豐出版公司,2003 年,第 1759 頁。

45. 長沙楚墓帛畫山鬼圖跋

《金匱論古綜合刊》(第 1 期),香港:香港亞洲石印局印行,1957 年,第 60 頁。

收作《楚繪畫四論》之一,載《畫頵——國畫史論集》,臺北:時報文化出版企業有限公司,1993 年 6 月,第 27 至 30 頁;《饒宗頤二十世紀學術文集》(卷一三・藝術),臺北:新文豐出版公司,2003 年,第 188 至 192 頁。

46. 山鬼圖後記

《金匱論古綜合刊》(第 1 期),香港:香港亞洲石印局印行,1957 年,第 102 頁。

47. 方繼仁纂輯《勉學粹言》序

香港:東南印務出版社,1955 年 9 月初版,1957 年 4 月增訂,第 1 至 3 頁。

後以《爲學之勤》收入《中國名家隨筆》(鄧九平主編),北京:經濟日報出版社,2004 年,第 367 頁。

48.《日本所見甲骨録(上)》自序

《東方文化》(第 3 卷第 1 期),香港,1957 年 6 月,第 15 至 33 頁。

收入《饒宗頤二十世紀學術文集》(卷二・甲骨),臺北:新文豐出版公司,2003 年,第 1727 至 1758 頁。

49.《楚辭與詞曲音樂》補記

香港:香港大學中文系,1958 年 5 月;本文係作者在 1957 年 8 月代表香港大學出席在德國馬堡舉行之第十屆漢學會議之論文的修訂稿,原名《楚辭對於詞曲音樂之影響》。

收入《饒宗頤二十世紀學術文集》(卷一一・文學),臺北:新文豐出版公司,2003 年,第 442 至 443 頁。

50. 江潤勛、陳煒良、陳炳良合著《賈誼研究》序

香港:求精印務公司,1958 年 6 月,第 1 至 7 頁。

收入《固庵文録》,臺北:新文豐出版公司,1989 年 9 月,第 306 至 312 頁;《饒宗頤二十世紀學術文集》(卷一四・文録、詩詞),臺北:新文豐出版公司,2003 年,第 155 至 161 頁。

51. 周鴻翔著《商殷帝王本紀》序

香港,1958 年 12 月。

收入《僑港潮汕文教聯誼會會刊》(第 1 期),香港:僑港潮汕文教聯誼會,1964 年 6 月,第 211 至 213 頁;《甲骨文獻集成》(第 20 册),成都:四川大學出版社,2001 年 4 月,第 1 至 2 頁;《饒宗頤二十世紀學術文集》(卷二・甲骨),臺北:新文豐出版公司,2003 年,第 1705 至 1710 頁。

52.《九龍與宋季史料》引言

香港:萬有圖書公司,1959 年 11 月。

收入《饒宗頤二十世紀學術文集》(卷六・史學),臺北:新文豐出版公司,2003 年,第 1141 至 1142 頁。

53. 元皇慶刊本《二王本末》書後

《九龍與宋季史料》附録三,香港:萬有圖書公司,1959 年 11 月初版,第 114 至 117 頁。

收入《固庵文録》,臺北:新文豐出版公司,1989 年 9 月,第 205

至209頁;《饒宗頤二十世紀學術文集》(卷六·史學),臺北:新文豐出版公司,2003年,第1248至1250頁。

54. 南佛堂門古迹記

《九龍與宋季史料》,香港:萬有圖書公司,1959年11月,第118至120頁。

收入《固庵文録》,臺北:新文豐出版公司,1989年9月,第350至352頁;《饒宗頤二十世紀學術文集》(卷六·史學),臺北:新文豐出版公司,2003年,第1252至1254頁。

55.《西洋番國志》書後

《香港大學中文學會會刊》,香港:香港大學中文學會,1960年11月,第13至15頁。

又見《南洋學報》(第16卷第1、2期),新加坡:新加坡南洋學會,1960年,第15至17頁;《南洋文摘》(第6卷第6期;總第66期),新加坡:南洋文摘社,1965年6月20日,第52至54頁。

56.《長洲集》序

《東方》(第11期),香港:香港大學中文學會,1961年3月,第13頁。

後刊《長洲集》,《新社學報》(第3期),新加坡:新社,1969年12月,第1頁。(按:内有1961年春及1966年冬兩段識語。)

收入《饒宗頤二十世紀學術文集》(卷一四·文録、詩詞),臺北:新文豐出版公司,2003 年,第 462 至 463 頁。

57. 國文研究舉例

《敦梅學校四十三周年紀念刊》(第 28 期),香港:敦梅學校,1961 年 7 月,第 38 至 41 頁。

(按:此文選載先生所著《岳飛滿江紅詞》及《虬髯客傳考》之部分內容。)

58.《詞律索引》序

《黄龍報》(第 57 卷第 1、2 期合刊),香港:皇仁書院,1962 年夏,第 9 頁。

59. 論《文選》賦類區分情志之義答直方

《東方》(第 13 期),香港:香港大學中文學會,1962 年 10 月,第 15 頁。

(按:此爲李直方《騷經"哀志"九歌"傷情"説》一文之附記。)

後以《答李直方論〈文選〉賦類區分情志書》收入《固庵文録》,臺北:新文豐出版公司,1989 年 9 月,第 344 至 345 頁;《饒宗頤二十世紀學術文集》(卷一四·文録、詩詞),臺北:新文豐出版公司,2003 年,第 181 至 182 頁。

60. 唐寫本《文心雕龍》景本跋

《香港大學中文學會年刊》,香港:香港大學中文學會,1962 年。

後以《唐寫本〈文心雕龍〉(景本及説明)》爲題收入《香港大學中文學會慶祝大學金禧紀念特刊·文心雕龍研究專號》(饒宗頤主編),香港:香港大學中文學會,1962 年 12 月,第 95 至 106 頁。

另以《敦煌唐寫〈文心雕龍〉景本跋及後記》作《〈文心雕龍〉原道篇疏》之附録,收入《文轍——文學史論集》(上册),臺北:臺灣學生書局,1991 年 11 月,第 407 至 408 頁;《饒宗頤二十世紀學術文集》(卷一一·文學),臺北:新文豐出版公司,2003 年,第 1018 至 1020 頁。

61. 林鶴年著《鶴廬詩文集》題辭

香港:海天出版社,1963 年。

收入《僑港潮汕文教聯誼會會刊》(第 3 期),香港:僑港潮汕文教聯誼會,1974 年 10 月,第 225 頁。

62. 與李棪齋論阮嗣宗詩書

《香港大學文學會年刊 1962 – 1963 年》,香港:香港大學文學會,1963 年 6 月,第 4 頁。

後以《與友論阮嗣宗詩書》收入《文轍——文學史論集》(上册),臺北:臺灣學生書局,1991 年 11 月,第 421 至 424 頁;《饒宗頤二十世紀學術文集》(卷一二·詩詞學),臺北:新文豐出版公司,2003 年,第 44 至 47 頁;《清暉集》,深圳:海天出版社,2011 年 7 月,第 117 至 119 頁。

63.《潮州志匯編》序

香港:龍門書店,1965 年,第 1 至 5 頁。

曾刊《香港大學學生會會刊》,香港:香港大學學生會,1962 - 1963 年,第 3 至 6 頁。

《僑港潮汕文教聯誼會會刊》(第 2 期),香港:僑港潮汕文教聯誼會,1966 年 9 月,第 1 至 3 頁。

又載《新嘉坡潮州八邑會館四十周年紀念暨慶祝新嘉坡開埠百五十周年特刊》(潘醒農編),新加坡:新嘉坡潮州八邑會館,1969 年,第 143 至 146 頁。

收入《固庵文録》,臺北:新文豐出版公司,1989 年 9 月,第 359 至 369 頁;《饒宗頤史學論著選》,上海:上海古籍出版社,1993 年,第 758 至 768 頁;《饒宗頤潮汕地方史論集》,汕頭:汕頭大學出版社,1996 年 8 月,第 331 至 338 頁;《饒宗頤二十世紀學術文集》(卷九・潮學),臺北:新文豐出版公司,2003 年,第 1248 至 1256 頁。

64.《景宋乾道高郵軍學本・淮海居士長短句》(秦觀著;饒宗頤編校)跋與校記

香港:龍門書店,1965 年,第 63 至 70 頁。

收入《文轍——文學史論集》(下册),臺北:臺灣學生書局,1991 年 11 月,第 605 至 614 頁;《饒宗頤二十世紀學術文集》(卷一二・詩詞學),臺北:新文豐出版公司,2003 年,第 245 至 247 頁。

65. 鄧章漢本淮海詞跋

《景宋乾道高郵軍學本·淮海居士長短句》(秦觀著;饒宗頤編校)附録一,香港:龍門書店,1965 年,第 131 至 132 頁。

收入《饒宗頤二十世紀學術文集》(卷一二·詩詞學),臺北:新文豐出版公司,2003 年,第 248 至 250 頁。

66.《詞苑英華》本《少游詩餘》跋

《景宋乾道高郵軍學本·淮海居士長短句》(秦觀著;饒宗頤編校)附録一,香港:龍門書店,1965 年,第 153 頁。

收入《饒宗頤二十世紀學術文集》(卷一二·詩詞學),臺北:新文豐出版公司,2003 年,第 251 至 252 頁。

67. 論龍宿郊民圖(與楊聯陞教授書——附楊聯陞教授跋)

《清華學報》(新第 5 卷第 1 期),臺北:清華學報社,1965 年 7 月,第 121 至 124 頁。

後以《與楊聯升教授論龍宿郊民圖書》收入《固庵文録》,臺北:新文豐出版公司,1989 年 9 月,第 327 至 333 頁;《饒宗頤二十世紀學術文集》(卷一四·文録、詩詞),臺北:新文豐出版公司,2003 年,第 167 至 172 頁。

68. 江潤勛著《詞學評論史》序

香港:龍門書店,1966 年。

收入《固庵文録》,臺北:新文豐出版公司,1989 年 9 月,第 299

至300頁;《饒宗頤二十世紀學術文集》(卷一四·文録、詩詞),臺北:新文豐出版公司,2003年,第148至149頁。

69. 大謝詩跋

《白山集》,香港,1966年3月。

收入《固庵文録》,臺北:新文豐出版公司,1989年9月,第197至198頁;《饒宗頤二十世紀學術文集》(卷一四·文録、詩詞),臺北:新文豐出版公司,2003年,第79至80頁。

70. 李棪齋所藏甲骨簡介

《棪齋甲骨展覽》(香港中文大學聯合書院十周年校慶展覽),香港:香港中文大學聯合書院,1966年12月,第1至4頁。

收入《饒宗頤二十世紀學術文集》(卷二·甲骨),臺北:新文豐出版公司,2003年,第1833至1838頁。

71. 李直方著《謝宣城詩注》序

香港:萬有圖書公司,1968年。

收入《固庵文録》,臺北:新文豐出版公司,1989年9月,第289頁;《饒宗頤二十世紀學術文集》(卷一四·文録、詩詞),臺北:新文豐出版公司,2003年,第138頁。

72. 敦煌本謾語話跋

《東方》(中國小説戲曲研究專號),香港:香港大學中文學會,

1968年3月,第1至4頁。

收入《文轍——文學史論集》(上册),臺北:臺灣學生書局,1991年11月,第443至450頁;《饒宗頤二十世紀學術文集》(卷八·敦煌學),臺北:新文豐出版公司,2003年,第234至240頁。

73. 跋敦煌本《白澤精怪圖》兩殘卷(P.2682, S.6261)

《"中央研究院"歷史語言研究所集刊》(第41本第4分),臺北:"中央研究院"歷史語言研究所,1969年12月,第539至543頁。

收入《畫頵——國畫史論集》,臺北:時報文化出版企業有限公司,1993年6月,第199至208頁;《饒宗頤二十世紀學術文集》(卷一三·藝術),臺北:新文豐出版公司,2003年,第329至338頁。

74. 蕭遥天著《中國人名的研究》序言

(馬來西亞)檳城:教育出版公司,1970年;北京:國際文化出版公司,1987年;北京:新世界出版社,2007年。

收入《固庵文録》,臺北:新文豐出版公司,1989年9月,第420至423頁。

75.《歐陽文忠集考异》跋

《香港大學馮平山圖書館藏善本書録》,香港:龍門書局,1970年,第75至77頁。

收入《文轍——文學史論集》(下册),臺北:臺灣學生書局,1991年11月,第601至604頁;《饒宗頤二十世紀學術文集》(卷一一·文學),臺北:新文豐出版公司,2003年,第1087至1089頁。

76. A Research Program in Chinese Studies

Seminar on Research Programs in Singapore: Proceedings and Papers, Singapore: Nanyang University, 1970, pp. 182－184. (Note: The Seminar was held on 6－7 Aug., 1969)

77.《歐美亞所見甲骨録存》序

新加坡,1970年。

收入《饒宗頤二十世紀學術文集》(卷二·甲骨),臺北:新文豐出版公司,2003年,第1760至1761頁。

78.《香港潮州商會創建潮州會館碑記》

(饒宗頤撰,陳荆鴻書)

《僑港潮汕文教聯誼會會刊》(第3期),香港:僑港潮汕文教聯誼會,1974年10月,第234頁。

(按:碑文撰於1970年9月,現在香港德輔道西八十一至八十五號該會館。)

79.《香港大學馮平山圖書館藏善本書録》序

香港:龍門書店,1970年12月,第1至6頁。

收入《饒宗頤二十世紀學術文集》(卷一〇・目録學),臺北:新文豐出版公司,2003 年,第 429 至 434 頁。

80.《睎周集》後記

1971 年撰。

收入《饒宗頤二十世紀學術文集》(卷一四・文録、詩詞),臺北:新文豐出版公司,2003 年,第 643 至 644 頁。

81.《敦煌曲》引論(**Airs de Touen-Houang**)

Paris: Centre National de La Recherche, 1971.

收入《饒宗頤二十世紀學術文集》(卷二・甲骨),臺北:新文豐出版公司,2003 年,第 683 至 686 頁。

82. 楊勇著《陶淵明集校箋》序

香港:吴興記書局,1971 年。

收入《固庵文録》,臺北:新文豐出版公司,1989 年 9 月,第 287 至 288 頁;《饒宗頤二十世紀學術文集》(卷一四・文録、詩詞),臺北:新文豐出版公司,2003 年,第 137 頁。

83. 黄勗吾《白雲紅樹館詞鈔》序

臺北 :精華印書館股份有限公司,1971 年 6 月,第 4 頁。

收入《僑港潮汕文教聯誼會會刊》(第 3 期),香港:僑港潮汕文教聯誼會,1974 年 10 月,第 224 頁。

84. 唐健垣編纂《琴府》序

臺北:聯貫出版社,1971 至 1973 年。

收入《固庵文録》,臺北:新文豐出版公司,1989 年 9 月,第 301 至 302 頁;《饒宗頤二十世紀學術文集》(卷一四・文録、詩詞),臺北:新文豐出版公司,2003 年,第 150 至 151 頁。

85. 黄篤修著《行隱集》序

香港:湘濤出版社,1972 年 8 月,第 8 至 9 頁。

又見《新生晚報・新趣》,1972 年 11 月 6 日,第 5 版。

86. 鄧仕梁著《兩晋詩論》序

香港:中文大學出版社,1972 年。

刊《崇基校刊》(第 51 期),香港:香港中文大學崇基書院,1971 年 12 月,第 39 頁。

收入《固庵文録》,臺北:新文豐出版公司,1989 年 9 月,第 290 至 291 頁;《饒宗頤二十世紀學術文集》(卷一四・文録、詩詞),臺北:新文豐出版公司,2003 年,第 139 至 140 頁。

87. 汶萊發見宋代華文墓碑的意義

《新社季刊》(第 4 卷第 4 期),新加坡:新社研究部,1972 年 6 月,第 1 至 4 頁。

收入《饒宗頤二十世紀學術文集》(卷七・中外關係史),臺北:

新文豐出版公司,2003 年,第 338 至 346 頁;又與《汶萊宋碑再跋》一文合并,名《汶萊發見宋代華文墓碑跋》收入《選堂集林・史林》(下册),香港:中華書局香港分局,1982 年 1 月,第 1074 至 1089 頁。

88. 汶萊宋碑再跋

《新社季刊》(第 5 卷第 3 期),新加坡:新社研究部,1973 年 9 月,第 1 至 4 頁。

收入《饒宗頤二十世紀學術文集》(卷七・中外關係史),臺北:新文豐出版公司,2003 年,第 346 至 354 頁。

89.《丁夢塵先生詩集》題辭

1973 年,第 1 至 2 頁。

90. 宋元吟韵繼聲十首(詩)(附:石濤上人宋元吟韵跋)

《明報月刊》(第 8 卷第 6 期),香港:香港明報有限公司,1973 年 6 月,第 48 頁。

收入《清暉集》,深圳:海天出版社,2011 年 7 月,第 172 至 174 頁。

91. 蕭立聲人物畫

《僑港潮汕文教聯誼會會刊》(第 3 期),香港:僑港潮汕文教聯誼會,1974 年 10 月,第 74 頁。

後略有删節,名《〈蕭立聲畫集〉小引》,收入《香港中文大學藝術系叢書》(第3册),香港:香港中文大學藝術系,1977年6月;《固庵文録》,臺北:新文豐出版公司,1989年9月,第283頁;《饒宗頤二十世紀學術文集》(卷一四·文録、詩詞),臺北:新文豐出版公司,2003年,第134頁。

92. 西方研究中國學術的方向——1974年9月28日本校廿五周年銀禧校慶典禮講詞

《新亞生活》(第2卷第3期),香港:香港中文大學新亞書院,1974年11月,第1至4頁。

93. 何沛雄編著《賦話六種》序

香港:萬有圖書公司,1975年。

收入《固庵文録》,臺北:新文豐出版公司,1989年9月,第294至295頁;《饒宗頤二十世紀學術文集》(卷一四·文録、詩詞),臺北:新文豐出版公司,2003年,第143至144頁。

94.《至樂樓藏明遺民書畫》簡介

香港中大文物館叢書(10),香港:香港中文大學文物館,1975年,共17頁。

後以《至樂樓藏明遺民書畫解題》收入《饒宗頤二十世紀學術文集》(卷一三·藝術),臺北:新文豐出版公司,2003年,第981至1015頁。

95. 跋劉海粟山水畫册

《海粟大師山水小景》,新加坡:周穎南,1975 年。

收入《固庵文録》,臺北:新文豐出版公司,1989 年 9 月,第 281 頁;《饒宗頤二十世紀學術文集》(卷一四・文録、詩詞),臺北:新文豐出版公司,2003 年,第 132 頁。

96. 蒲甘國史事零拾——Gordon H. Luce's *Old Burma-Early Pagán* 書後

《東南アジア歴史と文化》(第 5 期),京都:東南亞細亞史學會,1975 年,第 3 至 13 頁。

校訂稿收入《選堂集林・史林》(中册),香港:中華書局香港分局,1982 年 1 月,第 834 至 851 頁;《饒宗頤史學論著選》,上海:上海古籍出版社,1993 年,第 603 至 622 頁;《饒宗頤東方學論集》,汕頭:汕頭大學出版社,1999 年 11 月,第 361 至 376 頁;《饒宗頤二十世紀學術文集》(卷七・中外關係史),臺北:新文豐出版公司,2003 年,第 290 至 308 頁。

97.《選堂賦話》小引

香港:萬有圖書公司,1975 年 5 月。

收入《文轍——文學史論集》(下册),臺北:臺灣學生書局,1991 年 11 月,第 877 至 900 頁;《饒宗頤二十世紀學術文集》(卷一一・文學),臺北:新文豐出版公司,2003 年,第 449 至 473 頁。

98. 富春山卷有關人物小記

《明報月刊》(第10卷第5期;總第113期),香港:香港明報有限公司,1975年5月,第72至73頁。

99.《黄公望及〈富春山居圖〉臨本》小引

香港:香港中文大學中國文化研究所文物館,1975年9月。

收入《饒宗頤二十世紀學術文集》(卷一三・藝術),臺北:新文豐出版公司,2003年,第849頁。

100.《阮嗣宗生活與作品》題辭

Donald Holzman(侯思孟), *Poetry and Politics*: *The life and Works of Juan Chi*, *A. D.* 210 – 263, New York: Cambridge University Press, 1976.

收入《固庵文録》,臺北:新文豐出版公司,1989年9月,第257至259頁;《饒宗頤二十世紀學術文集》(卷一四・文録、詩詞),臺北:新文豐出版公司,2003年,第115至117頁。

101. 鄧偉雄編集《丁衍庸印存》序

《丁衍庸印存》,香港:唯高出版社,1976年5月。

收入《饒宗頤二十世紀學術文集》(卷一三・藝術),臺北:新文豐出版公司,2003年,第128頁。

102. 供春壺考略(代序)

《香雪莊藏砂壺》,新加坡:香雪莊,1977 年,第 1 至 6 頁。

改訂版收入《固庵文録》,臺北:新文豐出版公司,1989 年 9 月,第 385 至 396 頁;《饒宗頤二十世紀學術文集》(卷一三・藝術),臺北:新文豐出版公司,2003 年,第 959 至 976 頁。

103. 陳語山篆刻原鈐題辭

香港,1977 年。

收入《饒宗頤二十世紀學術文集》(卷一三・藝術),臺北:新文豐出版公司,2003 年,第 129 頁。

104. 李田意編《中國史籍類選》序

香港:友聯出版社,1977 年。

收入《固庵文録》,臺北:新文豐出版公司,1989 年 9 月,第 260 至 262 頁;《饒宗頤二十世紀學術文集》(卷一四・文録、詩詞),臺北:新文豐出版公司,2003 年,第 118 至 119 頁。

105. 札魯特果爾敏著《洗俗齋詩草》序

香港:大華出版社,1977 年 8 月。

收入《固庵文録》,臺北:新文豐出版公司,1989 年 9 月,第 253 至 254 頁;《饒宗頤二十世紀學術文集》(卷一四・文録、詩詞),臺北:新文豐出版公司,2003 年,第 112 至 113 頁。

106. 鄒衍書別考——阮廷焯《先秦諸子考佚》題辭

《新亞書院學術年刊》(第19期),香港:香港中文大學新亞書院,1977年9月,第1至6頁。

收入《選堂集林·史林》(上册),香港:中華書局香港分局,1982年1月,第122至130頁。

後又以《不死(a-mṛta)觀念與齊學——鄒衍書別考》收入《梵學集》,上海:上海古籍出版社,1993年7月,第51至60頁;《饒宗頤東方學論集》,汕頭:汕頭大學出版社,1999年11月,第342至349頁;《饒宗頤二十世紀學術文集》(卷六·史學),臺北:新文豐出版公司,2003年,第619至628頁。

107.《中國史學上之正統論》小引及後記

香港:龍門書店,1977年9月;【重印本】上海:上海遠東出版社,1996年8月。

收入《饒宗頤二十世紀學術文集》(卷六·史學),臺北:新文豐出版公司,2003年,第16、509頁。

108. 張秉權著《黄山谷的交游及作品》題辭

香港:中文大學出版社,1978年。

後以《山谷詩研究題辭》收入《固庵文録》,臺北:新文豐出版公司,1989年9月,第296至297頁;《饒宗頤二十世紀學術文集》(卷一四·文録、詩詞),臺北:新文豐出版公司,2003年,第145至146頁。

109. **Fong Hi des Wei du Nord et les manuscripts bouddhiques trouvés à Touen – houang. Étude sue le manuscript S.** 996(**北魏馮熙與敦煌寫經——魏太和寫《雜阿毘曇心經》跋**)

Contributions aux Études sur Touen – Houang, Geneve – Paris: Libraririe Droz, 1979.

收入《選堂集林・史林》(上册),香港:中華書局香港分局,1982 年 1 月,第 421 至 429 頁;《饒宗頤史學論著選》,上海:上海古籍出版社,1993 年,第 481 至 490 頁;楊曾文、杜斗城主編:《中國敦煌學百年文庫・宗教卷(一)》,蘭州:甘肅文化出版社,1999 年,第 46 至 50 頁;《饒宗頤二十世紀學術文集》(卷八・敦煌學),臺北:新文豐出版公司,2003 年,第 14 至 23 頁。

又見《普門學報》(二十世紀佛教文選・學者篇專輯),臺北:普門雜志社,2010 年 1 月,第 165 至 173 頁。

110. **挽丁衍鏞**

《新亞生活》月刊(第 6 卷第 6 期),香港:香港中文大學新亞書院,1979 年 2 月 15 日,第 6 頁。

收入《清暉集》,深圳:海天出版社,2011 年 7 月,第 184 至 185 頁。

111. **《蔡夢香先生書畫詩集》題辭**

新加坡:柳北岸,1979 年 3 月,第 2 至 3 頁。

後以《夢香先生遺集引》收入《固庵文録》,臺北:新文豐出版公司,1989 年 9 月,第 275 頁;《饒宗頤二十世紀學術文集》(卷一四・文録、詩詞),臺北:新文豐出版公司,2003 年,第 128 頁。

112. 蔡夢香先生墓志銘

《蔡夢香先生書畫詩集》(蔡夢香先生書畫詩集委員會編),新加坡:柳北岸,1979 年 3 月,第 140 頁。

收入《固庵文録》,臺北:新文豐出版公司,1989 年 9 月,第 357 頁;《饒宗頤二十世紀學術文集》(卷一四・文録、詩詞),臺北:新文豐出版公司,2003 年,第 190 頁。

113. 鈔本《劉龍圖戲文》跋

Occasional Papers (European Association of Chinese Studies, No. 2), Paris: April 1979.

收入《固庵文録》,臺北:新文豐出版公司,1989 年 9 月,第 234 至 236 頁;《饒宗頤史學論著選》,上海:上海古籍出版社,1993 年,第 631 至 633 頁;《饒宗頤潮汕地方史論集》,汕頭:汕頭大學出版社,1996 年 8 月,第 406 至 407 頁;《饒宗頤二十世紀學術文集》(卷九・潮學),臺北:新文豐出版公司,2003 年,第 1302 至 1304 頁。

114. 論學書簡(致波野太郎)

《新亞生活》月刊(第 6 卷第 8 期),香港:香港中文大學新亞書院,1979 年 4 月 15 日,第 5 頁。

115. 王晋江著《文鏡秘府論探源》序

香港:天地圖書有限公司,1980 年。

收入《固庵文録》,臺北:新文豐出版公司,1989 年 9 月,第 292 至 293 頁;《饒宗頤二十世紀學術文集》(卷一四・文録、詩詞),臺北:新文豐出版公司,2003 年,第 141 至 142 頁。

116. 李鋭清著《王漁洋神韵説之探討》序

撰於 1980 年,未刊。

收入《固庵文録》,臺北:新文豐出版公司,1989 年 9 月,第 298 頁;《饒宗頤二十世紀學術文集》(卷一四・文録、詩詞),臺北:新文豐出版公司,2003 年,第 147 頁。

117.《馮康侯書・畫・篆刻》序

香港:香港市政局,1980 年,第 12 至 13 頁。

118. 張世彬先生生平

《崇基校刊》(第 62、63 期),香港:香港中文大學崇基書院,1980 年,第 56 頁。

119. 阮荷亭《往津日記》鈔本跋

陳荆和編注《阮述〈往津日記〉》,香港:中文大學出版社,1980 年,第 89 至 93 頁。

收入《饒宗頤史學論著選》,上海:上海古籍出版社,1993 年,第 743 至 749 頁;《饒宗頤東方學論集》,汕頭:汕頭大學出版社,1999 年 11 月,第 394 至 399 頁;《饒宗頤二十世紀學術文集》(卷七・中外關係史),臺北:新文豐出版公司,2003 年,第 237 至 244 頁。

120. 越南出土"歸義叟王"印跋

《大公報・藝林版》,香港:大公報社,1980 年 2 月 6 日。

收入《固庵文録》,臺北:新文豐出版公司,1989 年 9 月,第 237 至 239 頁;《饒宗頤史學論著選》,上海:上海古籍出版社,1993 年,第 467 至 470 頁;《饒宗頤東方學論集》,汕頭:汕頭大學出版社,1999 年 11 月,第 391 至 393 頁;《饒宗頤二十世紀學術文集》(卷七・中外關係史),臺北:新文豐出版公司,2003 年,第 234 至 236 頁。

121. 信陽長臺關編鐘銘の跋(林宏作日譯)

《東方學》(第 60 輯),東京:東方學會,1980 年 7 月,第 132 至 136 頁。

122.《唐宋墓志:遠東學院藏拓片圖録》引言

香港:香港中文大學出版社,1981 年。

收入《饒宗頤史學論著選》,上海:上海古籍出版社,1993 年,第 544 至 569 頁;《饒宗頤二十世紀學術文集》(卷一三・藝術),臺北:新文豐出版公司,2003 年,第 624 至 635 頁。

123. **Le plus Ancien Manuscript daté** (471) **de la Collection Pelliot Chionis de Dun-Huang P.** 4506 (**une copie du Jinguangming Jing, 金光明經**)

Journal Asiatique (Tome CCLXIX), Paris: Société asiatique, 1981, pp. 109 – 118.

(按:論文初於1979年10月巴黎舉行之敦煌學會議上宣讀。)

【中文版】《巴黎藏最早之敦煌寫卷〈金光明經〉(P. 4506)跋》收入《選堂集林・史林》(上册),香港:中華書局香港分局,1982年1月,第411至420頁;《饒宗頤二十世紀學術文集》(卷八・敦煌學),臺北:新文豐出版公司,2003年,第5至13頁。

124. **缶翁の沈石友に與えた信片册に跋す**(林宏作日譯)

《吴昌碩信片册》,東京:二玄社印,1982年。

【中文版】《〈缶翁與沈石友信片册〉跋》收入《饒宗頤史學論著選》,上海:上海古籍出版社,1993年,第750至757頁。

125. **《雲夢秦簡日書研究》**(與曾憲通合著)**卷前語:《日書研究的意義》**

香港中文大學中國文化研究所中國考古藝術研究中心專刊(3),香港:中文大學出版社,1982年。

收入《饒宗頤二十世紀學術文集》(卷三・簡帛學),臺北:新文豐出版公司,2003年,第414至415頁。

126. 明嘉靖本《史記・殷本紀》跋

《香港大學馮平山圖書館金禧紀念論文集 1932－1982》(陳炳良主編),香港:香港大學出版社,1982 年。

又以《明嘉靖汪本〈史記・殷本紀〉跋——兼論商殷之總年》收入《饒宗頤史學論著選》,上海:上海古籍出版社,1993 年,第 23 至 30 頁;《饒宗頤二十世紀學術文集》(卷二・甲骨),臺北:新文豐出版公司,2003 年,第 1698 至 1704 頁。

127.《選堂集林》小引

香港:中華書局香港分局,1982 年 1 月,第 1 頁。

128. 對古籍整理與出版工作的五點建議

《文獻》(第 14 輯),北京:書目文獻出版社,1982 年 12 月,第 38 至 39 頁。

129. 詹無庵詩序

《鷦鷯巢詩集》(詹安泰著)(至樂樓叢書第 25 種),1982 年冬。

又載《詹安泰紀念文集》(詹安泰紀念文集編輯組編),廣州:廣東人民出版社,1987 年 4 月。

收入《固庵文録》,臺北:新文豐出版公司,1989 年 9 月,第 268 至 269 頁;《饒宗頤二十世紀學術文集》(卷一四・文録、詩詞),臺北:新文豐出版公司,2003 年,第 124 頁。

130.《敦煌書法叢刊》序

在第 1 卷《拓本》,東京:二玄社,1983 年。按:中日文并序。

中文本收入《饒宗頤二十世紀學術文集》(卷八·敦煌學),臺北:新文豐出版公司,2003 年,第 305 至 306 頁。

131.《陳若海書畫篆刻集》題辭

香港:香雪草堂,1983 年,第 4 至 5 頁。

又見《明報月刊》(第 27 卷第 4 期;總第 316 期),香港:香港明報有限公司,1992 年 4 月,第 71 至 72 頁;《國際潮訊》(第 15 期),香港:香港潮州會館國際潮團通訊中心,1992 年 6 月 30 日,第 123 頁;《文學研究》(第 3 輯),南京:南京大學出版社,1993 年 4 月,第 120 頁。

132.《神田喜一郎全集》推薦辭(附小川環樹日語譯文)

京都:同朋舍,1983 年。

收入《固庵文録》,臺北:新文豐出版公司,1989 年 9 月,第 270 至 272 頁;《饒宗頤二十世紀學術文集》(卷一四·文録、詩詞),臺北:新文豐出版公司,2003 年,第 125 至 126 頁。

133. 个山癸年畫册跋

《文物》(1983 年第 10 期;總第 329 期),北京:文物出版社,1983 年 10 月,第 47 至 50 頁。

【日文版】《个山癸年畫册跋》(財木美樹譯),《書論》1983 年第 22 期,京都:書論研究會,第 167 至 169 頁。

後以《日本東京金岡氏藏个山癸年畫册跋》收入《畫頲——國畫史論集》,臺北:時報文化出版企業有限公司,1993 年 6 月,第 453 至 460 頁;《饒宗頤二十世紀學術文集》(卷一三·藝術),臺北:新文豐出版公司,2003 年,第 1149 至 1166 頁。

134. 跋唐拓《温泉銘》

《書譜》(第 10 卷第 1 期),香港:書譜出版社,1984 年,第 62 至 70 頁。

135. 蔡應青著《菁廬詩存》題辭

香港,1985 年。

136.《談龍録》跋

《文藝理論研究》(1985 年第 3 期;總第 22 期),上海:華東師範大學出版社,1985 年 9 月,第 96 至 97 頁。

收入《固庵文録》,臺北:新文豐出版公司,1989 年 9 月,第 219 至 223 頁;《饒宗頤二十世紀學術文集》(卷一四·文録、詩詞),臺北:新文豐出版公司,2003 年,第 96 至 100 頁。

137. 張惠言《詞選》述評

《詞學》(第 3 輯),上海:華東師範大學出版社,1985 年 2 月,第 108 至 127 頁。

收入《文轍——文學史論集》(下册),臺北:臺灣學生書局,1991年11月,第711至732頁;《饒宗頤二十世紀學術文集》(卷一二·詩詞學),臺北:新文豐出版公司,2003年,第278至303頁。

138. 元至正本《文心雕龍》跋

《中華文史論叢》(1985年第2輯),上海:上海古籍出版社,1985年6月,第131至132頁。

收入《固庵文録》,臺北:新文豐出版公司,1989年9月,第202至204頁;《饒宗頤二十世紀學術文集》(卷一四·文録、詩詞),臺北:新文豐出版公司,2003年,第85至86頁。

139.《黄河圖》跋

東京:二玄社,1986年。

後以《重印〈黄河圖〉略說》刊《讀者良友》(第28期),香港:三聯書店(香港)有限公司,1986年10月,第9頁。

收入《固庵文録》,臺北:新文豐出版公司,1989年9月,第232至233頁;《饒宗頤二十世紀學術文集》(卷一四·文録、詩詞),臺北:新文豐出版公司,2003年,第106至107頁。

140. "新亞龔氏到訪學人"王瑶教授簡介

《新亞生活》月刊(第13卷第8期),香港:香港中文大學新亞書院,1986年4月15日,第1頁。

141. 吴韋指畫花卉卷補記

《大公報・藝林版》,香港:大公報社,1986 年 9 月 22 日,第 16 版。收入《饒宗頤二十世紀學術文集》(卷一三・藝術),臺北:新文豐出版公司,2003 年,第 526 至 527 頁。

142. Death – Part of Life

South China Morning Post, Hong Kong, 5 Sept. , 1986.

143.《傳綮寫生册》題句索隱

《大公報・藝林版》,香港:大公報社,1986 年 10 月 13 日。

又以《〈傳綮寫生册〉題句箋》收入《畫䪫——國畫史論集》,臺北:時報文化出版企業有限公司,1993 年 6 月,第 409 至 414 頁;《饒宗頤二十世紀學術文集》(卷一三・藝術),臺北:新文豐出版公司,2003 年,第 1103 至 1109 頁。

144. 水原渭江著《敦煌舞譜の解讀研究》書評

《志學》(第 17 期),大阪:大谷女子大學,1986 年 12 月,第 98 至 100 頁。

145. 讀漸江大師畫隨記

《論黄山諸畫派文集》(安徽省文學藝術研究所編),上海:上海人民美術出版社,1987 年,第 86 至 92 頁。

又以《讀漸江畫隨記》收入《畫䪫——國畫史論集》,臺北:時報文化出版企業有限公司,1993 年 6 月,第 559 至 568 頁;《饒宗頤二十世紀學術文集》(卷一三・藝術),臺北:新文豐出版公司,2003 年,第 479 至 487 頁。

146.《美國紐約市安思遠先生所藏歷代佛教寫經展》序言

香港:香港大學馮平山博物館、香港大學藝術系,1987 年 6 月,第 4 至 8 頁。

又名《港大馮平山敦煌寫卷展小引》,收入《饒宗頤二十世紀學術文集》(卷八・敦煌學),臺北:新文豐出版公司,2003 年,第 241 至 243 頁。

147. 王堯、陳踐《吐蕃時期的占卜研究——敦煌藏文寫卷譯釋》序

香港:香港中文大學出版社,1987 年。

收入《固庵文録》,臺北:新文豐出版公司,1989 年 9 月,第 263 至 267 頁;《饒宗頤東方學論集》,汕頭:汕頭大學出版社,1999 年 11 月,第 141 至 144 頁;《饒宗頤二十世紀學術文集》(卷一四・文録、詩詞),臺北:新文豐出版公司,2003 年,第 120 至 123 頁。

148. 新刊《丁禹生政書》序

香港:丁新豹,1987 年。

又見《國際潮訊》(第 7 期),香港:香港潮州會館國際潮團通訊中心,1987 年。

收入《饒宗頤潮汕地方史論集》,汕頭:汕頭大學出版社,1996 年 8 月,第 569 至 570 頁;《饒宗頤二十世紀學術文集》(卷九·潮學),臺北:新文豐出版公司,2003 年,第 1287 至 1288 頁。

149.《粵畫萃珍》序

香港:香港中文大學文物館,1986 年。

又載《大公報·藝林版》,香港:大公報社,1987 年 1 月 12 日。

收入《固庵文録》,臺北:新文豐出版公司,1989 年 9 月,第 242 至 243 頁;《饒宗頤二十世紀學術文集》(卷一四·文録、詩詞),臺北:新文豐出版公司,2003 年,第 109 至 110 頁。

150. 寫經別録

《敦煌吐魯番文物》,香港:香港中文大學文物館,1987 年 6 月,第 11 至 15 頁。

後以《寫經別録引》收入《固庵文録》,臺北:新文豐出版公司,1989 年 9 月,第 397 至 412 頁;《饒宗頤二十世紀學術文集》(卷八·敦煌學),臺北:新文豐出版公司,2003 年,第 210 至 225 頁。

151.《甲骨文通檢》前言——貞人問題與坑位

《中國語文研究》(第 9 期),香港:香港中文大學中國文化研究所吳多泰中國語文研究中心,1987 年 9 月,第 65 至 78 頁。

刊《甲骨文通檢·第 1 册:先公、先王、先妣、貞人》(饒宗頤主編;沈建華編),香港:中文大學出版社,1989 年,第 3 至 10 頁。

收入《饒宗頤二十世紀學術文集》(卷二·甲骨),臺北:新文豐出版公司,2003 年,第 1570 至 1588 頁。

152.《佃介眉書畫篆刻選——紀念佃介眉先生誕辰百周年》序

汕頭:汕頭畫院,1987 年 12 月,第 7 至 8 頁。

又載《佃介眉先生紀念文集——紀念佃介眉先生誕辰一百二十周年》(朱萬章、佃鋭東編),北京:文物出版社,2007 年 4 月,第 5 頁;《佃介眉書畫集》,廣州:嶺南美術出版社,2005 年 6 月,第 11 頁;後以《佃介眉先生書畫集序》收入《榮寶齋:傳統藝術版》(2010 年第 1 期;總第 62 期),北京,2010 年 1 月,第 162 頁。

153. 黄兆漢著《道教研究論文集》序

香港:中文大學出版社,1988 年。

收入《固庵文録》,臺北:新文豐出版公司,1989 年 9 月,第 314 至 315 頁;《饒宗頤二十世紀學術文集》(卷一四·文録、詩詞),臺北:新文豐出版公司,2003 年,第 163 至 164 頁。

154.《縱横五千年叢書》總序

《讀者良友》(第 43 期),香港:三聯書店(香港)有限公司,1988 年 1 月,第 17 頁。

收爲徐俊元、張占軍、石玉新:《中國人的姓氏》(縱横五千年叢書)總序,香港:南粤出版社,1988 年 6 月。

又見《中國博物館賞珍》(鍾煒著),香港:南粤出版社、三聯書店(香港)有限公司,1991 年。

155.《朗文當代英漢雙解詞典》序

香港:朗文出版亞洲有限公司,1988 年初版,1993 年第 2 次重印。

156. 忍與捨

《大公報》,香港:大公報社,1988 年 9 月 2 日。

又見 South China Morning Post, Hong Kong, 3rd Sept, 1988.

157. 鄭膺年編《鄭午樓言論集》序

曼谷,1989 年。

158. Comment on Prof. Qiu Xigui's paper "An Examination of whether the Charges in Shang Oracle - Bone Inscriptions are Questions"

Early China(Issue 14), USA: Berkeley, 1989, pp. 133 - 138.

159.《全清詞·順康卷》序

《大公報·藝林版》,香港:大公報社,1989 年 9 月 15 日。

又載《南京大學學報(哲學人文科學社會科學版)》(1989年第1期),南京:南京大學,1989年,第131至132頁。

另收作《清詞年表(稿)》附録,《文轍——文學史論集》(下册),臺北:臺灣學生書局,1991年11月,第780至786頁;後刊《全清詞·順康卷》(南京大學中國語言文學系全清詞編纂委員會編),北京:中華書局,2002年;《大公報一百年副刊文粹》(馬文通等編),香港:大公報出版有限公司,2002年,第100至102頁。

收入《饒宗頤二十世紀學術文集》(卷一二·詩詞學),臺北:新文豐出版公司,2003年,第420至422頁。

160. 潮州展品小識

《廣東出土五代至清文物》(林業强編輯),廣東省博物館、香港中文大學文物館,1989年3月,第199至202頁。

又名《潮州出土文物小識》收入《國際潮訊》(1989年10期),香港:潮州會館、國際潮團通訊中心,1989年9月30日,第1至2頁;《饒宗頤潮汕地方史論集》,汕頭:汕頭大學出版社,1996年8月,第72至75頁;《饒宗頤二十世紀學術文集》(卷九·潮學),臺北:新文豐出版公司,2003年,第1069至1073頁。

161. 稽古稽天説

《固庵文録》,臺北:新文豐出版公司,1989年9月,第95至98頁。

收入《饒宗頤二十世紀學術文集》(卷一四·文録、詩詞),臺北:新文豐出版公司,2003年,第22至24頁。

162. 王道帝道論

《固庵文録》,臺北:新文豐出版公司,1989 年 9 月,第 99 至 102 頁。

收入《饒宗頤二十世紀學術文集》(卷一四·文録、詩詞),臺北:新文豐出版公司,2003 年,第 25 至 27 頁。

163. 大同釋義

《固庵文録》,臺北:新文豐出版公司,1989 年 9 月,第 103 頁。

收入《饒宗頤二十世紀學術文集》(卷一四·文録、詩詞),臺北:新文豐出版公司,2003 年,第 28 頁。

164. 河圖玉版説

《固庵文録》,臺北:新文豐出版公司,1989 年 9 月,第 109 至 111 頁;《固庵文録》,瀋陽:遼寧教育出版社,2000 年 1 月,第 71 至 73 頁。

收入《饒宗頤二十世紀學術文集》(卷一四·文録、詩詞),臺北:新文豐出版公司,2003 年,第 29 至 30 頁;《〈周易〉象數(第 2 册)》(劉大鈞總主編),上海:上海科學技術文獻出版社,2010 年 4 月,第 884 至 885 頁。

165. 豐臺燕王旦墓便房題凑跋——説"黄熊桅和"四字

《固庵文録》,臺北:新文豐出版公司,1989 年 9 月,第 142 至 144 頁。

收入《饒宗頤二十世紀學術文集》(卷六·史學),臺北:新文豐出版公司,2003 年,第 590 至 592 頁。

166. 漢天壽二年甕文跋

《固庵文録》,臺北:新文豐出版公司,1989 年 9 月,第 145 至 148 頁。

收入《饒宗頤二十世紀學術文集》(卷一三·藝術),臺北:新文豐出版公司,2003 年,第 14 至 17 頁。

167. 永寧二年傅宣婦士孫松女墓志跋

《固庵文録》,臺北:新文豐出版公司,1989 年 9 月,第 149 至 152 頁。

收入《饒宗頤二十世紀學術文集》(卷六·史學),臺北:新文豐出版公司,2003 年,第 756 至 759 頁。

168. 晋朱書墓券跋

《固庵文録》,臺北:新文豐出版公司,1989 年 9 月,第 153 至 154 頁。

收入《饒宗頤二十世紀學術文集》(卷一三·藝術),臺北:新文豐出版公司,2003 年,第 18 至 19 頁。

169. 敦煌《大學》寫本跋

《固庵文録》,臺北:新文豐出版公司,1989 年 9 月,第 155 頁。

收入《饒宗頤二十世紀學術文集》(卷八・敦煌學),臺北:新文豐出版公司,2003 年,第 233 頁。

170. 格物論

《固庵文録》,臺北:新文豐出版公司,1989 年 9 月,第 162 至 165 頁。

收入《饒宗頤二十世紀學術文集》(卷一四・文録、詩詞),臺北:新文豐出版公司,2003 年,第 51 至 54 頁。

171. 王弼《老子注》跋

《固庵文録》,臺北:新文豐出版公司,1989 年 9 月,第 185 至 188 頁。

收入《饒宗頤二十世紀學術文集》(卷一四・文録、詩詞),臺北:新文豐出版公司,2003 年,第 68 至 70 頁。

172. 傅玄《馬先生序》書後——指南車補論

《固庵文録》,臺北:新文豐出版公司,1989 年 9 月,第 189 至 190 頁。

收入《饒宗頤二十世紀學術文集》(卷一四・文録、詩詞),臺北:新文豐出版公司,2003 年,第 71 至 72 頁。

173.《黄石公三略》跋

《固庵文録》,臺北:新文豐出版公司,1989 年 9 月,第 191 至 192 頁。

收入《饒宗頤二十世紀學術文集》(卷一四・文録、詩詞),臺北:新文豐出版公司,2003 年,第 73 至 74 頁。

174.《大人賦》書後

《固庵文録》,臺北:新文豐出版公司,1989 年 9 月,第 193 至 194 頁。

收入《饒宗頤二十世紀學術文集》(卷一四・文録、詩詞),臺北:新文豐出版公司,2003 年,第 75 至 76 頁。

175.《報任安書》書後

《固庵文録》,臺北:新文豐出版公司,1989 年 9 月,第 195 至 196 頁。

收入《饒宗頤二十世紀學術文集》(卷一四・文録、詩詞),臺北:新文豐出版公司,2003 年,第 77 至 78 頁。

176.《北齊書》跋

《固庵文録》,臺北:新文豐出版公司,1989 年 9 月,第 199 頁。

收入《饒宗頤二十世紀學術文集》(卷一四・文録、詩詞),臺北:新文豐出版公司,2003 年,第 81 至 82 頁。

177. 杜正倫撰《文筆要訣》跋

《固庵文録》,臺北:新文豐出版公司,1989 年 9 月,第 200 至 201 頁。

收入《饒宗頤二十世紀學術文集》(卷一四・文録、詩詞),臺北:新文豐出版公司,2003 年,第 83 至 84 頁。

178. 朱彝尊《五代史輯注》鈔本跋

《固庵文録》,臺北:新文豐出版公司,1989 年 9 月,第 210 至 212 頁。

收入《饒宗頤二十世紀學術文集》(卷一四・文録、詩詞),臺北:新文豐出版公司,2003 年,第 87 至 89 頁。

179.《感應篇》書後

《固庵文録》,臺北:新文豐出版公司,1989 年 9 月,第 213 至 215 頁。

收入《饒宗頤二十世紀學術文集》(卷一四・文録、詩詞),臺北:新文豐出版公司,2003 年,第 90 至 92 頁。

180. 王彝《嬀蜼子》跋

《固庵文録》,臺北:新文豐出版公司,1989 年 9 月,第 216 至 217 頁。

收入《饒宗頤二十世紀學術文集》(卷一四・文録、詩詞),臺北:新文豐出版公司,2003 年,第 93 至 94 頁。

181. 明楊德周編《建安七子集》跋

《固庵文録》,臺北:新文豐出版公司,1989 年 9 月,第 218 頁。

收入《饒宗頤二十世紀學術文集》(卷一四・文録、詩詞),臺北:新文豐出版公司,2003 年,第 95 頁。

182. **北江《懷人詩》跋**

《固庵文録》,臺北:新文豐出版公司,1989 年 9 月,第 224 至 225 頁。

收入《饒宗頤二十世紀學術文集》(卷一四・文録、詩詞),臺北:新文豐出版公司,2003 年,第 101 至 102 頁。

183. **《龔定庵集》書後**

《固庵文録》,臺北:新文豐出版公司,1989 年 9 月,第 226 至 227 頁。

收入《饒宗頤二十世紀學術文集》(卷一四・文録、詩詞),臺北:新文豐出版公司,2003 年,第 103 至 104 頁。

184. **書《清史稿・文苑傳》後**

《固庵文録》,臺北:新文豐出版公司,1989 年 9 月,第 228 頁。

收入《饒宗頤二十世紀學術文集》(卷一四・文録、詩詞),臺北:新文豐出版公司,2003 年,第 105 頁。

185. **天發神讖碑跋**

《固庵文録》,臺北:新文豐出版公司,1989 年 9 月,第 229 頁。

收入《饒宗頤二十世紀學術文集》(卷一三・藝術),臺北:新文豐出版公司,2003 年,第 36 頁。

186. 東魏武定元年造像碑跋

《固庵文録》,臺北:新文豐出版公司,1989 年 9 月,第 226 至 227 頁。

收入《饒宗頤二十世紀學術文集》(卷一三・藝術),臺北:新文豐出版公司,2003 年,第 68 頁。

187. 劉蛻自撰母姚夫人權葬石表題後

《固庵文録》,臺北:新文豐出版公司,1989 年 9 月,第 231 頁。

收入《饒宗頤二十世紀學術文集》(卷一三・藝術),臺北:新文豐出版公司,2003 年,第 75 頁。

188. 悲庵印譜序

原文撰於 1977 年。

收入《固庵文録》,臺北:新文豐出版公司,1989 年 9 月,第 240 頁;《饒宗頤二十世紀學術文集》(卷一三・藝術),臺北:新文豐出版公司,2003 年,第 121 頁;又收入《饒宗頤文論十則》,見西泠印社編:《西泠印社》(饒宗頤、劉江學術專輯,總第 33 輯),杭州:西泠印社,2012 年 4 月,第 14 至 15 頁。

189. 題任伯年《紈扇集錦册》

《固庵文録》,臺北:新文豐出版公司,1989 年 9 月,第 241 頁。

收入《饒宗頤二十世紀學術文集》(卷一四・文録、詩詞),臺北:新文豐出版公司,2003 年,第 108 頁。

190. 論書十要

《固庵文録》,臺北:新文豐出版公司,1989 年 9 月,第 250 至 251 頁。

又見《中國書法》(第 1 期),北京:寶文堂書店,1999 年。

收入《饒宗頤二十世紀學術文集》(卷一三・藝術),臺北:新文豐出版公司,2003 年,第 124 至 125 頁;《中國名家隨筆》(鄧九平主編),北京:經濟日報出版社,2004 年,第 445 至 446 頁;又收入《饒宗頤文論十則》,見西泠印社編:《西泠印社》(饒宗頤、劉江學術專輯,總第 33 輯),杭州:西泠印社,2012 年 4 月,第 11 至 12 頁。

另作《〈選堂書法叢刊(1)雅言雋句・匾額〉代序》,香港:港澳發展有限公司,2005 年 10 月,第 7 頁。

191. (明)何絳《不去廬集》跋

《固庵文録》,臺北:新文豐出版公司,1989 年 9 月,第 252 頁。

收入《饒宗頤二十世紀學術文集》(卷一四・文録、詩詞),臺北:新文豐出版公司,2003 年,第 111 頁。

192.《讀草綴語》題辭

原文撰於 1977 年。

收入《固庵文録》,臺北:新文豐出版公司,1989 年 9 月,第 276 至 277 頁;《饒宗頤二十世紀學術文集》(卷一四・文録、詩詞),臺北:新文豐出版公司,2003 年,第 129 至 130 頁。

193.《回回紀事詩》序

《固庵文録》,臺北:新文豐出版公司,1989 年 9 月,第 278 頁。

收入《饒宗頤二十世紀學術文集》(卷一四・文録、詩詞),臺北:新文豐出版公司,2003 年,第 131 頁。

194. 題劉海粟書散氏盤卷

原文撰於 1977 年。

收入《固庵文録》,臺北:新文豐出版公司,1989 年 9 月,第 281 頁;《饒宗頤二十世紀學術文集》(卷一三・藝術),臺北:新文豐出版公司,2003 年,第 126 頁。

195. 鏡齋山水畫册引

《固庵文録》,臺北:新文豐出版公司,1989 年 9 月,第 282 頁。

收入《饒宗頤二十世紀學術文集》(卷一四・文録、詩詞),臺北:新文豐出版公司,2003 年,第 133 頁。

196. 題吴在炎指畫展

《固庵文録》,臺北:新文豐出版公司,1989 年 9 月,第 284 至 285 頁。

收入《饒宗頤二十世紀學術文集》(卷一四・文録、詩詞),臺北:新文豐出版公司,2003 年,第 135 至 136 頁。

197. 題簡琴齋書展

《固庵文録》,臺北:新文豐出版公司,1989 年 9 月,第 286 頁。

收入《饒宗頤二十世紀學術文集》(卷一三・藝術),臺北:新文豐出版公司,2003 年,第 127 頁。

198. 補陳經籍志序

原文撰於 1935 年冬。

收入《固庵文録》,臺北:新文豐出版公司,1989 年 9 月,第 313 頁;《饒宗頤二十世紀學術文集》(卷一四・文録、詩詞),臺北:新文豐出版公司,2003 年,第 162 頁。

199. 宗頤名説

《固庵文録》,臺北:新文豐出版公司,1989 年 9 月,第 323 至 324 頁。

收入《饒宗頤二十世紀學術文集》(卷一四・文録、詩詞),臺北:新文豐出版公司,2003 年,第 165 頁;又收入《饒宗頤文論十則》,見西泠印社編:《西泠印社》(饒宗頤、劉江學術專輯,總第 33 輯),杭州:西泠印社,2012 年 4 月,第 15 頁。

200. 選堂字説

《固庵文録》,臺北:新文豐出版公司,1989 年 9 月,第 325 頁。

收入《饒宗頤二十世紀學術文集》(卷一四・文録、詩詞),臺北:新文豐出版公司,2003 年,第 166 頁;又收入《饒宗頤文論十則》,見西泠印社編:《西泠印社》(饒宗頤、劉江學術專輯,總第 33 輯),杭州:西泠印社,2012 年 4 月,第 15 頁。

201. 與謝和耐教授書

原文撰於 1985 年。

收入《固庵文録》,臺北:新文豐出版公司,1989 年 9 月,第 336 至 337 頁;《饒宗頤二十世紀學術文集》(卷一四・文録、詩詞),臺北:新文豐出版公司,2003 年,第 175 頁。

202. 與劉述先論"暗裏闇"書

原文撰於 1985 年。

收入《固庵文録》,臺北:新文豐出版公司,1989 年 9 月,第 338 至 339 頁;《饒宗頤二十世紀學術文集》(卷一四・文録、詩詞),臺北:新文豐出版公司,2003 年,第 176 至 177 頁。

203. 與鄭良樹論戰國策書

《固庵文録》,臺北:新文豐出版公司,1989 年 9 月,第 340 至 343 頁。

收入《饒宗頤二十世紀學術文集》(卷一四・文録、詩詞),臺北:新文豐出版公司,2003 年,第 178 至 180 頁。

204. 與彭襲明論畫書

《固庵文録》,臺北:新文豐出版公司,1989 年 9 月,第 346 頁。收入《饒宗頤二十世紀學術文集》(卷一四・文録、詩詞),臺北:新文豐出版公司,2003 年,第 183 頁。

205. 九龍古墐圍上帝古廟遺址闢建公園記

原文撰於 1962 年。

收入《固庵文録》,臺北:新文豐出版公司,1989 年 9 月,第 347 至 348 頁;《饒宗頤二十世紀學術文集》(卷一四・文録、詩詞),臺北:新文豐出版公司,2003 年,第 184 至 185 頁。

又見《九龍城區風物志》(編撰小組劉潤和、馮錦榮等),香港:九龍城區議會,2005 年,第 113 頁。

206. 勺瀛樓記

原文撰於 1965 年。

收入《固庵文録》,臺北:新文豐出版公司,1989 年 9 月,第 349 頁;《饒宗頤二十世紀學術文集》(卷一四・文録、詩詞),臺北:新文豐出版公司,2003 年,第 186 頁。

207. 方繼仁先生墓表

原文撰於 1965 年。

收入《固庵文録》,臺北:新文豐出版公司,1989年9月,第353至356頁;《饒宗頤二十世紀學術文集》(卷一四·文録、詩詞),臺北:新文豐出版公司,2003年,第189頁。

208. 祭曾酌霞文

《固庵文録》,臺北:新文豐出版公司,1989年9月,第358頁。

收入《饒宗頤二十世紀學術文集》(卷一四·文録、詩詞),臺北:新文豐出版公司,2003年,第191頁。

209. 潮人文化的傳統與發揚

此文爲先生於1989年11月18日在澳門舉行之"第五届國際潮團聯誼會"開幕式專題演講,後刊於《國際潮訊》(第11期),香港:香港潮州會館國際潮團通訊中心,1990年。

收入《饒宗頤潮汕地方史論集》,汕頭:汕頭大學出版社,1996年8月,第575至578頁;《饒宗頤二十世紀學術文集》(卷九·潮學),臺北:新文豐出版公司,2003年,第1308至1312頁。

又見《潮學》(2005年第2期;總第20期),揭陽:潮汕歷史文化中心、揭陽市研究會,2005年4月,第4頁。

210. 古琴名家匯香江

《第十三届亞洲藝術節》,香港:香港市政局,1990年,第20至24頁。

211. 與温丹銘先生書(三首)

刊於《韓山師專學報》(第1期),潮州:韓山師專學報編輯部,1990年。

收入《饒宗頤潮汕地方史論集》,汕頭:汕頭大學出版社,1996年8月,第374至377頁。

212. 談章太炎對印度的嚮往

《明報月刊》(第25卷第1期;總第289期),香港:香港明報有限公司,1990年1月,第113至114頁。

後以《談章太炎對印度的嚮往與認識》收入《文化之旅》,香港:牛津大學出版社,1997年,第147至149頁;《饒宗頤二十世紀學術文集》(卷一四・文録、詩詞),臺北:新文豐出版公司,2003年,第252至255頁。

213. 讀頭陀寺碑

《廣州日報・藝苑版》,廣州:廣州日報社,1990年2月14日。

又載《藝苑掇菁:廣州日報〈藝苑〉專欄文選》(廣州日報編委會、廣州詩社編選),廣州:廣東高等教育出版社,1993年6月,第418至420頁。

收入《文轍——文學史論集》(上册),臺北:臺灣學生書局,1991年11月,第337至340頁;《饒宗頤二十世紀學術文集》(卷一一・文學),臺北:新文豐出版公司,2003年,第1073至1075頁。

214.《李衛公望江南》(李靖著;饒宗頤編集)序錄

臺北:新文豐出版公司,1990年4月,第1至6頁。

收入《詞學》編輯委員會編輯:《詞學》(第9輯),上海:華東師範大學出版社,1992年7月,第174至179頁。

215.《中印文化關係史論集·語文篇——悉曇學緒論》前言及後記

香港:香港中文大學中國文化研究所、三聯書店(香港)有限公司,1990年4月。

收入《饒宗頤二十世紀學術文集》(卷五·宗教學),臺北:新文豐出版公司,2003年,第645至646頁及788至790頁。

216. 陸機"平復帖"の復刻——三希に匹敵すそ墨寶(林宏作日譯)

ダイジエスト(第1333號),1990年4月1日。

【中文版】《關於〈平復帖〉》收入《饒宗頤二十世紀學術文集》(卷一三·藝術),臺北:新文豐出版公司,2003年,第20至22頁。

217. 西川寧先生を追憶しその著作集に寄せる(林宏作日譯)

ダイジエスト(第1333號),1990年4月1日。

【中文版】《悼西川寧先生》收入《饒宗頤二十世紀學術文集》

(卷一三・藝術),臺北:新文豐出版公司,2003 年,第 122 至 123 頁。

218. **瑜伽安心法**

《百姓半月刊》(第 215 期),香港:百姓半月刊,1990 年 5 月 1 日,第 46 頁。

收入《文化之旅》,香港:牛津大學出版社,1997 年,第 154 至 157 頁。

又見附於《劍珌行氣銘與漢簡〈引書〉》文後,《饒宗頤二十世紀學術文集》(卷五・宗教學),臺北:新文豐出版公司,2003 年,第 151 至 156 頁。

219. **《近東開闢史詩》前言——中、外史詩上天地開闢與造人神話之初步比較研究**

《近東開闢史詩》,臺北:新文豐出版公司,1991 年,第 1 至 19 頁。

又見《漢學研究》(民間文學國際研討會論文專號第 2 册)(第 8 卷第 1 期),臺北:漢學研究中心,1990 年 6 月,第 781 至 793 頁。

收入《饒宗頤東方學論集》,汕頭:汕頭大學出版社,1999 年 11 月,第 1 至 18 頁;《饒宗頤二十世紀學術文集》(卷一・史溯),臺北:新文豐出版公司,2003 年,第 364 至 384 頁。

220. 陳凡《壯歲集》序

何氏至樂樓叢書(34),香港:何氏至樂樓,1990 年,第 4 至 6 頁。

221.《敦煌琵琶譜》序言

香港敦煌吐魯番研究中心叢刊之一,臺北:新文豐出版公司,1990 年 12 月,第 1 至 3 頁。

收入《饒宗頤二十世紀學術文集》(卷八・敦煌學),臺北:新文豐出版公司,2003 年,第 1133 至 1135 頁。

222. 葉明媚著《古琴音樂藝術》序

香港:商務印書館,1991 年。

收入《固庵文録》,臺北:新文豐出版公司,1989 年 9 月,第 303 至 305 頁;《饒宗頤二十世紀學術文集》(卷一四・文録、詩詞),臺北:新文豐出版公司,2003 年,第 152 至 154 頁。

223. 黄孕褚著《甲骨文與書法藝術》序

香港:文德文化事業有限公司,1991 年。

又見《中國語文通訊》(第 19 期),香港:香港中文大學中國文化研究所吴多泰中國語文研究中心,1992 年 3 月,第 9 至 10 頁。

收入宋鎮豪、段志洪主編:《甲骨文獻集成》(第 40 册),成都:四川大學出版社,2001 年 4 月,第 457 至 458 頁;《饒宗頤二十世紀學術文集》(卷一三・藝術),臺北:新文豐出版公司,

2003 年,第 118 至 120 頁。

224. Speaking of "Sages": The Bronze Figures of San – Hsing Tui (Forward)

Sages and Filial Sons – "*Mythology & Archaeology in Ancient China*" (Julia Ching & R. W. Guisso ed.), Hong Kong: The Chinese University Press, 1991, pp. XIII – XX.

後以《説"聖"Speaking of "Sages": The Bronze Figures of San – Hsing Tui》收入《饒宗頤二十世紀學術文集》(卷四·經術、禮樂),臺北:新文豐出版公司,2003 年,第 487 至 502 頁。

225. 林聰明著《敦煌文書學》序

臺北:新文豐出版公司,1991 年。

收入《饒宗頤二十世紀學術文集》(卷八·敦煌學),臺北:新文豐出版公司,2003 年,第 244 至 245 頁。

226. 中國歷史文獻研究會第十一届年會暨潮汕歷史文獻與文化學術討論會演講摘要

《國際潮訊》(第 13 期),香港:香港潮州會館國際潮團通訊中心,1991 年。

收入《饒宗頤潮汕地方史論集》,汕頭:汕頭大學出版社,1996 年 8 月,第 579 至 582 頁;《饒宗頤二十世紀學術文集》(卷九·潮學),臺北:新文豐出版公司,2003 年,第 1313 至 1316 頁。

227. 楚恭王熊審盂跋

《中國文哲研究集刊》(創刊號),臺北:"中央研究院"中國文哲研究所籌備處,1991 年 3 月,第 39 至 43 頁。

收入《饒宗頤二十世紀學術文集》(卷六・史學),臺北:新文豐出版公司,2003 年,第 569 至 574 頁。

228.《敦煌琵琶譜論文集》小引

香港敦煌吐魯番研究中心叢刊之二,臺北:新文豐出版公司,1991 年 8 月。

收入《饒宗頤二十世紀學術文集》(卷八・敦煌學),臺北:新文豐出版公司,2003 年,第 1330 至 1332 頁。

229. 饒宗頤先生來函(與吴宏一書)

《中國文哲研究集刊》(1 卷 3 期),臺北:"中央研究院"中國文哲研究所,1991 年 9 月,第 178 頁。

230.《郭之奇年譜》引言

《新亞學報》[第 16 卷(上)・紀念錢穆先生論文集],香港:新亞研究所,1991 年 10 月,第 23 頁。

收入《饒宗頤潮汕地方史論集》,汕頭:汕頭大學出版社,1996 年 8 月,第 408 頁;《饒宗頤二十世紀學術文集》(卷九・潮學),臺北:新文豐出版公司,2003 年,第 1421 頁。

231. 李學勤著《比較考古學隨筆》序

香港:中華書局香港分局,1991 年 10 月。

收入《文化之旅》,香港:牛津大學出版社,1997 年,第 105 至 108 頁;《饒宗頤二十世紀學術文集》(卷一四・文録、詩詞),臺北:新文豐出版公司,2003 年,第 240 至 244 頁。

232.《洛陽伽藍記》書後

《文轍——文學史論集》(上册),臺北:臺灣學生書局,1991 年 11 月,第 425 至 428 頁。

收入《饒宗頤二十世紀學術文集》(卷一一・文學),臺北:新文豐出版公司,2003 年,第 1076 至 1078 頁。

233. 唐詩漫話

《文轍——文學史論集》(下册),臺北:臺灣學生書局,1991 年 11 月,第 901 至 910 頁。

收入《饒宗頤二十世紀學術文集》(卷一二・詩詞學),臺北:新文豐出版公司,2003 年,第 128 至 140 頁。

234. F. Staal 著《Agni》書後

《季羡林教授八十華誕紀念論文集》(下册)(李錚、蔣忠新主編),南昌:江西人民出版社,1991 年 12 月,第 679 至 685 頁。

原文第一部分收入《饒宗頤二十世紀學術文集》(卷一・史溯),臺北:新文豐出版公司,2003 年,第 459 至 470 頁。

第二部分成爲《佛書之鳥夷與古印度火祭之"玄鳥"崇拜》,收入《饒宗頤二十世紀學術文集》(卷一・史溯),臺北:新文豐出版公司,2003 年,第 85 至 90 頁。

235. 法譯《五行大義》校注序

Pry Marc Kalinowski 譯,巴黎:法國遠東學院,1991 年 12 月。

又載《中國文哲研究通訊》(第 1 卷第 4 期),臺北:"中央研究院"中國文哲研究所,1991 年 12 月,第 148 至 151 頁。

236. 洪武南藏本《釋迦方志》跋

《文獻》(第 1 期),北京:書目文獻出版社,1992 年,第 140 至 141 頁及第 248 頁。

237. 潮州《開元寺志》序

《潮州市佛教志・潮州開元寺志》(釋慧原編著),潮州:潮州開元寺,1992 年,第 1 至 6 頁。

又載《潮州》(2005 年第 2 期;總第 57 期),潮州:《潮州》編輯部,2005 年 2 月,第 25 至 26 頁。

238. 記大英博物院藏敦煌舞譜

《新亞學報》(第 4 卷第 2 期),香港:新亞研究所,1960 年 2 月,第 273 至 277 頁。

又見《舞蹈藝術》(第 39 輯),北京:文化藝術出版社,1992 年,第165、164頁。

收入《饒宗頤二十世紀學術文集》(卷八・敦煌學),臺北:新文豐出版公司,2003年,第1364至1368頁。

239.《三陽志》小考——《潮汕文化研究》序

《潮汕文化論叢・初集》(汕頭大學潮汕文化研究中心、汕頭市潮汕歷史文化研究中心編),廣州:廣東高等教育出版社,1992年3月,第1至4頁。

又見《國際潮訊》(第15期),香港:香港潮州會館國際潮團通訊中心,1992年6月30日,第1至2頁。

收作《潮州藝文志》附録,上海:上海古籍出版社,1994年4月,第677至680頁。

又收入《饒宗頤潮汕地方史論集》,汕頭:汕頭大學出版社,1996年8月,第327至330頁;《饒宗頤二十世紀學術文集》(卷九・潮學),臺北:新文豐出版公司,2003年,第1243至1247頁。

240.《選堂書楹聯初集》小引

香港:香港藝苑出版社,1992年6月。

收入《饒宗頤二十世紀學術文集》(卷一三・藝術),臺北:新文豐出版公司,2003年,第130頁。

241. 柏林印度藝術博物館藏經卷小記

《九州學刊》(第 4 卷第 4 期),臺北:九州學刊雜志社,1992 年 4 月,第 161 至 162 頁。

後以《神璽三年光世音贊跋——柏林印度藝術博物館(Museum für Indische Kunst)藏經卷題識》收入《饒宗頤二十世紀學術文集》(卷八·敦煌學),臺北:新文豐出版公司,2003 年,第 24 至 29 頁。

242. 李鋭清著《滄浪詩話的詩歌理論研究》序

香港:中文大學出版社,1992 年。

又見《國際潮訊》(第 15 期),香港:香港潮州會館國際潮團通訊中心,1992 年 6 月 30 日,第 123 頁;《文學研究》(第 3 輯),南京:南京大學出版社,1993 年 4 月,第 121 至 122 頁。

243.《詞集考——唐五代宋金元編》後記

北京:中華書局,1992 年 10 月,第 417 頁。

收入《饒宗頤二十世紀學術文集》(卷一〇·目録學),臺北:新文豐出版公司,2003 年,第 420 頁。

244. 談西周文化發源地問題——與許倬雲教授書

《二十一世紀》(第 14 期),香港:香港中文大學中國文化研究所,1992 年 12 月,第 51 至 52 頁。

收入許倬云:《西周史》(增訂本),北京:三聯書店,1995 年 1

月,第70至71頁;許倬云:《西周史》(增補本),北京:三聯書店,2001年1月,第71至73頁;許倬云:《西周史》(增補二版),北京:三聯書店,2012年1月,第87至88頁。

245. 潘醒農著《潮僑溯源集》序

新加坡:八方文化企業公司,1993年。

246. 郭子章纂修《潮中雜紀》序

潮州善本選集之第一種影萬曆本郭子章《潮中雜紀》,香港:香港潮州商會第三十八届會董會,1993年。

收入《饒宗頤潮汕地方史論集》,汕頭:汕頭大學出版社,1996年8月,第349至351頁;《饒宗頤二十世紀學術文集》(卷九·潮學),臺北:新文豐出版公司,2003年,第1257至1259頁。

247.《廣濟橋史料彙編》序言

香港:新城文化服務有限公司,1993年(與張樹人合作編著)。

收入《饒宗頤潮汕地方史論集》,汕頭:汕頭大學出版社,1996年8月,第352至353頁;《饒宗頤二十世紀學術文集》(卷九·潮學),臺北:新文豐出版公司,2003年,第5至6頁。

248. 郭偉川著《南陽集》序

深圳:海天出版社,1993年。

收入《饒宗頤潮汕地方史論集》,汕頭:汕頭大學出版社,1996

年8月,第167至168頁;《饒宗頤二十世紀學術文集》(卷九·潮學),臺北:新文豐出版公司,2003年,第1097頁。

249. 上代塞種史若干問題——《于闐史叢考》序

《中國文化》(第8期),香港:中華書局香港分局,1993年6月,第165至170頁。

收入《饒宗頤東方學論集》,汕頭:汕頭大學出版社,1999年11月,第68至81頁。

後以《胡里安(Hurrian)與"胡"之來源——上代塞種史若干問題》收入《饒宗頤二十世紀學術文集》(卷一·史溯),臺北:新文豐出版公司,2003年,第346至363頁。

250.《西安鼓樂全書》序

《中國文哲研究通訊》(第3卷第2期;總第10期),臺北:"中央研究院"中國文哲研究所,1993年6月,第91至92頁。

又以《西安鼓樂俗字譜的研究與解讀》序,載《交響·西安音樂學院學報》(1994年第2期),西安:西安音樂學院學報編輯部,1994年,第3頁。

收入《饒宗頤二十世紀學術文集》(卷四·經術、禮樂),臺北:新文豐出版公司,2003年,第664至665頁。

序文終刊於李石根著《西安鼓樂全書》,北京:北京文化藝術出版社,2009年。

251.《畫䫜——國畫史論集》小引

臺北:時報文化出版企業有限公司,1993 年 6 月,第 6 頁。

收入《饒宗頤二十世紀學術文集》(卷一三・藝術),臺北:新文豐出版公司,2003 年,第 167 頁。

252. 黄嫣梨著《蔣春霖評傳》序

臺北:文史哲出版社,1993 年 7 月,第 1 頁。

253. 鄭煒明著《澳門與中葡關係史論叢》序

《(葡占)氹仔路環碑銘楹匾彙編》(鄭煒明著),香港:加略山房,1993 年 7 月。

[按:《(葡占)氹仔路環碑銘楹匾彙編》爲"澳門與中葡關係史論叢"第 1 種,叢書後未繼續刊行。]

254.《梵學集》小引

上海:上海古籍出版社,1993 年 7 月,第 1 頁。

收入《饒宗頤東方學論集》,汕頭:汕頭大學出版社,1999 年 11 月,第 350 頁。

255. 書《馬王堆老子寫本》後

《道家文化研究》(第 3 輯・馬王堆帛書專號),上海:上海古籍出版社,1993 年 8 月,第 297 至 298 頁。

256. 維也納：鐘錶博物館

《明報月刊》(第 28 卷第 9 期;總第 332 期),香港:香港明報有限公司,1993 年 8 月,第 12 頁。

收入《文化之旅》,香港:牛津大學出版社,1997 年,第 11 至 12 頁;《饒宗頤二十世紀學術文集》(卷一四・文録、詩詞),臺北:新文豐出版公司,2003 年,第 209 至 210 頁。

257. 吐魯番：丟了頭顱的廾廾(菩薩)

《明報月刊》(第 28 卷第 9 期;總第 332 期),香港:香港明報有限公司,1993 年 9 月,第 39 頁。

收入《文化之旅》,香港:牛津大學出版社,1997 年,第 41 至 43 頁;《饒宗頤二十世紀學術文集》(卷一四・文録、詩詞),臺北:新文豐出版公司,2003 年,第 235 至 237 頁。

258.《饒宗頤書畫》自叙

廣州:嶺南美術出版社,1993 年 10 月。

259.《法藏敦煌書苑精華》序

廣州:廣東人民出版社,1993 年 11 月。

260. 山西解縣：關聖與鹽

《明報月刊》(第 28 卷第 11 期;總第 335 期),香港:香港明報有限公司,1993 年 11 月,第 25 至 26 頁。

後以《關聖與鹽》收入《文化之旅》,香港:牛津大學出版社,1997年,第19至21頁;《饒宗頤二十世紀學術文集》(卷一四・文録、詩詞),臺北:新文豐出版公司,2003年,第218至220頁。

261. 新加坡:五虎祠——談到關學在四裔

《明報月刊》(第28卷第12期;總第336期),香港:香港明報有限公司,1993年12月,第123至124頁。

收入《文化之旅》,香港:牛津大學出版社,1997年,第25至27頁;《饒宗頤二十世紀學術文集》(卷一四・文録、詩詞),臺北:新文豐出版公司,2003年,第224至226頁。

262.《新加坡古事記》引與跋

香港:中文大學出版社,1994年。

收入《饒宗頤二十世紀學術文集》(卷七・中外關係史),臺北:新文豐出版公司,2003年,第380至381、802頁。

263.《甲骨文地名通檢》前言

《甲骨文通檢・第2册:地名》(饒宗頤主編;沈建華編輯),香港:中文大學出版社,1994年,第7至12頁。

後以《甲骨文地名與方國》收入《饒宗頤二十世紀學術文集》(卷二・甲骨),臺北:新文豐出版公司,2003年,第1459至1496頁。

264. 石銘吾著《慵石室詩鈔》序

潮州:潮州市博物館,1994 年,第 1 至 2 頁。

又見石銘吾著,趙松元、楊樹彬點注:《慵石室詩鈔》,北京:綫裝書局,2008 年 2 月。

265. 銘吾詩翁像贊

石銘吾:《慵石室詩鈔》,潮州:潮州市博物館,1994 年。

又見石銘吾著,趙松元、楊樹彬點注:《慵石室詩鈔》,北京:綫裝書局,2008 年 2 月。

266. 水原渭江著《敦煌舞譜の解讀研究》序

京都:朋友書店,1994 年。

收入《固庵文録》,臺北:新文豐出版公司,1989 年 9 月,第 273 至 274 頁;《饒宗頤二十世紀學術文集》(卷一四 · 文録、詩詞),臺北:新文豐出版公司,2003 年,第 127 頁。

267. 巴黎:"皇門静室" · "小學"

《明報月刊》(第 29 卷第 3 期;總第 339 期),香港:香港明報有限公司,1994 年 3 月,第 70 至 71 頁。

又以《皇門静室的"小學"》收入《文化之旅》,香港:牛津大學出版社,1997 年,第 1 至 3 頁;《饒宗頤二十世紀學術文集》(卷一四 · 文録、詩詞),臺北:新文豐出版公司,2003 年,第 198 至 200 頁。

268. 饒宗頤主編；姜伯勤、項楚、榮新江合著《敦煌邈真贊校録并研究》跋

臺北：新文豐出版公司，1994年。

269. 應當重視倫理道德

《馬克思主義與現實》，北京：中共中央編譯局當代馬克思主義研究所，1994年4月，第126頁。（按：内容摘録自《光明日報》1994年12月4日。）

又名爲《回到倫理上來》，發表在《東方文化》（1995年第1期），廣州：廣東中華民族文化促進會，1995年，第5頁。

270. 杜松年著《潮汕大文化》序

北京：中國科學技術出版社，1994年4月。

271. 周教授龍山陶文考釋書後

《明報月刊》（第29卷第4期；總第340期），香港：香港明報有限公司，1994年4月，第111至112頁。

272. 重印《潮州藝文志》序

上海：上海古籍出版社，1994年4月。

收入《饒宗頤潮汕地方史論集》，汕頭：汕頭大學出版社，1996年8月，第347至348頁；《饒宗頤二十世紀學術文集》（卷九·潮學），臺北：新文豐出版公司，2003年，第241至

242 頁。

273. **金字塔外:死與蜜糖(沙漠中的警句)**

《明報月刊》(第 29 卷第 5 期;總第 341 期),香港:香港明報有限公司,1994 年 5 月,第 83 頁。

收入《文化之旅》,香港:牛津大學出版社,1997 年,第 4 至 6 頁;《饒宗頤二十世紀學術文集》(卷一四・文録、詩詞),臺北:新文豐出版公司,2003 年,第 201 至 203 頁。

274. **禪窟:佛教聖地 Banaras**

《明報月刊》(第 29 卷第 6 期;總第 342 期),香港:香港明報有限公司,1994 年 6 月,第 32 至 33 頁。

收入《文化之旅》,香港:牛津大學出版社,1997 年,第 7 至 10 頁;《饒宗頤二十世紀學術文集》(卷一四・文録、詩詞),臺北:新文豐出版公司,2003 年,第 204 至 208 頁;《明報・出入山河》,北京:新星出版社,2008 年 4 月,第 14 至 17 頁。

275. **建陽:考亭——朱子晚年故居**

《明報月刊》(第 29 卷第 7 期;總第 343 期),香港:香港明報有限公司,1994 年 7 月,第 122 至 123 頁。

收入《文化之旅》,香港:牛津大學出版社,1997 年,第 38 至 40 頁;《饒宗頤二十世紀學術文集》(卷四・經術、禮樂),臺北:新文豐出版公司,2003 年,第 462 至 464 頁;《百年美文・説文談史卷(中)》(季羨林主編),天津:百花文藝出版社,2010

年10月,第322至324頁。

276. 永嘉:談謝靈運與驢唇書——第一個懂梵文的中國詩人

《明報月刊》(第29卷第7期;總第344期),香港:香港明報有限公司,1994年8月,第106至107頁。

後以《謝客與驢唇書》收入《文化之旅》,香港:牛津大學出版社,1997年,第32至34頁;《饒宗頤二十世紀學術文集》(卷五·宗教學),臺北:新文豐出版公司,2003年,第286至288頁;《明報·出入山河》,北京:新星出版社,2008年4月,第194至196頁。

277. 南澳:臺海與大陸間的跳板

《明報月刊》(第29卷第9期;總第345期),香港:香港明報有限公司,1994年9月,第110至111頁。

又見《潮學研究》(3),汕頭:汕頭大學出版社,1995年。

收入《饒宗頤潮汕地方史論集》,汕頭:汕頭大學出版社,1996年8月,第289至292頁;《文化之旅》,香港:牛津大學出版社,1997年,第44至47頁;《饒宗頤二十世紀學術文集》(卷九·潮學),臺北:新文豐出版公司,2003年,第1207至1211頁。

278. 答周策縱教授

《明報月刊》(第29卷第10期;總第346期),香港:香港明報有限公司,1994年10月,第141頁。

收入湯一介主編、周策縱著:《周策縱自選集》,濟南:山東教育出版社,2005 年,第 438 至 439 頁。

(按:先生此函爲對周策縱教授所著《龍山陶文考釋答饒宗頤教授》文内一些觀點的回應。)

279. 玉泉山,關陵

《明報月刊》(第 29 卷第 11 期;總第 344 期),香港:香港明報有限公司,1994 年 11 月,第 118 至 119 頁。

收入饒宗頤著、胡曉明編:《澄心論萃》,上海:上海文藝出版社,1996 年 7 月,第 375 至 377 頁;《文化之旅》,香港:牛津大學出版社,1997 年,第 22 至 24 頁;吴歡章、沙似鵬主編:《20 世紀中國散文英華(臺港澳卷)》,上海:復旦大學出版社,1999 年 2 月,第 354 至 356 頁;《饒宗頤二十世紀學術文集》(卷一四・文録、詩詞),臺北:新文豐出版公司,2003 年,第 221 至 223 頁。

280. 周原:從美陽到慶陽

《明報月刊》(第 29 卷第 12 期;總第 348 期),香港:香港明報有限公司,1994 年 11 月,第 137 至 138 頁。

收入《文化之旅》,香港:牛津大學出版社,1997 年,第 13 至 15 頁;《饒宗頤二十世紀學術文集》(卷一四・文録、詩詞),臺北:新文豐出版公司,2003 年,第 211 至 213 頁。

281. 徐展堂樓贊

碑在香港大學徐展堂樓底層壁間,1994 年 11 月 30 日立石。

282.《甲骨文天文氣象通檢》前言

《甲骨文通檢・第 3 册:天文氣象》(饒宗頤主編;沈建華編輯),香港:中文大學出版社,1995 年,第 7 至 16 頁。

後以《甲骨文之天文氣象》收入《饒宗頤二十世紀學術文集》(卷二・甲骨),臺北:新文豐出版公司,2003 年,第 1403 至 1416 頁。

283.《甲骨文職官人物通檢》前言

《甲骨文通檢・第 4 册:職官人物》(饒宗頤主編;沈建華編輯),香港:中文大學出版社,1995 年,第 7 至 32 頁。

後以《論殷代之職官、爵、姓》收入《饒宗頤二十世紀學術文集》(卷二・甲骨),臺北:新文豐出版公司,2003 年,第 1497 至 1534 頁。

284.《華學》發刊辭

《華學》(創刊號),廣州:中山大學出版社,1995 年。

285.《〈王會篇〉海陽及摇毋余封海陽再考》——與郭偉川函

《華學》(創刊號),廣州:中山大學出版社,1995 年,第 241 至

242 頁。

收入《饒宗頤潮汕地方史論集》，汕頭：汕頭大學出版社，1996 年 8 月，第 165 至 166 頁；《饒宗頤二十世紀學術文集》（卷九・潮學），臺北：新文豐出版公司，2003 年，第 1094 至 1096 頁。

286. 王堯《從“河圖、洛書”、“陰陽五行”、“八卦”在西藏看中國古代哲學思想交流》跋

《華學》（創刊號），廣州：中山大學出版社，1995 年，第 257 至 258 頁。

後以《西藏與中國古代哲學文法後記》收入《饒宗頤二十世紀學術文集》（卷六・史學），臺北：新文豐出版公司，2003 年，第 820 至 821 頁。

287. （法）蒲德侯（Jean Bottéro）著《對美索不達米亞文獻中有關“火”的記載之解釋》讀後記

《華學》（創刊號），廣州：中山大學出版社，1995 年，第 266 頁。

後以《西亞文獻中的火讀後記》收入《饒宗頤二十世紀學術文集》（卷一・史溯），臺北：新文豐出版公司，2003 年，第 502 至 504 頁。

288. 鄭煒明編《論饒宗頤》跋

香港：三聯書店（香港）有限公司，1995 年。

289. 史與禮——補資治通鑒史料長編系列總序

《敦煌漢簡編年考證》(與李均明合著),臺北:新文豐出版公司,1995 年,第 1 至 10 頁。

又見《傳統文化與現代化》(1996 年第 5 期;總第 23 期),北京:中華書局,1996 年,第 17 至 21 頁。

收入《饒宗頤二十世紀學術文集》(卷四・經術、禮樂),臺北:新文豐出版公司,2003 年,第 228 至 239 頁。

290.《敦煌俗字研究》序

張涌泉著《敦煌俗字研究導論》,臺北:新文豐出版公司,1996 年。

又見《中國文化》(1995 年第 1 期),北京:中國文化雜志社,1995 年 1 月,第 267 頁。

收入《饒宗頤二十世紀學術文集》(卷八・敦煌學),臺北:新文豐出版公司,2003 年,第 246 至 247 頁。

291. 秭歸——屈原故里

《明報月刊》(第 30 卷第 1 期;總第 344 期),香港:香港明報有限公司,1995 年 1 月,第 106 至 107 頁。

收入《文化之旅》,香港:牛津大學出版社,1997 年,第 16 至 18 頁;《饒宗頤二十世紀學術文集》(卷一四・文録、詩詞),臺北:新文豐出版公司,2003 年,第 214 至 217 頁。

292.《九州學刊》敦煌專號(三)引言

《九州學刊》(第 6 卷第 4 期;總第 24 期),臺北:九州學刊雜志社,1995 年 3 月。

293. 敦煌所出北魏寫本《國語・周語》舊注殘葉跋

載《1990 年敦煌學國際研討會文集・石窟史地、語文編》(段文杰主編),瀋陽:遼寧美術出版社,1995 年 7 月,第 522 至 525 頁。

又載《敦煌吐魯番研究》(第 1 卷),北京:北京大學出版社,1996 年 4 月,第 297 至 300 頁;《敦煌研究文集:敦煌研究院藏敦煌文獻研究篇》(敦煌研究院編),蘭州:甘肅民族出版社,2000 年 9 月,第 143 至 146 頁。

後以《北魏出土敦煌本〈國語〉伶州鳩章舊注跋》收入《饒宗頤二十世紀學術文集》(卷四・經術、禮樂),臺北:新文豐出版公司,2003 年,第 400 至 405 頁。

294. 馬楚堅著《明清人物史事論析》序

南昌:江西高校出版社,1996 年。

後以《明非亡於武器之後人——〈明史論集〉序》收入《文化之旅》,香港:牛津大學出版社,1997 年,第 137 至 138 頁。

收入《饒宗頤二十世紀學術文集》(卷一四・文録、詩詞),臺北:新文豐出版公司,2003 年,第 248 至 249 頁。

295. 池田大作著《我的釋尊觀》(中譯本)序

香港:三聯書店(香港)有限公司,1996 年,第 1 至 5 頁。

收入《文化之旅》,香港:牛津大學出版社,1997 年,第 102 至 104 頁;《饒宗頤二十世紀學術文集》(卷五・宗教學),臺北:新文豐出版公司,2003 年,第 412 至 414 頁。

296. 霍松林主編;徐宗文副主編《辭賦大辭典》序

南京:江蘇古籍出版社,1996 年。

收入《饒宗頤二十世紀學術文集》(卷一一・文學),臺北:新文豐出版公司,2003 年,第 541 至 542 頁。

297. 江潤祥編《回回藥方》題辭

香港:香港中國編譯印務有限公司,1996 年。

298. 劉義章編《客家宗族與民間文化》前言

香港:香港中文大學香港亞太研究所海外華人研究社,1996 年,第 1 至 2 頁。

299. 陳松長著《馬王堆帛書藝術》序

上海:上海書店出版社,1996 年。

收入《饒宗頤二十世紀學術文集》(卷一三・藝術),臺北:新文豐出版公司,2003 年,第 7 至 8 頁。

300. 胡厚宣輯;王宏、胡振宇整理《甲骨續存補編》序言

天津:天津古籍出版社,1996 年。

收入《饒宗頤二十世紀學術文集》(卷二・甲骨),臺北:新文豐出版公司,2003 年,第 1839 至 1840 頁。

301. 韓文譯本《殷代貞卜人物通考》序(饒宗頤著;孫叡徹譯)

漢城:민음사,1996 年。

收入《文化之旅》,香港:牛津大學出版社,1997 年,第 112 至 113 頁;《饒宗頤二十世紀學術文集》(卷二・甲骨),臺北:新文豐出版公司,2003 年,第 1851 至 1852 頁。

302. 一眼與雙眼

《傳統文化與現代化》(創刊三周年紀念特輯),北京:中華書局,1996 年,第 17 至 18 頁。

收入《文化之旅》,香港:牛津大學出版社,1997 年,第 145 至 146 頁;《饒宗頤二十世紀學術文集》(卷一四・文録、詩詞),臺北:新文豐出版公司,2003 年,第 250 至 251 頁。

303. 參萬化而一成純——《單劍鋒其人其畫》序

《單劍鋒其人其畫》(單曉丹、單曉虹、單曉彤選編),廣州:嶺南美術出版社,1995 年 12 月,第 1 至 2 頁。

又見《大公報》,香港:大公報社,1996 年 5 月 26 日。

收入《大公報特約專家文選》(梁麗儀編),香港:大公報出版有限公司,2002年6月,第155至156頁。

304.《澄心論萃》序(饒宗頤著;胡曉明編)

上海:上海文藝出版社,1996年7月,第1頁。

又以《〈澄心隨筆〉小引》收入《文化之旅》,香港:牛津大學出版社,1997年,第153頁;《饒宗頤二十世紀學術文集》(卷一四·文録、詩詞),臺北:新文豐出版公司,2003年,第259頁。

305.周南《周南詩詞選》序

香港:香江出版有限公司,1996年9月,第18至21頁。

【重刊本】濟南:齊魯書社,1997年5月。

306.題北山堂藏耶律楚材《平淮西碑》長卷

《歷史文獻研究》(中國歷史文獻研究會編),北京:北京師範大學出版社,1996年10月,第30頁。

收入《饒宗頤二十世紀學術文集》(卷一三·藝術),臺北:新文豐出版公司,2003年,第117頁。

307.楊春棠編《選堂書畫:饒宗頤八十回顧展》小引

香港:香港大學美術博物館,1996年10月。

308.《敦煌曲續論》小引

敦煌叢刊二集(8),臺北:新文豐出版公司,1996 年 12 月。

收入《饒宗頤二十世紀學術文集》(卷一三・藝術),臺北:新文豐出版公司,2003 年,第 931 頁。

309. 王素著《吐魯番出土高昌文獻編年》序

補資治通鑑史料長編稿系列(饒宗頤主編;第 3 種),臺北:新文豐出版公司,1997 年 1 月。

310. 胡緯著《文心雕龍字義通釋》序

香港:文法文化事業有限公司,1997 年。

收入《饒宗頤二十世紀學術文集》(卷一一・文學),臺北:新文豐出版公司,2003 年,第 1071 至 1072 頁。

311. 李福清(Riftin B. Lvovich)著《關公傳說與三國演義》序

臺北:漢忠文化事業公司,1997 年。

收入《饒宗頤二十世紀學術文集》(卷一一・文學),臺北:新文豐出版公司,2003 年,第 1114 至 1115 頁。

312. 楊銘著《吐蕃統治敦煌研究》序

臺北:新文豐出版公司,1997 年。

收入《饒宗頤二十世紀學術文集》(卷八・敦煌學),臺北:新文豐出版公司,2003 年,第 253 至 254 頁。

313. 黃征著《敦煌語文叢説》序

臺北:新文豐出版公司,1997 年。

收入《饒宗頤二十世紀學術文集》(卷八・敦煌學),臺北:新文豐出版公司,2003 年,第 248 至 249 頁。

314.《中國二十世紀名家國畫》序

加拿大:加拿大保護中國文物基金會,1997 年。

315.《文化之旅》小引

香港:牛津大學出版社,1997 年;【簡體字版】瀋陽:遼寧教育出版社,1998 年 3 月。

收入《饒宗頤二十世紀學術文集》(卷一四・文録、詩詞),臺北:新文豐出版公司,2003 年,第 197 頁。

316. 武夷山憶柳永

《文化之旅》,香港:牛津大學出版社,1997 年,第 35 至 37 頁。

收入《饒宗頤二十世紀學術文集》(卷一四・文録、詩詞),臺北:新文豐出版公司,2003 年,第 232 至 234 頁。

317. 法門寺遺物有關幾件史事

The Power of Culture: Studies in Chinese Cultural History (edited by Willard J. Peterson, Andrew H. Plaks and Ying – shih Yü), Hong Kong : The Chinese University Press, 1994, pp. 150 – 157. (余英時主編:《文德》,香港:香港中文大學出版社,1994年,第150至157頁。)

後以《法門寺一:有關史事的幾件遺物》收入《文化之旅》,香港:牛津大學出版社,1997年,第83至90頁。

又收入《饒宗頤二十世紀學術文集》(卷五·宗教學),臺北:新文豐出版公司,2003年,第337至346頁。

318. 從法門寺論韓愈之排佛事件及其思想根源諸問題

潮汕歷史文化研究中心、汕頭大學潮汕文化研究中心編:《潮學研究》4,汕頭:汕頭大學出版社,1995年12月,第1至6頁。

以《法門寺二:論韓愈之排佛事件》收入《文化之旅》,香港:牛津大學出版社,1997年,第91至96頁。

又收入《饒宗頤二十世紀學術文集》(卷五·宗教學),臺北:新文豐出版公司,2003年,第347至352頁。

319. 師子林與天如和尚

《文化之旅》,香港:牛津大學出版社,1997年,第97至101頁。

又見《書法叢刊》(2002年第3期;總第71期),北京:文物出版社,2002年8月,第2至3頁。

後以《獅子林與天如和尚》收入《饒宗頤二十世紀學術文集》（卷五・宗教學），臺北：新文豐出版公司，2003 年，第 358 至 362 頁。

320. 知彼之學——《閻宗臨論著集》序

閻守誠編：《閻宗臨史學文集》，太原：山西古籍出版社，1998 年。

收入《文化之旅》，香港：牛津大學出版社，1997 年，第 150 頁；閻宗臨著、閻守誠編：《傳教士與法國早期漢學》，鄭州：大象出版社，2003 年 9 月，第 1 頁；任茂棠等編：《閻宗臨先生誕辰百周年紀念文集》，太原：山西人民出版社，2004 年，第 3 頁；《饒宗頤二十世紀學術文集》（卷一四・文録、詩詞），臺北：新文豐出版公司，2003 年，第 256 頁；閻宗臨著：《中西交通史》，桂林：廣西師範大學出版社，2007 年 4 月，第 1 頁；閻守誠著：《閻宗臨傳》，太原：三晋出版社，2014 年 1 月，第 4 至 6 頁。

321. 潮、客之間

《文化之旅》，香港：牛津大學出版社，1997 年，第 151 至 152 頁。

收入《饒宗頤二十世紀學術文集》（卷一四・文録、詩詞），臺北：新文豐出版公司，2003 年，第 257 至 258 頁。

322. 地方史料與國史可以互補

《文史知識》（1997 年第 9 期・潮汕文化專號），北京：中華書局，1997 年 9 月，第 4 至 5 頁。

323. 詹伯慧編《詹安泰詞學論集》代序

汕頭:汕頭大學出版社,1997 年 10 月,第 1 至 2 頁。

324. 傅吾康(Wolfgang Franke)主編《泰國華文銘刻彙編》序

臺北:新文豐出版公司,1998 年。

收入《饒宗頤二十世紀學術文集》(卷七・中外關係史),臺北:新文豐出版公司,2003 年,第 324 至 325 頁。

325. 唐代文選學略述——《敦煌吐魯番本文選》前言

《敦煌吐魯番本文選》(編),北京:中華書局,2000 年 5 月,第 1 至 20 頁。

又見《唐研究》(第 4 卷),北京:北京大學出版社,1998 年,第 47 至 66 頁。

收入《饒宗頤二十世紀學術文集》(卷一一・文學),臺北:新文豐出版公司,2003 年,第 722 至 751 頁。

326. 我和敦煌學

《學林春秋——著名學者自序集》(張世林編),北京:中華書局,1998 年,第 596 至 604 頁。

又載《學林春秋初編》(下册)(張世林編),北京:朝華出版社,1999 年 12 月,第 652 至 660 頁。

收入《饒宗頤二十世紀學術文集》(卷八・敦煌學),臺北:新文豐出版公司,2003 年,第 291 至 300 頁。

節選本《我的學術自述——以敦煌學爲例》(鄭煒明、邵曉峰整理),見《民族藝術》(2013 年第 3 期),廣西:《民族藝術》雜志社,2013 年 5 月,第 5 至 7 頁。

327.《楊善深畫集》題辭

香港:陳靄華,1998 年 2 月,第 1 頁。

收入鄧偉雄:《筆底春風——楊善深藝術天地》,香港:香港雲泉簃,2002 年 1 月。附饒宗頤賀詞書法。

328. 審慎、精細、博洽——評楊明照《抱朴子外篇校箋》

《明報月刊》(第 33 卷第 5 期;總第 389 期),香港:香港明報有限公司,1998 年 5 月,第 100 至 102 頁。

又見《歲久彌光:楊明照教授九十華誕慶典暨中國古典文獻學國際學術研討會論文集》(曹順慶主編),成都:巴蜀書社,2001 年 1 月,第 181 至 186 頁。

後以《〈抱朴子外篇校箋〉書後——談葛洪的人格哲學》收入《饒宗頤二十世紀學術文集》(卷五・宗教學),臺北:新文豐出版公司,2003 年,第 227 至 232 頁。

329.《宋文治山水》題辭

中國近代名家書畫全集(27),香港:翰墨軒出版有限公司,

1998 年 7 月，第 111 頁。

330.《符號・初文與字母——漢字樹》引言

香港：商務印書館（香港）有限公司，1998 年 7 月。

【簡體字版】上海：上海書店出版社，2000 年 3 月。

【日文版】《漢字樹：古代文明と漢字の起源》（小早川三郎譯），東京：株式會社アルヒーフ，2003 年 5 月。

331. 敦煌出土鎮墓文所見解除慣語考釋——《魏晉南北朝敦煌文獻編年》序

補資治通鑒史料長編稿系列（饒宗頤主編；第 4 種），《魏晉南北朝敦煌文獻編年》（王素、李方著），臺北：新文豐出版公司，1997 年 12 月。

又見《敦煌吐魯番研究》（第 3 卷），北京：北京大學出版社，1998 年 9 月，第 13 至 18 頁。

收入《饒宗頤二十世紀學術文集》（卷八・敦煌學），臺北：新文豐出版公司，2003 年，第 273 至 282 頁。

332. 我與史語所

《新學術之路——"中央研究院"歷史語言研究所七十周年紀念文集》（下册）（杜正勝、王汎森主編），臺北："中央研究院"歷史語言研究所，1998 年 10 月，第 1043 至 1048 頁。

333. 嶺南考古三題

序文原撰於 1995 年,刊《廣東省博物館集刊》(1996)(廣東省博物館編),廣州:廣東人民出版社,1997 年,第 1 至 2 頁。

見《嶺南考古論題——楊式挺〈嶺南文物考古論集〉序》,廣州:廣東省地圖出版社,1998 年 11 月,第 2 至 3 頁。

收入《文化之旅》,香港:牛津大學出版社,1997 年,第 109 至 111 頁;後以《嶺南考古論題》收入《饒宗頤二十世紀學術文集》(卷六・史學),臺北:新文豐出版公司,2003 年,第 1124 至 1128 頁。

334. 蔡德貴著《季羡林傳》序

太原:山西古籍出版社,1998 年;北京:人民出版社,2000 年。

《徐州師範大學學報(哲學社會科學版)》(第 24 卷第 3 期),徐州:徐州師範大學學報編輯部,1998 年 9 月,第 164 頁。

收入《饒宗頤二十世紀學術文集》(卷一四・文録、詩詞),臺北:新文豐出版公司,2003 年,第 238 至 239 頁。

335.《甲骨文通檢》田獵篇前言

《甲骨文通檢・第 5 册:田獵》(饒宗頤主編;沈建華編輯),香港:中文大學出版社,1999 年,第 7 至 31 頁。

後以《論殷代田獵及夷方地理》收入《饒宗頤二十世紀學術文集》(卷二・甲骨),臺北:新文豐出版公司,2003 年,第 1535 至 1569 頁。

336.《敦煌本甘棠集研究》序

《敦煌吐魯番研究》(第 4 卷),北京:北京大學出版社,1999 年,第 561 至 562 頁。

又見《人海燈・嶺東佛學院院刊》(1999 年第 4 期;總第 18 期),潮州:《人海燈》編輯部,1999 年 1 月,第 2 至 5 頁。

收入《饒宗頤二十世紀學術文集》(卷八・敦煌學),臺北:新文豐出版公司,2003 年,第 250 至 252 頁。

337. 姜伯勤著《石濂大汕與澳門禪史:清初嶺南禪學史研究初編》序

上海:學林出版社,1999 年。

又見附於《明清之際禪家燈統與畫學》文後,載《明清學術研究》(單周堯主編),北京:中國社會科學出版社,2009 年,第 4 至 6 頁。

338. 孫敦恒、錢競編《紀念王國維先生誕辰 120 周年學術論文集》序

廣州:廣東教育出版社,1999 年 12 月,第 1 至 2 頁。

339. 魏啓鵬著《楚簡〈老子〉柬釋》序

臺北:萬卷樓圖書出版公司,1999 年。

收入《饒宗頤二十世紀學術文集》(卷三・簡帛學),臺北:新

文豐出版公司,2003 年,第 209 至 211 頁。

340. **李均明著《初學録》序**

臺北:蘭臺出版社,1999 年。

收入《饒宗頤二十世紀學術文集》(卷三・簡帛學),臺北:新文豐出版公司,2003 年,第 215 至 217 頁。

341. **丁原植著《文子新論》序**

臺北:萬卷樓圖書有限公司,1999 年。

後以《中黄子考——丁原植〈文子新論〉代序》刊《哲學與文化》(第 27 卷第 3 期),臺北:哲學與文化月刊編輯委員會,2000 年 3 月,第 299 至 300 頁。

又載《揖芬集——張政烺先生九十華誕紀念文集》(張政烺先生九十華誕紀念文集編委會),北京:社會科學文獻出版社,2002 年 5 月,第 629 至 630 頁。

收入《饒宗頤二十世紀學術文集》(卷五・宗教學),臺北:新文豐出版公司,2003 年,第 196 至 199 頁。

342. **敦煌本《立成孔子馬坐卜占法》跋**

《敦煌學輯刊》(1999 年第 1 期;總第 35 期),蘭州:敦煌學輯刊編輯部,1999 年 1 月,第 1 至 2 頁。

收入《饒宗頤二十世紀學術文集》(卷八・敦煌學),臺北:新文豐出版公司,2003 年,第 226 至 228 頁。

343. 陳歷明編校《明清實録潮州事輯》序

香港:藝苑出版社,1998 年 8 月,第 9 頁。

收入《潮學研究》(第 7 輯),廣州:花城出版社,1999 年 2 月,第 29 頁。

344. 重印《悉曇經傳》序

《悉曇經傳:趙宧光及其〈悉曇經傳〉》(編集);臺北:新文豐出版公司,1999 年 2 月。

收入《饒宗頤二十世紀學術文集》(卷五・宗教學),臺北:新文豐出版公司,2003 年,第 786 至 787 頁。

345. 談漢景帝陽陵的歷史掌故

《明報月刊》(第 34 卷第 4 期;總第 400 期),香港:香港明報有限公司,1999 年 4 月,第 16 至 17 頁。

346. 敦煌本《瑞應圖》跋

《敦煌研究》(1999 年第 4 期;總第 62 期),蘭州:敦煌研究編輯部,1999 年,第 152 至 153 頁。

收入《饒宗頤二十世紀學術文集》(卷八・敦煌學),臺北:新文豐出版公司,2003 年,第 231 至 232 頁。

347. **黄挺、馬明達著《潮汕金石文徵·宋元卷》序**

廣州:廣東人民出版社,1999 年 9 月,第 1 至 2 頁。

348. **《饒宗頤東方學論集》自序**

汕頭:汕頭大學出版社,1999 年 11 月。

349. **《清暉集:饒宗頤韵文、駢文詩詞創作合集》跋**

深圳:海天出版社,1999 年 12 月。

350. **《藝林》千禧專刊題詞**

《大公報·藝林版》,香港:大公報社,1999 年 12 月 31 日。

又見《大公報特約專家文選》(梁麗儀編),香港:大公報出版有限公司,2002 年,第 155 至 156 頁。

351. **研究天地一覢**

《與中大一同成長:香港中文大學與中國文化研究所圖史 1949－1997》(陳方正主編),香港:中文大學出版社,2000 年,第 240 至 242 頁。

352. **重印《離六堂集》小引**

釋大汕廠翁氏:《大汕離六堂集》,臺北:新文豐出版公司,2000 年 6 月,第 1 頁。

353. 黃靈庚著《楚辭异文辯證》序

鄭州:中州古籍出版社,2000 年。

354. 王輝著《秦出土文獻編年》序

補資治通鑒史料長編稿系列(饒宗頤主編;第 5 種),臺北:新文豐出版公司,2000 年。

355. 胡平生著《胡平生簡牘文物論集》序

臺北:蘭臺出版社,2000 年。

收入《饒宗頤二十世紀學術文集》(卷三·簡帛學),臺北:新文豐出版公司,2003 年,第 218 至 219 頁。

356. 李世源、鄧聰主編《珠海文物集萃》序

香港:香港中文大學中國考古藝術研究中心,2000 年。

357. 浙藏敦煌文獻編委會編《浙藏敦煌文獻》序

杭州:浙江教育出版社,2000 年。

358. 記康熙林杭學修之《潮州府志》

《潮學研究》(潮汕歷史文化研究中心、汕頭大學潮汕文化研究中心編;第 6 期,第二屆潮學國際研討會論文專輯),汕頭:汕頭大學出版社,1997 年,第 1 至 10 頁。

後收爲複印康熙林杭學纂修《潮州府志》重刊本代序,潮州:潮州地方志辦公室,2000 年,第 1 至 9 頁。

收入《饒宗頤二十世紀學術文集》(卷九・潮學),臺北:新文豐出版公司,2003 年,第 1260 至 1270 頁。

359. 我所認識的漢學家

《光明日報》,北京:光明日報社,2000 年 4 月 6 日。

(按:此文據先生在"中國學術論壇"的演講録音整理,并經審訂。)

360.《饒宗頤五體書法》跋

香港:商務印書館(香港)有限公司,2000 年 11 月。

後以《自臨碑帖五種後記》收入《饒宗頤二十世紀學術文集》(卷一三・藝術),臺北:新文豐出版公司,2003 年,第 131 頁。

361. 中國學術與人文傳統

《大家的聲音——深圳讀書論壇演講録》(王京生主編),深圳:深圳報業集團出版社,2005 年 10 月,第 3 至 6 頁。

(按:此文係先生 2001 年 11 月 10 日爲"深圳讀書月論壇"啓動的首次演講,地點:深圳商報國際會議廳。)

362. 温廷敬輯;吴二持、蔡起賢校點《潮州詩萃》序

汕頭:汕頭大學出版社,2001 年。

363. 在潮汕歷史文化研究中心、潮汕歷史文化研究傳播基金會第六次理事會議上的講話

《潮汕歷史文化研究中心通訊》(第 22 期),汕頭:潮汕歷史文化研究中心,2001 年,第 31 至 32 頁。

364. 在《潮汕史》(上册)首發式上的發言

《潮汕歷史文化研究中心通訊》(第 22 期),汕頭:潮汕歷史文化研究中心,2001 年,第 42 至 43 頁。

365. 在饒宗頤教授從事潮學研究 66 周年暨 85 華誕慶祝會上致答辭

《潮汕歷史文化研究中心通訊》(第 23 期),汕頭:潮汕歷史文化研究中心,2001 年,第 26 至 30 頁。

366. "饒宗頤國畫選"自叙

《潮汕歷史文化研究中心通訊》(第 23 期),汕頭:潮汕歷史文化研究中心,2001 年,第 38 頁。

367. 黄挺、陳占山著《潮汕史》讀後小記

廣州:廣東人民出版社,2001 年。

收入《饒宗頤二十世紀學術文集》(卷一三·藝術),臺北:新文豐出版公司,2003 年,第 1317 至 1320 頁。

368. 陳松長編著《香港中文大學文物館藏簡牘》序

香港:香港中文大學文物館,2001 年,第 4 頁。

收入《饒宗頤二十世紀學術文集》(卷三・簡帛學),臺北:新文豐出版公司,2003 年,第 220 至 221 頁。

369. 劉昭瑞著《漢魏石刻文字繫年》序

補資治通鑒史料長編稿系列(饒宗頤主編;第 6 種),臺北:新文豐出版公司,2001 年 9 月。

370. 宋鎮豪、段志洪主編《甲骨文獻集成》序

成都:四川大學出版社,2001 年。

收入《饒宗頤二十世紀學術文集》(卷二・甲骨),臺北:新文豐出版公司,2003 年,第 1841 至 1843 頁。

371. 沈建華、曹錦炎編著《新編甲骨文字形總表》序

香港:中文大學出版社,2001 年。

收入《饒宗頤二十世紀學術文集》(卷二・甲骨),臺北:新文豐出版公司,2003 年,第 1849 至 1851 頁。

372. 舊瓶新酒

《明報月刊》(第 36 卷第 1 期;總第 421 期),香港:香港明報有限公司,2001 年 1 月,第 35 至 36 頁。

373. 陳歷明、林淳鈞編《明本潮州戲文論文集》序

香港:藝苑出版社,2001 年 5 月,第 1 至 2 頁。

收入《饒宗頤二十世紀學術文集》(卷四・經術、禮樂),臺北:新文豐出版公司,2003 年,第 671 至 672 頁。

374.《學藝雙携:饒宗頤藝術天地》小引

香港:香港國際創價學會,2002 年 5 月。

375.《與自然對話——池田大作攝影集》序

廣州:嶺南美術出版社,2002 年 9 月,第 7 頁。

376. 預期的文藝復興工作

《21 世紀:人文與社會——首届“北大論壇”論文集》(“北大論壇”論文集編委會),北京:北京大學出版社,2002 年 9 月,第 25 至 30 頁。

(按:此文爲先生於北京大學百年紀念論壇上的演講辭。)

又見《中國文化與科學:人文講演録》,南京:江蘇教育出版社,2003 年 7 月,第 5 至 10 頁。

後以《新經學的提出——預期的文藝復興工作》收入《饒宗頤二十世紀學術文集》(卷四・經術、禮樂),臺北:新文豐出版公司,2003 年,第 7 至 12 頁。

377. 陳國燦著《吐魯番出土唐代文獻編年》序

補資治通鑒史料長編稿系列(饒宗頤主編;第7種),臺北:新文豐出版公司,2002年12月。

後以《略論李唐西北邊政之得失——陳國燦〈吐魯番出土唐代文獻編年〉序》載《西域研究》(2004年第1期),烏魯木齊:西域研究編輯部,2004年,第1至3頁。

378. 李焯然、陳萬成主編:《道苑繽紛録——柳存仁教授八十五歲祝壽論文集》序

香港:商務印書館(香港)有限公司,2002年12月。

379. 玄悟老人書草庵歌書迹跋

原文撰於2002年12月。

收入《選堂序跋集》(饒宗頤著;鄭會欣編),北京:中華書局,2006年,第335頁。

380. "暨南史學叢書"總序

載該叢書之《專門史論集》、《中國古代史論集》、《中國近現代史論集》、《世界史論集》、《歷史文獻學論集》、《歷史地理論集》,廣州:暨南大學出版社,2002年12月,第1至2頁;《明清廣東社會經濟研究》(李龍潛著),上海:上海古籍出版社,2006年6月,第1至2頁;《廣東會館論稿》(劉正剛著),上海:上海古籍出版社,2006年6月,第1至2頁。

381. 唐曉峰主編:《九州》(第三輯·先秦歷史地理專號)弁言

北京:商務印書館,2003 年 4 月,第 1 頁。

382.《梁披雲書法集》序

《梁披雲書法集》,澳門:澳門藝術博物館,2003 年 4 月,第 10 至 11 頁。

又載《梁披雲先生九五華誕紀念文集》(劉月蓮、黃曉峰編校),澳門:中西文藝出版社,2001 年 3 月,第 47 頁。

383. 黃岐山記

《揭陽日報》第五屆潮學國際研討會特刊,揭陽日報社,2003 年 11 月 10 日,第 9 頁。

《汕頭科技》(第 2 期),汕頭:汕頭市科技情報研究所,2003 年。

又見《紫峰藝苑》(2009 年第 3 期;總第 5 期),揭陽:揭陽職業技術學院,2009 年 3 月,第 10 頁。

384. 鄧偉雄編述《通會之際:饒宗頤》序

香港:港澳發展有限公司,2003 年 5 月。

385. 説零伯——《盛世吉金》書後

《九州學林》(創刊號),香港:香港城市大學中國文化中心,

2003 年秋季,第 1 至 8 頁。

收入《饒宗頤新出土文獻論證》,上海:上海古籍出版社,2005 年 9 月,第 60 至 66 頁。

386.《饒宗頤二十世紀學術文集》小引

臺北:新文豐出版公司,2003 年 10 月。

387. 略談劉起釪氏的經學、史學著作

《古史考》第 9 卷(吴鋭等編),海口:海南出版社,2003 年 12 月,第 1 至 11 頁。

此文係饒宗頤先生於 1998 年 12 月爲劉起釪先生《經學要論》一書(未出版)寫的序。

388.《香港大學馮平山圖書館藏善本書録》新版序

香港大學馮平山圖書館編(饒宗頤編著;李直方、張麗娟增補;尹耀全、陳偉明、林柔雲編輯),香港:香港大學出版社,2003 年,第 V 頁。

389.《楊栻畫集》序

香港:華夏文藝出版社,2004 年 2 月,第 3 頁。

390. 悼念嶺南大師楊善深:"春風桃李花開日"——善深先生二三事

《明報月刊》(第39卷第6期),香港:香港明報有限公司,2004年6月號,第50至51頁。

又以《春風桃李花開日——代序》載鄧偉雄主編:《春風化物——楊善深畫作薈萃》,集古齋、廣州藝術博物院楊善深美術館,2004年9月,第4頁;《春風桃李花開日——懷楊善深先生》載《中國書畫》(2005年第5期;總第29期),北京:中國書畫雜志社,2005年5月,第60頁。

391.《春風化物——楊善深癸未甲申書法作品集》小引

港澳發展有限公司、廣州藝術博物院楊善深藝術館,2004年9月,第5頁。

392. 懷念顧頡剛先生

《紀念顧頡剛先生誕辰110周年論文集》(中國社會科學院歷史研究所、中山大學歷史系編),北京:中華書局,2004年10月,第51至52頁。

393. 李均明著《居延漢簡編年——居延編》序

補資治通鑒史料長編稿系列(饒宗頤主編;第8種),臺北:新文豐出版公司,2004年10月,第1至4頁。

收入《饒宗頤新出土文獻論證》,上海:上海古籍出版社,2005

年9月,第261至264頁。

394. **丘成桐編《丘鎮英教授文集》序**

臺灣新竹:交通大學出版社,2004年11月,第7頁。

395. **鄧偉雄編《紫泥丹青:海上十家繪壺雅聚》序**

香港:香港大學饒宗頤學術館,2004年12月,第4頁。

396. **《李鄭屋漢墓》前言——由磚文談東漢三國的"番禺"**
(鄭煒明博士整理)

《李鄭屋漢墓》(香港歷史博物館編製),香港:香港歷史博物館,2005年,第8至15頁。

397. **重刊《潮州志》序**

《潮州志》,潮州:潮州市地方志辦公室,2005年,第11至12頁。

又見《潮州》(2005年第3期;總第59期),潮州:《潮州》編輯部,2005年9月,第16頁。

398. **新文獻的壓力與智識開拓**

《文化自覺與社會發展——二十一世紀中華文化世界論壇論文集》(二十一世紀中華文化世界論壇籌備委員會編),香港:商務印書館(香港)有限公司,2005年3月,第9至10頁。

399. 藤枝晃著;李運博譯《漢字的文化史》序

香港:中華書局(香港)有限公司,2005年4月,第1至3頁。

400.《饒宗頤新出土文獻論證》自序

上海:上海古籍出版社,2005年9月。

401. 我的學書經過——《選堂書法叢刊》總序

《選堂書法叢刊(1)·雅言雋句·匾額》(饒宗頤著;鄧偉雄編撰),香港:港澳發展有限公司,2005年10月。

402. 海外潮人與近代中國

《第六屆潮學國際研討會論文集·序言》(賴宏主編),澳門:澳門潮州同鄉會,2005年11月,第6至8頁。

403. 羅香林教授之學問淵源

《羅香林教授與香港史學——羅香林逝世二十周年紀念論文集》(馬楚堅、楊小燕主編),香港:羅香林教授逝世二十周年學術研討會籌備委員會,2006年10月,第18頁。

404. 天人互益(2007年1月26日在香港中文大學慶祝饒宗頤教授九秩華誕祝壽晚宴上的致辭)

《新亞生活月刊》(第34卷第7期),香港:香港中文大學新亞書院,2007年3月,第2至3頁。

405. **鄭煒明著《況周頤先生年譜稿》讀後記(代序)**

香港:詩坊,2007年7月。

又載鄭煒明著《況周頤先生年譜》,上海:上海古籍出版社,2009年5月。

鄭煒明、陳玉瑩著《況周頤年譜》,香港:香港大學饒宗頤學術館,2011年10月,第1至2頁。

406. **私と青山杉雨先生とのこと二、三**(谷村憙堂日譯)

《墨》(2007年第7、8月號;總第187號),日本,2007年8月,第50至51頁。

407. **鄭午樓博士紀念文**

《廣東文史資料》(2008年第2期),廣州:廣東人民出版社,2008年,第77頁。

408. **錢仲聯著;周秦、劉夢芙編校《夢苕盦詩文集》序**

合肥:黄山書社,2008年9月,第1至2頁。

又見《安徽市場報》2008年12月22日。

409. **吴文光釋譜《神奇秘譜樂詮》序**

上海:上海音樂出版社,2008年11月。

410.《馮其庸山水畫集》序

北京:中華書局,2009年1月,第10至11頁。

411. 唐代潮州佛學二三事(代序,鄭煒明博士整理)

黃挺主編:《第七屆潮學國際研討會論文集》,廣州:花城出版社,2009年2月,第1至4頁。

412.《儒藏》與新經學

《光明日報》,北京:光明日報社,2009年8月31日12版。

413. 鼎談基礎繫於共同理想——饒宗頤教授致詞

《城市文藝》(第4卷第8期,總第44期),2009年9月16日,第52頁。

414. 香港藝術館編《明月清風:至樂樓藏明末清初書畫選》獻辭

香港:康樂及文化事務署、至樂樓藝術發揚(非牟利)有限公司,2010年。

415. 挂榜閣記

《惠州日報》,2010年12月22日。

又見《東江時報》,2010年12月22日。

收入《中央文史研究館年鑒(二〇一一)》中册(陳進玉、袁行霈主編),北京:綫裝書局,2013 年 1 月,第 84 至 85 頁。

416.《潮州志補編》序

潮州:潮州海外聯誼會、《潮州志補編》整理小組編印,2011 年 10 月,第 8 至 9 頁。

417.《上博藏戰國楚竹書字匯》小引(鄭煒明執筆)

合肥:安徽大學出版社,2012 年 10 月,第 1 至 2 頁。

418.“香港《群書治要》論壇”致辭

2013 年 4 月 20 日由香港大學李焯芬教授代宣讀於香港亞洲國際博覽館。

摘要刊登在《澳門日報》2013 年 4 月 21 日澳聞 B07 版《唐太宗治國寶典　二千學者港研〈群書治要〉》;中國新聞社(香港)2013 年 4 月 21 日《中華傳統文化追隨者聚首香港研習〈群書治要〉》。

419.鄧聰、鄭煒明主編《澳門黑沙玉石作坊》序

澳門:澳門民政總署文化康體部,2013 年 6 月,第 20 至 21 頁。

420.《中國夢當有文化作爲》(鄭煒明博士整理)

《人民日報》2013 年 7 月 5 日 B05 版。

421. 四明保國寺大殿千年紀念碑(饒宗頤撰;鄭煒明助撰)

保國寺古建築博物館:《保國寺新志》,北京:文物出版社,2013年11月,第78至79頁。

編後記

饒師宗頤先生的《著作目録三編》,終於到了要寫"編後記"的時候了。在此書即將印行之前,筆者還是要補充説明幾點:

第一點,饒師著作很多,不少是在20世紀四五十年代之前已發表的,至今仍有很多是我們未知的;又或雖然已知綫索,但仍未到手的。例如,1946年10月初,中國著名禪僧虚雲和尚於潮汕弘法,當時盛况空前,而饒師曾爲此事撰文,發表於報刊以示歡迎。①此文我們尚未尋獲。像這一類的例子還有一些,有待日後繼續增補。

第二點,我們也發現近年頗有一些人,在學術文化界四處招摇欺騙,冒認饒師門人,甚或冒用饒師名義發表文章,以達到自己某種不可告人的目的。後者有一重要例證:2014年5月14日,《光明日報》第12版《雅趣》版有一篇署名饒宗頤、題爲《西北靈魂大漠情——讀×××》的畫評,經我們查考,絶對是冒名之作。饒先生

---

① 據林俊聰:《虚雲和尚一九四六年赴潮汕弘法及一九四八年在南華寺傳戒》,見《虚雲和尚全集》第11册《追思録》(下),河北禪學研究所,2008年,第519頁。又據鄭群輝:《佛教在潮汕》,潮汕歷史文化研究中心,2000年,第14頁。

八十八歲後發表的著作,幾近全部一定會經過筆者或他的女婿鄧偉雄博士處理,纔會對外公布。上述刊登於《光明日報》的"大作"却并没有經過筆者和任何一位饒師的家人或助手。還有一點,饒師不怎麽喜歡寫白話文,而這篇是一篇文筆還算通順的當代白話文,與饒師行文風格相去甚遠。香港大學饒宗頤學術館負責外事的高敏儀女士曾就此事致函《光明日報》第12版《雅趣》版的編輯部,可惜至今未見回應。筆者認爲這種情况應該算是學術文化界的混亂現象之一。

第三點,説到造假,還有更假的。蒙澳門藝術博物館館長陳浩星兄面告,謂曾發現有人以一批僞冒饒師書畫作品的假饒宗頤書畫編成圖録,并一模一樣、尺寸絲毫不差地複製了澳門藝術博物館多年前爲饒師展覽而出版的畫册《普荷天地》的封面、封底。這就是说以"貪狼"的内容而披上了一塊誘人的、能騙倒人的仿真"羊皮"。這册假饒樣圖録裏的"藝術"作品不知騙了多少收藏者!且謬種流傳,影響惡劣,我們都深感氣憤。

上述第二、三點中提到的這些類型的僞冒假著,當然不會被收録到本目録内。

是爲記。

另,各位讀者如有關於本書未曾著録的饒宗頤教授真實書文資料提供,可致下列兩個電郵地址:

鄭煒明:pwmcheng@ hku. hk

胡孝忠:lishishanda@ 163. com

至爲感謝!

鄭煒明

甲午冬於香港大學饒宗頤學術館鄧志昂樓

圖書在版編目(CIP)數據

饒宗頤教授著作目録三編 / 鄭煒明,胡孝忠編. —濟南:齊魯書社,2014.12

ISBN 978-7-5333-3238-9

Ⅰ.①饒… Ⅱ.①鄭…②胡… Ⅲ.①饒宗頤—個人著作—圖書目録 Ⅳ.①Z862.7

中國版本圖書館 CIP 數據核字(2014)第 214086 號

饒宗頤教授著作目録三編

鄭煒明 胡孝忠 編

主管單位	山東出版傳媒股份有限公司
出版發行	齊魯書社
社　　址	濟南市英雄山路 189 號
郵　　編	250002
網　　址	www.qlss.com.cn
電子郵箱	qilupress@126.com
營銷中心	(0531)82098521　82098519
印　　刷	日照日報印務中心
開　　本	880mm×1230mm　1/32
印　　張	12.5
插　　頁	4
字　　數	300 千
版　　次	2014 年 12 月第 1 版
印　　次	2014 年 12 月第 1 次印刷
標準書號	ISBN 978-7-5333-3238-9
定　　價	**42.00 圓**